MAKOCCINOS Watercolor-Kurs MIT ERFOLGSGARANTIE

Der ultimative
EINSTEIGER-KURS
von Aquarell-Künstlerin
und YouTube-Star
Makoccino

Impressum

Titel der Originalausgabe:
NO-FAIL WATERCOLOR

Dieses Werk wurde im Auftrag von Page Street Publishing Co. durch die Literarische Agentur Thomas Schlück GmbH, 30161 Hannover, vermittelt.

PRODUKTMANAGEMENT: Seline Gwinn
ÜBERSETZUNG: Wiebke Krabbe, Damlos
LEKTORAT: Gabriele Betz, Tübingen
HERSTELLUNG: Katrin Röhlig
SATZ: DSR Werbeagentur Rypka GmbH, Dobl/Graz, www.rypka.at
DRUCK UND BINDUNG: Neografia, Slowakei

1. Auflage 2021
ISBN 978-3-7724-4782-2
Best.-Nr. 4782

Für alle, die Angst vor dem Scheitern haben. Denkt daran, dass jede Erfahrung wertvoll ist. Nichts ist umsonst, nur Nichtstun ist Zeitverschwendung.

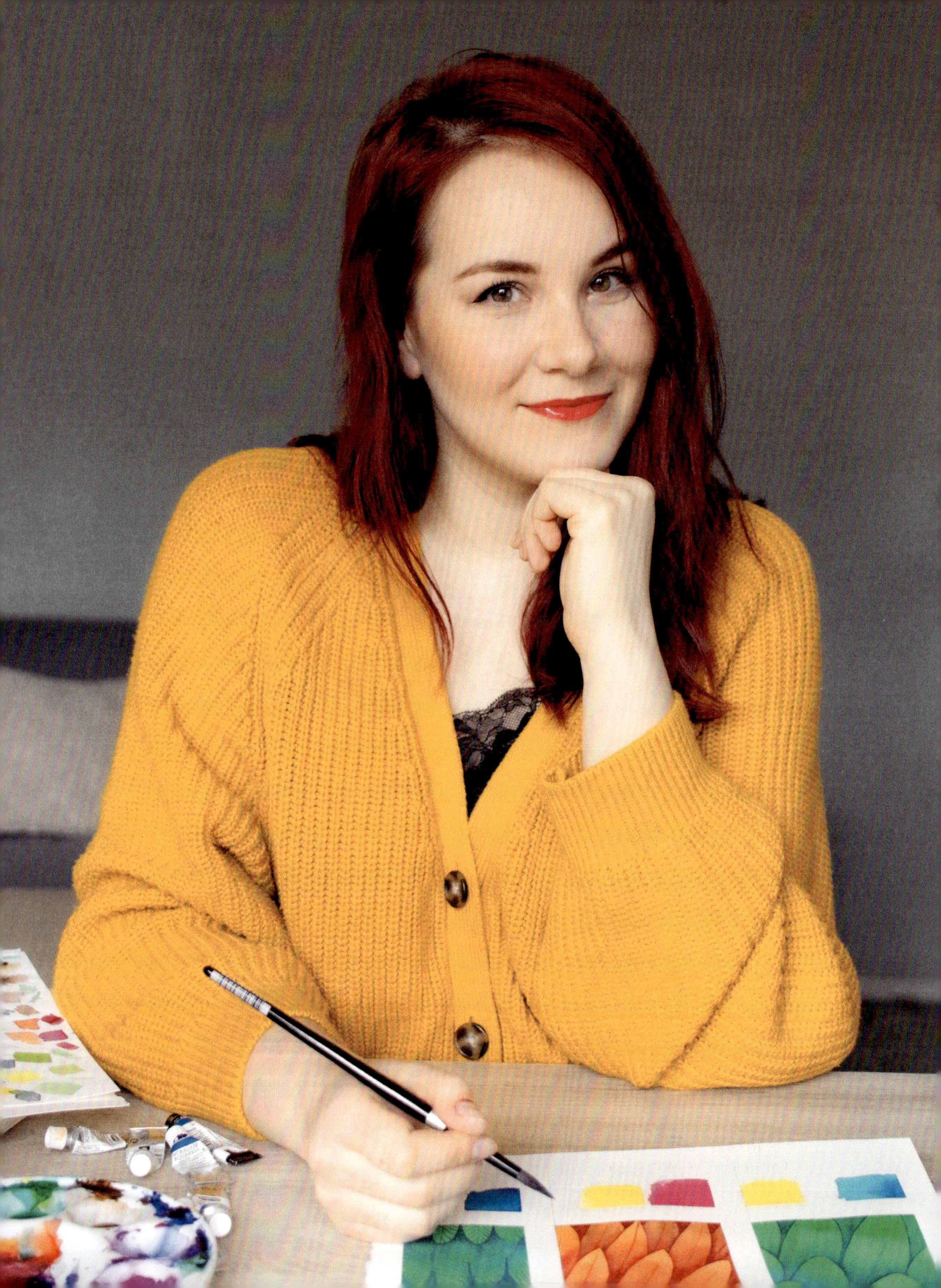

Inhalt

Vorwort

Das Schöne an Aquarellfarben

Die Aquarellmalerei lehrt uns drei wichtige Dinge: loszulassen, sich ganz auf den Prozess zu konzentrieren und sich anzupassen.

Viele von uns neigen dazu, alles unter Kontrolle behalten zu wollen. Bevor wir überhaupt ein Projekt beginnen oder etwas Neues ausprobieren, denken wir zu viel nach und planen zu viel. Und wenn wir die Dinge nicht kontrollieren können, wissen wir nicht, wie sie sich entwickeln. Dann bekommen wir Angst und blasen alles ab.

Das Gleiche gilt für die Aquarellmalerei. Viele falsche Vorstellungen halten Menschen davon ab, es einfach einmal zu versuchen oder langfristig dranzubleiben.

Solche falschen Vorstellungen sind beispielsweise:

- Ich habe künstlerisches Arbeiten nicht gelernt.
- Aquarellfarben sind besonders schwierig, weil man sie nicht kontrollieren und Fehler nicht beheben kann.
- Frühere Versuche sind schief gegangen. Mir fehlt einfach das Talent.

Vielleicht ist da auch die Angst, Material zu verschwenden oder „unvollkommene" Werke zu malen.

Tatsächlich kann aber jede und jeder die Aquarellmalerei lernen. Wichtig ist, die Ansprüche an sich selbst herunterzuschrauben und es einfach zu versuchen. Und es kommt auf die Herangehensweise an. Genau wie beim Kochen wird man nicht mit einem begnadeten Talent geboren. Kaum jemand weiß intuitiv, wie man die perfekten Pfannkuchen macht, oder? Du lernst zuerst etwas über die verschiedenen Zutaten, die Teigzubereitung und den richtigen Zeitpunkt zum Wenden.

Meine ersten Kochversuche waren Katastrophen! Aber ich hielt mich nicht für eine Versagerin, nur weil alle Pfannkuchen auseinanderfielen und ich den Rauchmelder auslöste. Ich erkannte, dass es besser war, meine Herangehensweise zu ändern. Und ich habe nicht aufgegeben – dafür mag ich Pfannkuchen einfach zu gern. Jetzt kann ich stolz behaupten, dass ich die besten Pfannkuchen aller Zeiten mache.

So ist es auch mit der Aquarellmalerei. Du lernst die Werkzeuge kennen, probierst verschiedene Techniken aus und trotzdem kann es passieren, dass ein Bild anders wird als du es dir vorgestellt hattest – selbst wenn du die Anweisungen befolgst. Das gehört dazu. Du probierst aus, lernst und passt dich an. Es gibt keine Misserfolge, sondern nur Chancen, besser zu werden.

Eine tolle Idee und ein guter Plan genügen nicht immer. Dinge passieren, und man muss sich anpassen, wie immer im Leben. Das ist gut so, das gehört dazu. Je mehr du übst und dir die Freiheit zum Spielen mit dem Medium gibst, desto mehr Spaß wirst du haben. Bei der Aquarellmalerei geht es nicht darum, ein „perfektes" Bild zu malen. Es geht darum, sich auf den gegenwärtigen Moment zu konzentrieren, den Prozess zu genießen und vor allem um die Freude an der eigenen Kreativität.

Über dieses Buch

Die Aquarellmalerei ist nur kompliziert, wenn du es dir schwer machst. Ich stelle dir im Buch zuerst die wichtigsten Materialien vor. Mein Motto lautet: Klasse statt Masse. Ich setze auf Qualität, aber um großartige Bilder zu malen, musst du kein Vermögen ausgeben.

Weiter geht es mit der Wahl der Farben für ein Motiv und dem Mischen von Aquarellfarben. Es ist nicht besonders schwer, ein farbenfrohes Aquarell zu malen, aber einige Dinge sind bei der Auswahl der Farben und beim Mischen doch zu bedenken. Darauf werde ich eingehen.

Es ist übrigens nicht notwendig, genau die Materialien zu verwenden, die ich vorstelle. Weil es so viele Hersteller gibt, erkläre ich, worauf du beim Einkauf von Farben und anderen Materialien für die Aquarellmalerei grundsätzlich achten solltest.

Wer die richtigen Werkzeuge hat und sie zu benutzen versteht, hat nicht nur mehr Kontrolle, sondern kann jedes neue Bild auch mit größerer Sicherheit angehen. Vielleicht denkst du beim Betrachten der Bilder anderer Künstlerinnen und Künstler auch manchmal: Das sieht so schwierig aus, das schaffe ich nie! Dabei fangen auch die raffiniertesten Bilder mit denselben grundlegenden Techniken und Kenntnissen an.

Die Vielfalt der Aquarelltechniken ist so groß, dass ein Buch sie nicht alle abdecken kann. Darum stelle ich einige grundlegende Techniken vor und erkläre, wie man sie abwandeln kann, um sie auf verschiedene Motive abzustimmen. Wer auf der Suche nach weiteren Ideen ist, sollte das Kapitel „Wie geht es weiter?“ ab Seite 161 lesen.

Es gibt viele verschiedene Möglichkeiten, mit Aquarellfarben zu malen, von der traditionellen Herangehensweise bis hin zu moderneren Malweisen. Das Ziel ist aber immer gleich: Es geht darum, die Schönheit, die uns umgibt, einzufangen und dafür eine individuelle Ausdrucksform zu finden.

Nutze die Techniken und Ideen, die ich in diesem Buch vorstelle, um dich mit der Aquarellmalerei vertraut zu machen. Dann kannst du auf diesen Erfahrungen aufbauen, spielen, experimentieren und dabei lernen. Du wirst staunen, wozu du fähig bist!

Viel Vergnügen!

Mako

Die wichtigsten Materialien

Das Angebot an Malzubehör ist verwirrend groß, aber für den Anfang brauchst du nicht viel. Dein Material kann aber darüber entscheiden, ob du Freude an der Aquarellmalerei findest oder nicht. Viele Anfängerinnen und Anfänger geben frustriert auf, weil sie meinen, nicht genug Talent zu besitzen – dabei haben sie nur mit den falschen Materialien gearbeitet. Ich möchte nicht, dass dir das passiert.

Wichtig ist, sich ein bisschen auszukennen, damit du weißt, was du erwarten kannst. Wenn du mit deinem Material rundum zufrieden bist, ist alles wunderbar. Wenn du dich aber ärgerst, weil das Papier reißt, weil sich die Farben schlecht mischen lassen oder bestimmte Techniken nicht funktionieren, ist das wahrscheinlich gar nicht dein Fehler. Es könnte an den Materialien liegen. Du musst sie beherrschen – und nicht ihr Opfer sein.

Aquarellpapier

Viele Aquarell-Anfängerinnen und -Anfänger achten nicht sonderlich auf das Papier, das sie kaufen. Vielleicht denkst du: Ich stehe noch ganz am Anfang! Ich muss erst gut werden, bevor ich hochwertiges Material verwenden kann. Ich will kein gutes Papier für Bilder verschwenden, die mir am Ende vielleicht nicht gefallen. Diese Denkweise hat den Haken, dass du womöglich nie den Punkt erreichst, an dem du dich „gut genug" fühlst. Vielleicht probierst du verschiedene Aquarelltechniken und Malideen aus, erlebst aber immer wieder Enttäuschungen, weil sie nicht so funktionieren, wie du es dir vorgestellt hast. Das kann dazu führen, dass du an deinem Talent zweifelst, obwohl in Wirklichkeit das Papier die Ursache für die Misserfolge ist.

Das Aquarellpapier ist die Basis des Bilds. Auf Papier von schlechter Qualität haben sogar teure Farben eine geringere Leuchtkraft. Wenn sich das Papier verzieht oder wellig wird, bildet die Farbe beim Trocknen Streifen oder Flecken. Es ist also ein ständiger Kampf mit dem Papier. Papier von schlechter Qualität verträgt auch die Nässe und die Pinselstriche schlecht, es kann beim Malen auffasern und reißen.

Das sind nur einige Probleme, die bei minderwertigem Papier auftreten können. Klingt frustrierend, oder? Hochwertiges Aquarellpapier dagegen ist viel strapazierfähiger. Du kannst dir Zeit lassen und dein Bild Schicht für Schicht ausarbeiten. Die Farben trocknen gleichmäßig und entfalten eine gute Leuchtkraft. Auf gutem Papier gelingen bessere Bilder und das Malen – also auch der Lernprozess – ist viel befriedigender.

Gutes Aquarellpapier muss kein Vermögen kosten. Die meisten Papiere werden in verschiedenen Formaten und Packungsgrößen angeboten, als Einzelblätter, Blöcke, Skizzenbücher und in anderer Form. Die preiswerteste und vielseitigste Lösung sind einzelne Blätter von guter Qualität, die du auf jedes gewünschte Format zuschneiden kannst. Zugegeben, der erste Schnitt in einen großen, jungfräulichen Bogen kostet etwas Überwindung. Danach befestigst du das Papier auf deinem Arbeitstisch oder der Malplatte.

Wie erkenne ich hochwertiges Aquarellpapier? Wie wähle ich die geeignete Qualität?

FASERN

Ein wichtiges Kriterium ist das Rohmaterial. Aquarellpapier kann aus Holz, Baumwolle und anderen Materialien bestehen. Diese Information steht auf der Verpackung.

Papier aus Holzfasern (Zellulose) ist meist preiswerter, hat aber viele Nachteile. Wegen seiner Faserstruktur ist es von Natur aus empfindlicher, kann also leichter reißen. Das heißt, dass sich bei längerem Malen die Fasern voneinander lösen und abblättern können. Das Wasser verläuft auf der Oberfläche nicht so gut, sodass die Farben streifig oder fleckig werden können. Einige Techniken lassen sich auf diesem Papier schlecht oder gar nicht umsetzen.

Papier aus reiner Baumwolle (Hadernpapier) gilt als beste Qualität. Die Faserstruktur der Baumwolle ist wesentlich stabiler, deshalb ist die Gefahr von Schaden durch Überbearbeitung viel geringer. Das Papier verkraftet es, gleichzeitig verschiedenen Wassermengen und Trocknungsstadien ausgesetzt zu sein, sodass die Farben gleichmäßig trocknen und keine unerwünschten Flecken entstehen.

Das Papier sollte unbedingt säurefrei sein, damit es mit der Zeit nicht vergilbt oder zerfällt.

LEIMUNG

Neben den Fasern ist die Leimung ein wichtiges Kriterium für die Papierqualität. Der Leim wird während der Herstellung in den Papierbrei gemischt oder nachträglich aufgetragen, damit Malmedien nicht in die Papierfasern eindringen und dort verlaufen können. Aquarellpapier wird traditionell mit einer Schicht Gelatine, Stärke oder mit synthetischen Stoffen überzogen, um die Oberfläche widerstandsfähiger und wasserbeständiger zu machen.

Die Leimung bewirkt, dass die Farben nur langsam ins Papier eindringen. Dadurch bleiben sie farbintensiv und gleichmäßig. Ohne Leimung würde das Papier die Aquarellfarben aufsaugen wie ein Blatt Küchenpapier. Dasselbe passiert meist, wenn man Papier verwendet, das nicht für die Aquarellmalerei gedacht ist.

Durch die Leimung wird das Papier außerdem strapazierfähiger. Man kann nasse Farbe nahezu spurlos abnehmen, also auch einzelne Fehler beheben.

GEWICHT

Ein weiterer Unterschied zwischen simplem Kopierpapier und Aquarellpapier ist das Gewicht. Es ist nicht zwangsläufig ein Hinweis auf die Qualität, denn leichtes und schweres Papier gibt es in vielen Qualitäten. Trotzdem spielt das Gewicht eine Rolle, denn schweres, also dickes Papier kann viel mehr Wasser aufnehmen als dünnes, ohne sich zu wellen. Je schwerer das Papier, desto mehr Wasser nimmt es auf. Darum solltest du Aquarellpapier mit einem Gewicht von mindestens 300 g/m² verwenden. Wer Wellen ganz vermeiden will, wählt Papier mit 640 g/m². Möchtest du auf strapazierfähigem Papier arbeiten, könntest du Qualitäten von Arches oder Saunders Waterford ausprobieren.

Papieroberflächen

Neben der Papierqualität spielt auch dessen Oberfläche eine Rolle. Man unterscheidet zwischen glattem, mattem und rauem Papier.

Mattes Papier ist besonders beliebt, weil es sehr vielseitig ist. Seine nur leicht unregelmäßige Oberflächenstruktur ermöglicht eine gute Farbaufnahme. Es eignet sich besonders für zarte Darstellungen und die Nass-in-nass-Malerei.

Glattes Papier dagegen hat eine superglatte Oberfläche und eignet sich vor allem für detailreiche Bilder, bei denen es auf präzise Linien ankommt. Auf der glatten Oberfläche trocknen die Farben wesentlich schneller als auf mattem Papier.

Raues Papier kann wegen seiner groben Oberflächenstruktur besonders viel Wasser halten. Es eignet sich nicht für detaillierte Bilder, wohl aber für abstrakte Motive und für lebendige Texturen.

Du siehst, bei der Wahl des Papiers gibt es einiges zu bedenken. Letztlich spielen immer auch die persönlichen Vorlieben und Maltechniken eine Rolle. Ich arbeite gern mit sehr viel Wasser und Farbe, darum brauche ich ein Papier, das diese Beanspruchung aushält, ohne zu reißen. Aus diesem Grund bevorzuge ich dickes, mattes Papier aus reinen Baumwollfasern.

Für die Projekte in diesem Buch habe ich mattes Aquarellpapier von Arches, Saunders Waterford und Hahnemühle Expression verwendet. Alle drei sind reine Hadernpapiere.

Vielleicht stellst du im Lauf der Zeit fest, dass du eher einen illustrativen oder abstrakten Stil bevorzugst. In diesem Fall brauchst du nicht unbedingt mit viel Wasser und in mehreren Schichten zu arbeiten. Du kannst ein glattes Papier von guter Qualität verwenden, auf dem sich auch feine Details leicht malen lassen.

Es müssen nicht immer Papiere von höchster Qualität sein. Wenn du kein teures Papier verschwenden möchtest, schau dich in Ruhe im Fachgeschäft um: Es gibt so viele verschiedene Marken und Qualitäten. Auch bei Versandhändlern kannst du Aquarellpapier in vielen Preisklassen bestellen.

Wenn du nicht weißt, welches Papier sich für dich eignet, empfehle ich dir, von verschiedenen Herstellern und Qualitäten jeweils einzelne Blätter zu kaufen und auszuprobieren. So kannst du dich mit den unterschiedlichen Texturen und Eigenschaften vertraut machen und deine Favoriten finden. Denke aber daran, dass die Malergebnisse auf Papier von geringer Qualität nicht so gut ausfallen. Bist du mit deinen Malergebnissen unzufrieden, versuche es noch einmal mit einem höherwertigen Papier. Du wirst staunen, wie viel das ausmacht.

Aquarellpinsel

Neben der Papierqualität spielen die Pinsel, mit denen du malst, eine entscheidende Rolle für den Erfolg.

Das Angebot ist so groß, dass man leicht den Überblick verlieren kann. Es gibt so viele verschiedene Hersteller, Größen und Materialien. Um dich davor zu bewahren, Pinsel anzusammeln, mit deren Qualität du unzufrieden bist, lasse dir gesagt sein: Du brauchst gar nicht so viele Pinsel. Lege dein Geld lieber möglichst sinnvoll an und schaffe dir vorerst nur einige Pinsel an, aber achte auf gute Qualität – es lohnt sich.

Wie erkenne ich gute Aquarellpinsel?

Ein Aquarellpinsel besteht aus drei Teilen: Stiel, Zwinge und Haaren.

Mit dem Pinselstiel hältst du den Pinsel beim Malen. Auf ihm sind außerdem Informationen über den Hersteller, die Stärke, die Serie und manchmal sogar die Form aufgedruckt. Der Stiel besteht normalerweise aus Kunststoff, unbehandeltem oder lackiertem Holz. Bei manchen billigen Pinseln besteht die Gefahr, dass der Lack im Lauf der Zeit abblättert und beim Malen in die Farbe fällt.

Am oberen Ende des Stiels sitzt die Zwinge. Sie besteht normalerweise aus Metall und hält die Haare oder Borsten zusammen. Die Haare haben einen fülligen Teil (Bauch) und eine Spitze. Je größer der Bauch, desto mehr Wasser und Farbe kann der Pinsel aufnehmen. Je feiner die Spitze, desto leichter lassen sich feine Striche und Details malen. Pinsel von schlechter Qualität haben selten eine feine Spitze. Mit ihnen ist es schwierig, die Form zu kontrollieren und Details zu malen.

Ein hochwertiger Aquarellpinsel ist wie ein Schwamm. Er hält viel Wasser und Farbe, sodass du nicht nach jedem Strich neue Farbe aufnehmen musst. Das bedeutet, dass du eine große Fläche in einem Zug mit Farbe bedecken kannst. Bei den gängigen Aquarellpinseln unterscheidet man zwischen zwei Typen:

- Rundpinsel
- Flachpinsel

RUNDPINSEL

Rundpinsel haben eine runde Zwinge, Flachpinsel eine flache. Rundpinsel haben eine feine Spitze und einen fülligen Bauch, der eine größere Menge Wasser aufnehmen kann.

Mit einem guten Rundpinsel kann man verschiedene Strichbreiten malen – von hauchdünn bis breit. Er eignet sich auch, um größere Flächen mit Farbe oder Wasser auszufüllen, ist also sehr vielseitig.

Rundpinsel gibt es in verschiedenen Größen von dünn bis dick. Für Anfängerinnen und Anfänger, die eher kleine Bilder malen wollen, eignet sich ein Pinsel in mittlerer Größe mit feiner Spitze gut. Leider sind die Größenbezeichnungen der Pinsel nicht einheitlich, sondern können je nach Herkunftsland, Hersteller und Serie variieren. Das gilt in besonderem Maß für Lasurpinsel. Der Hauptunterschied zwischen einem Rundpinsel und einem Lasurpinsel besteht darin, dass Lasurpinsel einen größeren Bauch haben, aber nicht unbedingt eine feine Spitze. Sie werden hauptsächlich dazu verwendet, größere Flächen mit Wasser oder Farbe auszufüllen.

FLACHPINSEL

Im Gegensatz zu Rundpinseln haben Flachpinsel eine flache Zwinge und die Haare sind entsprechend angeordnet. Sie eignen sich gut für gerade, schmale Linien, aber auch für breite Striche und Details. Außerdem kann man mit ihnen große Flächen zügig mit Wasser oder Farbe ausfüllen. Flachpinsel sind in verschiedenen Größen und Formen erhältlich.

HAARE ODER SYNTHETIK?

Das Wasserhaltevermögen eines Pinsels hängt nicht nur von seiner Größe und seinem Bauch ab, sondern auch davon, aus welchem Material die Haare bestehen. Grundsätzlich unterscheidet man zwischen Naturhaaren und Synthetikhaaren.

Aquarellpinsel aus Naturhaar nehmen normalerweise mehr Wasser auf als Pinsel aus Kunsthaar, und sie geben die Farbe auch langsamer und gleichmäßiger an das Papier ab. Synthetikhaar hat eine sehr glatte Oberfläche. Naturhaar dagegen besitzt kleine Schuppen auf der Oberfläche, die das Wasser halten. Allerdings sind Naturhaarpinsel deutlich teurer als Synthetikpinsel. Sie brauchen außerdem mehr Pflege und nicht alle werden auf tierfreundliche Weise produziert.

Für alle, denen Tierschutz wichtig ist, gibt es aber Alternativen. Immer mehr Hersteller bringen Synthetikpinsel auf den Markt, deren Oberfläche Echthaarpinseln sehr ähnlich ist. Die Haare bestehen zwar aus Synthetik, nehmen aber im Vergleich zu konventionellen Synthetikpinseln wesentlich mehr Wasser auf.

Wie beim Papier hängt auch beim Pinsel die richtige Wahl davon ab, was du malen möchtest. Grundsätzlich gilt: Je größer die zu bedeckenden Flächen, desto größer sollte der Pinsel sein. Ich persönlich arbeite gern mit einem Pinsel in mittlerer Größe mit feiner Spitze, der viel Wasser und Farbe aufnimmt. Er gibt mir die Möglichkeit, relativ große Flächen zügig mit Wasser oder Farbe zu bedecken, gleichzeitig kann ich mit der Spitze auch feine Striche und Details malen. Möchte ich eine sehr große Fläche mit Wasser oder Farbe bedecken, verwende ich gern einen breiten Flachpinsel. Wenn du erst einmal mit den Grundtechniken vertraut bist und spezielle Techniken ausprobieren willst, ist es früh genug, zusätzliche Pinsel anzuschaffen.

Für die Beispiele in diesem Buch habe ich nur zwei Pinsel verwendet: einen Rundpinsel der Marke Silver Black Velvet in Größe 8 und einen Synthetik-Flachpinsel von da Vinci, 20 mm breit.

Pinsel richtig pflegen und aufbewahren

Damit Pinsel lange halten, müssen sie gut gepflegt werden. Das ist besonders wichtig, wenn du dir teure Pinsel von hoher Qualität angeschafft hast.

Beim Malen und auch danach solltest du einige Dinge bedenken. Erstens: Lasse Pinsel nie im Wasser stehen. Durch die Feuchtigkeit kann der Klebstoff, der die Haare zusammenhält, leiden. Das bewirkt, dass der Pinsel mit der Zeit anfängt, Haare zu verlieren. Vor allem aber kann die Form der Haare ruiniert werden, wenn sie sich unter dem Gewicht des Pinsels biegen und verformen. Lege deine Pinsel lieber waagerecht auf deinen Arbeitstisch oder auf den Aquarellkasten.

Das Reinigen der Pinsel ist kein großes Problem, denn Aquarellfarben sind wasserlöslich. Wasche deine Pinsel also nur gründlich mit klarem Wasser aus, um die Farbe zu entfernen. Danach solltest du die restliche Feuchtigkeit aus den Haaren mit Küchenpapier aufsaugen und die Haare mit den Fingern wieder in die richtige Form bringen, in der sie dann trocknen können.

Lasse deine sauberen Pinsel waagerecht liegend oder mit den Haaren nach unten frei hängend trocknen. Stellst du sie mit den Haaren nach oben senkrecht, kann Feuchtigkeit unter die Zwinge dringen. Das kann dazu führen, dass das Metall rostet oder der Leim, der die Haare zusammenhält, brüchig wird.

Sind die Haare gründlich getrocknet, müssen die Pinsel so gelagert werden, dass kein Druck auf die Haare ausgeübt wird. Dafür gibt es verschiedene Möglichkeiten. Gut aufgehoben sind Pinsel in eine Schublade – achte darauf, dass sie flach liegen und die Haare dabei nicht verformt werden. Du kannst sie auch mit den Haaren nach oben in einen Behälter stellen. Lasse deine Pinsel niemals auf ihren Haaren stehen, sondern immer mit dem Pinselstiel nach unten – dann wirst du lange Freude an ihnen haben.

Aquarellfarben

Aquarellfarben gibt es einzeln von verschiedenen Herstellern in zahllosen Farben zu kaufen, außerdem werden unterschiedliche Sets angeboten. Für Anfängerinnen und Anfänger kann diese Auswahl ziemlich verwirrend sein. Die schönen Farben sehen verlockend aus und man gerät leicht in Versuchung, ein Set mit 50 Farben zu kaufen, das weniger kostet als eins mit zwölf Farben. Mit so vielen Farben entstehen aber leicht schmuddelige Mischtöne, und die Qualität der billigen Farben dürfte auch nicht überragend sein.

Woran erkenne ich hochwertige Aquarellfarben?

Aquarellfarben bestehen aus Pigmenten, Bindemitteln und verschiedenen Zusatzstoffen. Menge und Qualität dieser Zutaten bestimmen die Qualität der Farben. Sehr billige Aquarellfarben enthalten beispielsweise oft deutlich mehr Füllstoffe als Pigmente. Diese Füllstoffe „strecken" die Farbmenge, darum decken billige Aquarellfarben oft stärker und sehen kreidig oder streifig aus. Normalerweise sind auf solchen Farben auch keine Details über die Pigmente angegeben, etwa ihre Transparenz oder Lichtbeständigkeit.

Wer bisher Schwierigkeiten mit seinen Farben hatte und bessere Ergebnisse erzielen möchte, sollte Marken bevorzugen, die möglichst viele Informationen über ihre Farben liefern, von der Zusammensetzung bis hin zu den Eigenschaften. Beispielsweise könnte das enthaltene Pigment angegeben sein, außerdem die Pigmentnummer, der Transparenzgrad, und ob es sich um ein lasierendes Pigment handelt.

Es ist aber nicht nötig, die teuersten Farben zu kaufen. Die meisten Hersteller bieten Farben in Studienqualität und in Künstlerqualität an. Sie unterscheiden sich hauptsächlich in der Menge (und manchmal im Typ) des verwendeten Pigments. Der Preisunterschied zwischen den billigen, kreidigen Wasserfarben für Kinder und höherwertigen Aquarellfarben ist gar nicht so groß. Vor allem brauchst du gar nicht so viele verschiedene Farben. Mit wenigen Grundfarben kannst du alle Töne mischen, die du benötigst – aber dazu kommen wir später.

Näpfchen, Tuben oder Flüssigfarben?

Aquarellfarben kann man in fester Form in Näpfchen kaufen, aber auch als Paste in Tuben oder in flüssiger Form.

NÄPFCHEN

Feste Aquarellfarben bestehen aus Pigmenten, Bindemitteln und Zusatzstoffen. Sie werden in kleinen Plastiknäpfchen in zwei Größen (ganze und halbe Näpfchen) verkauft und sind einzeln oder als Set erhältlich. Wenn du ein Set kaufst, ist eine Palette zum Mischen enthalten, du kannst also gleich anfangen. Du brauchst nur noch etwas Wasser, um die Farben direkt im Näpfchen aufzulösen. Solche Sets sind sehr praktisch für unterwegs. Ich empfehle Farben in Näpfchen auch für Anfängerinnen und Anfänger, weil sie kompakt und einfach zu benutzen sind.

Um die Farbe zu aktivieren, gibst du einfach etwas Wasser ins Näpfchen. Die Farbe wird dadurch angelöst und kann mit dem Pinsel aufgenommen werden. Um genug Farbe für ein Bild auf die Palette zu befördern, musst du meist mehrmals Farbe aufnehmen, die Vorbereitung kann also etwas länger dauern – vor allem, wenn für ein großes Bild viel Farbe gebraucht wird. Andererseits verbrauchst du mit dieser Methode nur so viel von der Farbe, wie es für dein Bild nötig ist.

Näpfchen sind zwar einfach zu benutzen, werden aber auch relativ schnell leer, weil sie weniger Farbe enthalten als Tuben. Wenn du häufig malst, können Farben in Näpfchen unter dem Strich teurer sein als Tubenfarben. Wenn ein Näpfchen leer ist, kannst du es durch ein neues ersetzen. Du kannst aber auch Farbe aus der Tube in das leere Näpfchen füllen und darin trocknen lassen. Auf diese Weise kannst du dir deine ganz individuelle Palette zusammenstellen.

TUBEN

Aquarellfarben in Tuben haben eine pastose Konsistenz. Auch sie bestehen aus Pigmenten, Bindemitteln und Zusatzstoffen. Eine Palette zum Mischen musst du separat anschaffen. Mit einer Kunststoffpalette ist es nicht ganz leicht, das richtige Mischungsverhältnis zu finden. Der Kunststoff stößt Wasser und Farbe ab, das heißt, die Mischung perlt ab. Eine Alternative ist eine Palette aus Porzellan mit mehreren Vertiefungen.

Es ist nicht einfach einzuschätzen, wie viel Tubenfarbe man benötigt. Anfängerinnen und Anfänger unterschätzen oft den hohen Pigmentgehalt der Farben und verbrauchen dadurch zu viel davon. Für große Bilder sind Tubenfarben aber vorteilhafter als Näpfchen, weil du zügig große Mengen anmischen kannst.

Es ist übrigens nicht nötig, die ganze angemischte Farbe in einem Arbeitsgang zu verarbeiten. Du kannst sie problemlos trocknen lassen und später mit Wasser wieder anlösen.

FLÜSSIGE AQUARELLFARBEN

Flüssige Aquarellfarben besitzen mehr Leuchtkraft als Farben in Näpfchen oder Tuben. Sie müssen nicht aufgelöst werden, da sie bereits flüssig sind. Es genügt, sie auf der Palette mit Wasser zu verdünnen, um die gewünschte Farbintensität zu erhalten. Im Gegensatz zu Farben in Tuben und Näpfchen enthalten die flüssigen Farben oft synthetische Farbstoffe, die durch Lichteinwirkung mit der Zeit verblassen können. Das liegt daran, dass sie hauptsächlich für Bilder gedacht sind, die nach dem Malen gescannt werden, um sie digital zu bearbeiten. Die synthetischen Flüssigfarbstoffe dringen in die Papierfasern ein und färben sie dauerhaft. Darum sind flüssige Farben für einige Techniken wie das Auswaschen (siehe Seite 35) nicht geeignet.

Ich persönlich arbeite wechselweise mit Farben in Tuben und Näpfchen. Wenn ich schnell eine Idee ausprobieren möchte oder nicht viel Farbe brauche, verwende ich Näpfchen. Plane ich ein größeres Bild oder brauche eine größere Menge einer bestimmten Farbe, arbeite ich mit Tubenfarben und einer Porzellanpalette.

Anfängerinnen und Anfänger kommen meist mit Näpfchen besser zurecht: Man kann sich allmählich mit den Farben und dem Mischen vertraut machen, bis man genau weiß, welche Farben man gern und besonders häufig verwendet. Diese können dann in Tuben nachgekauft werden.

Für die Projekte und Farbtafeln in diesem Buch habe ich Farben verschiedener Hersteller aus meinem Fundus benutzt, beispielsweise Schmincke Akademie/Horadam, ein Set von Winsor & Newton Cotman und einen Van-Gogh-Aquarellkasten. Alle sind für Einsteigerinnen und Einsteiger sehr zu empfehlen.

Weiteres wichtiges Zubehör

Außer Papier, Pinseln und Farben brauchst du zum Malen noch einige weitere Utensilien.

WASSERBEHÄLTER

Damit die Farben sauber bleiben, solltest du immer mit klarem Wasser arbeiten. Verschmutztes Wasser bewirkt, dass die Farben schmuddelig aussehen oder sich sogar verändern. Das gilt besonders für Gelbtöne. Am einfachsten ist es, immer mit zwei Wasserbehältern zu arbeiten. Einen benutzt du zum Ausspülen der Pinsel, den anderen zum Aufnehmen von Wasser zum Verdünnen der Farben. Drücke nach dem Ausspülen des Pinsels die Haare behutsam mit den Fingern aus. Halte den Pinsel dabei über den Wasserbehälter. Du wirst staunen, wie viel Farbe noch in den Haaren steckt. Mit dem sauberen Pinsel nimmst du dann klares Wasser aus dem anderen Behälter auf, um eine neue Farbe zu lösen oder einen Bereich des Papiers anzufeuchten.

KÜCHENPAPIER

Bei der Aquarellmalerei wird mit viel Wasser gearbeitet. Mit Küchenpapier lässt sich die Wassermenge im Pinsel oder auf dem Papier regulieren. Du kannst das Papier benutzen, um überschüssige Farbe oder Wasser vom Pinsel oder Papier abzutupfen, aber es kommt auch bei verschiedenen Maltechniken wie dem Auswaschen (Seite 35) zum Einsatz.

MASKIERFLÜSSIGKEIT

Maskierflüssigkeit ist eine Latexmilch, mit der du Bereiche deines Bilds abdecken kannst, die weiß bleiben sollen. Statt solche Bildelemente mühsam zu ummalen, trägst du Maskierflüssigkeit auf und malst dann das restliche Bild. Diese Technik eignet sich besonders gut für kleine Lichtreflexe, die schwierig zu ummalen sind. Sind die Farben ganz getrocknet, wird die Maskierflüssigkeit entfernt und das weiße Papier kommt zum Vorschein. Maskierflüssigkeit wird meist in kleinen Flaschen angeboten und mit einem Pinsel aufgetragen. Es gibt auch Flaschen mit einer feinen Applikatorspitze, mit der du ohne weitere Hilfsmittel sehr feine Linien und Details zeichnen kannst. Ich arbeite gern mit getönter Maskierflüssigkeit – in den Beispielen in diesem Buch erscheint sie hellblau –, weil man sie auf dem weißen Papier besser sieht. Am besten probierst du verschiedene Produkte aus.

TIPP: Experimentiere mit Maskierflüssigkeit zuerst auf Papierresten. Je nach Produkt und Papier können die Ergebnisse unterschiedlich ausfallen. Ganz wichtig ist, die Latexmilch natürlich trocknen zu lassen. Nimm keinesfalls einen Föhn, um Zeit zu sparen, sonst lässt sie sich später nur schwer entfernen.

Du solltest Maskierflüssigkeit nur auf trockenem Papier auftragen. Wenn das Papier feucht ist, saugt es die Latexmilch auf und beim Versuch, sie später zu entfernen, kann das Papier Schaden nehmen. Lasse die Maskierflüssigkeit nicht zu lange auf dem Papier, sondern entferne sie, sobald dein Bild fertig ist. Verwende zum Auftragen unbedingt preiswerte Pinsel und wasche sie sofort nach Gebrauch sehr gründlich aus.

MALERKREPP/MASKING TAPE

Wenn du auf einzelnen Bögen von Aquarellpapier malst, solltest du ihre Ränder auf deiner Malplatte festkleben, damit sie nicht verrutschen oder durch die Feuchtigkeit wellig werden. Löst du das Klebeband vom fertigen Bild ab, kommt ein akkurater, weißer Rand zum Vorschein, der das Bild vorteilhaft betont. Ich persönlich verwende am liebsten Washi Tape oder Malerkrepp für empfindliche Oberflächen.

Tipp: Es gibt mehrere Möglichkeiten zu verhindern, dass das Aquarellpapier beim Ablösen des Malerkrepps einreißt. Ich verwende gern einen Föhn: Durch die warme Luft wird der Kleber weich und das Band lässt sich leicht abziehen. Eine andere Möglichkeit besteht darin, das Klebeband nicht als langen Streifen vom Bild abzuziehen, sondern rechtwinklig zur festgeklebten Bildkante abzulösen.

FÖHN

Wenn du nicht warten möchtest, bis die Farben trocken sind, kannst du mit einem Föhn nachhelfen. Die Farbe darf aber nicht mehr so nass sein, dass sie Pfützen auf dem Papier bildet. Stelle den Föhn auf mittlere Temperatur und mittlere Blasleistung ein.

WEISSE GOUACHE

Ich empfehle dir, eine Tube weiße Gouachefarbe anzuschaffen. Du kannst sie benutzen, um weiße Details oder Lichter zu malen. Du kannst sie aber auch mit Aquarellfarben mischen, um deren Deckkraft zu erhöhen. Auf diese Weise lassen sich interessante Akzente in Aquarelle einfügen, die das fertige Bild aufwerten.

SCHWAMM

Mit einem Schwamm kannst du interessante Texturen gestalten. Im Fachhandel sind verschiedene Schwämme erhältlich, die speziell für künstlerische Arbeiten gedacht sind. Für die Beispiele in diesem Buch habe ich einen Synthetikschwamm aus einem Set von Aquarellschwämmen verwendet.

BLEISTIFT UND RADIERGUMMI

Je nachdem, was du malen möchtest, können ein Bleistift (HB) und ein weicher Radiergummi nützlich sein, um beispielsweise das Motiv grob zu skizzieren, die Bildfläche zu gliedern oder Hilfslinien zu zeichnen.

Tipp: Beim Vorzeichnen solltest du mit dem Bleistift nicht zu fest aufdrücken, sonst kannst du das Papier beschädigen. Denke auch daran, die Striche vor dem Auftragen der Farben wegzuradieren, wenn sie im fertigen Bild nicht mehr sichtbar sein sollen. Verwende einen weichen Radiergummi, der das Papier nicht beschädigt. Wenn du Bleistiftstriche übermalst, kannst du sie nicht mehr ausradieren. Du könntest aber einen löslichen Graphitstift oder einen Aquarellstift benutzen – dann lösen sich die Striche beim Übermalen mit nasser Farbe auf.

Aquarellfarben mischen

Der Farbkreis

Vielleicht weißt du schon, dass es drei so genannte Grund- oder Primärfarben gibt: Rot, Blau und Gelb. Mischt man sie, erhält man die Sekundärfarben Grün, Orange und Violett.

Das stimmt theoretisch, ist aber stark vereinfacht und kann zu Enttäuschungen führen. Gerade Einsteiger sind häufig frustriert, weil ihr selbst gemischtes Grün oder Violett immer etwas schmuddelig aussieht.

Rot, Blau und Gelb sind im Grunde nur Oberbegriffe, denn von jeder dieser Farben gibt es eine Vielzahl unterschiedlicher Varianten. In einem großen Aquarellkasten findest du stets mehrere Rot-, Blau- und Gelbtöne. Vielleicht magst du gar kein Rot – und musst trotzdem die beiden Näpfchen im Kasten bezahlen.

Farbpigmente sind keine vollkommen reinen Farben. Und wenn du verschiedene Gelb-, Rot- und Blautöne in deinem Kasten hast, kannst du mit ihnen viele verschiedene Farben mischen. Je nachdem, welche Primärfarben du verwendest, bekommst du leuchtende oder eher matte Mischfarben. Wofür du dich entscheidest, hängt vom Motiv und deinen Vorlieben ab. Es sollte aber eine bewusste Entscheidung sein.

Wie erkenne ich die Unterschiede?

Fangen wir ganz vorn an.

Die Grundregel beim Mischen lautet: Aus den Primärfarben – Rot, Gelb und Blau – lassen sich die Sekundärfarben – Grün, Orange und Violett – mischen. Mischt man alle drei Primärfarben, neutralisieren sie sich gegenseitig und es entstehen je nach Mischungsverhältnis verschiedene Braun-, Grau- oder Schwarztöne.

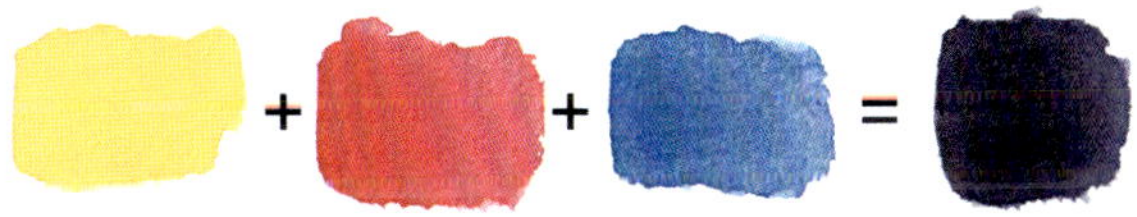

Gibt man zu einer Sekundärfarbe mehr von einer der Primärfarben, aus denen sie besteht, entsteht eine Tertiärfarbe – Gelbgrün, Blaugrün, Blauviolett, Rotviolett, Orangerot, Gelborange. Letztlich wird dadurch das Mengenverhältnis der Primärfarben in der Mischung verändert.

Aus all diesen Farben setzt sich der Farbkreis zusammen. Farben, die im Farbkreis einander gegenüberliegen, bezeichnet man als Komplementärfarben. Setzt man sie in einem Bild nebeneinander ein, verstärken sie sich in ihrer Wirkung gegenseitig. Mischt man sie, neutralisieren sie sich gegenseitig und es entsteht – je nach Mengenverhältnis – ein Grau- oder Braunton.

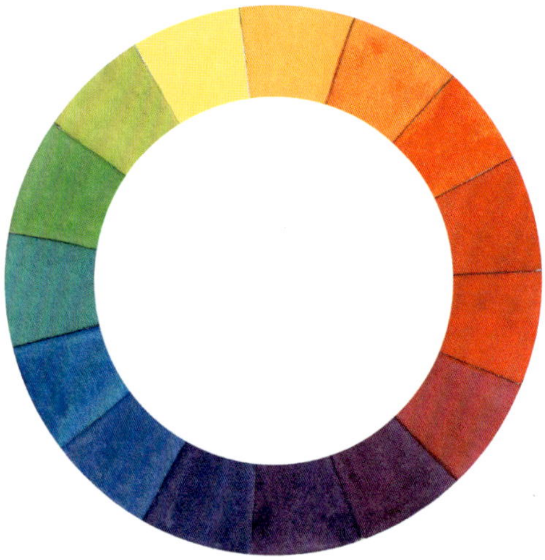

Das ist wichtig zu wissen: Ist beispielsweise ein Grün aus dem Aquarellkasten etwas zu intensiv für das Motiv, kannst du einfach etwas Rot dazugeben, um es zu dämpfen und ein natürlicher wirkendes Grün zu erhalten. Das liegt daran, dass beim Mischen von zwei Komplementärfarben automatisch ein Anteil der dritten Primärfarbe hinzukommt. Mischst du zum Beispiel Grün mit Rot, sind im Grün auch Anteile von Gelb und Blau enthalten.

Der Farbkreis lässt sich weiterhin in warme und kühle Farben unterteilen. Rot, Orange und Gelb sind warme Farben; Blau, Grün und Violett die kühlen. Die Farbtemperatur bezieht sich auf das Gefühl, das sich beim Betrachten bestimmter Farben einstellt. Die Farbtemperatur lässt sich gut nutzen, um Bildern eine räumliche Wirkung zu geben. Verwendest du kühle Farben für den Hintergrund, suggerieren sie Ferne. Warme Farben scheinen auf den Betrachter zuzukommen, sie werden bevorzugt für den Vordergrund verwendet.

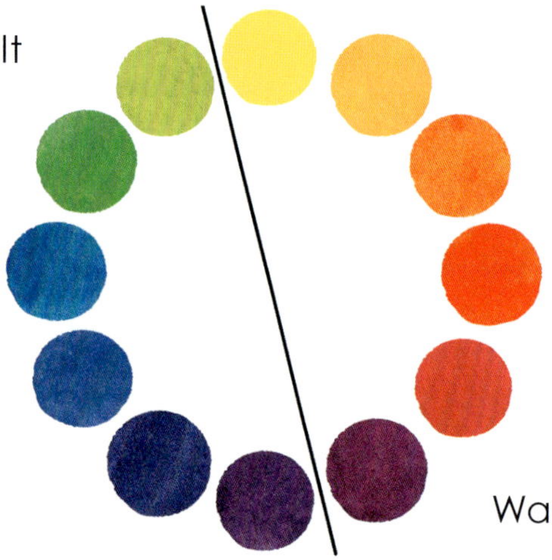

Von jeder Farbe gibt es aber auch warme und kühle Varianten. Das heißt, jede Farbe hat einen bestimmten Unterton. Dieses Phänomen erkennst du am besten, wenn du die Varianten der Primärfarben direkt miteinander vergleichst.

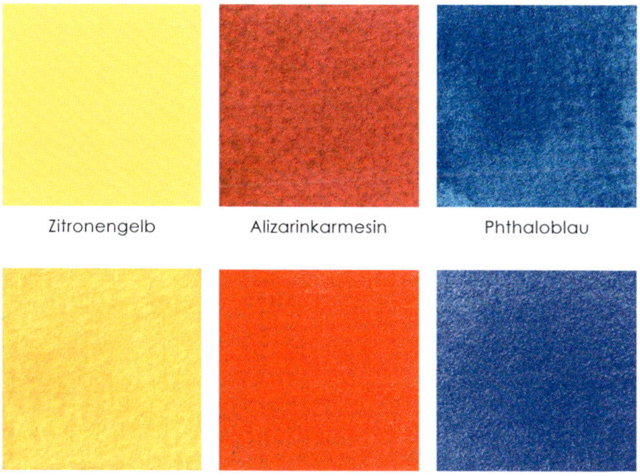

In diesem Beispiel wird deutlich, dass das Kadmiumgelb zu Orange tendiert. Das liegt daran, dass es einen kleinen Rotanteil enthält. Kadmiumgelb hat also einen rötlichen Unterton, darum ist es ein warmes Gelb.

Zitronengelb wirkt neben dem Kadmiumgelb etwas grünlich. Das liegt daran, dass es einen geringen Blauanteil enthält. Zitronengelb hat also einen bläulichen Unterton und ist darum ein kühles Gelb.

Kadmiumrot tendiert im Vergleich zum Alizarinkarmesin leicht zum Orange. Das liegt daran, dass Kadmiumrot einen geringen Gelbanteil enthält. Kadmiumrot hat einen gelblichen Unterton und ist darum ein warmes Rot.

Alizarinkarmesin tendiert im Vergleich zum Kadmiumrot leicht zum Violett. Das liegt daran, dass es einen kleinen Blauanteil enthält. Alizarinkarmesin hat einen bläulichen Unterton und ist darum ein kühles Rot.

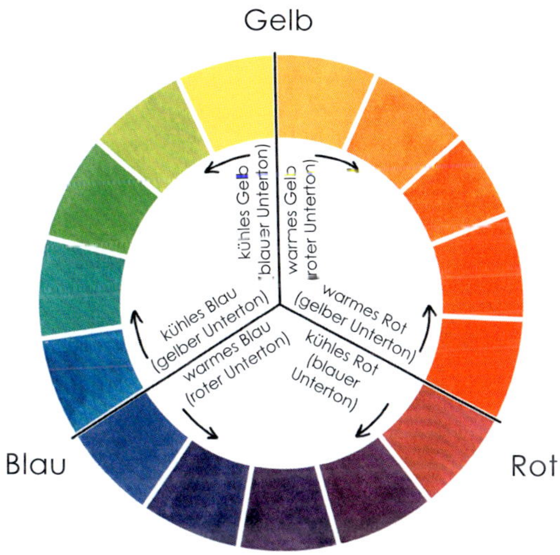

Dasselbe gilt für Ultramarinblau. Es hat einen rötlichen Unterton, tendiert zum Violett und ist somit ein warmes Blau. Phthaloblau dagegen hat einen gelblichen Unterton, tendiert zum Grün und ist ein kühles Blau.

Es ist wichtig, diese Untertöne zu kennen. Je nachdem, welches Blau und Rot du verwendest, um ein Violett zu mischen, ergibt sich ein leuchtendes oder eher mattes Violett. Anhand der Untertöne kannst du entscheiden, welche Ausgangsfarben du für das gewünschte Mischergebnis brauchst.

Primärfarben, die zur gleichen Sekundärfarbe tendieren, liegen auf dem Farbkreis näher beieinander, beispielsweise Alizarinkarmesin und Ultramarinblau, die beide zum Violett tendieren.

Die meisten Standard-Aquarellkästen enthalten von jeder Primärfarbe zwei Versionen, um eine große Vielfalt an Mischfarben zu ermöglichen. Zusätzlich findest du in den meisten Kästen einige Erdtöne sowie manchmal Schwarz oder Grau. Dadurch ergeben sich weitere Möglichkeiten zum Mischen und Experimentieren. Wenn du dir einen eigenen Farbkreis erstellst, kannst du aus sehr wenigen Ausgangsfarben hunderte von Mischfarben kreieren und dabei eine Menge Geld sparen. Natürlich kannst du später auch noch einzelne spezielle Farben nachkaufen.

Tipp: Es gibt sehr viele verschiedene Rot-, Blau- und Gelbtöne. Farbe ist niemals etwas Absolutes. Ihre Wahrnehmung wird auch durch ihre Umgebung bestimmt. Darum ist es wichtig, sich Farben im Kontext anzuschauen. Ein bestimmtes Rot kann beispielsweise neben einem warmen Rot kühl wirken, neben einem anderen Rotton aber warm.

Zerbrich dir nicht zu sehr den Kopf. Vergleiche Farben miteinander und achte auf ihre Untertöne. Versuche mit der Zeit zu lernen, welche Primärfarben du mischen musst, um – abhängig von ihren Untertönen – leuchtende oder gedämpfte Sekundärfarben zu erhalten.

Ausprobieren!

Möchtest du üben, unterschiedliche Mischergebnisse zu beurteilen, gehe folgendermaßen vor: Gib zwei kleine Pfützen Wasser in eine Mischpalette. Nimm mit dem feuchten Pinsel ein leuchtendes Gelb auf, beispielsweise Zitronengelb. Gib die Farbe nacheinander in beide Wasserpfützen, um sie zu verdünnen. Das Mengenverhältnis von Wasser zu Farbe sollte in beiden Pfützen etwa gleich sein. Die Farbe soll intensiv, aber gleichzeitig recht nass sein. Nimm Farbe mit dem Pinsel auf, streife überschüssige Flüssigkeit am Rand der Palette ab und male nebeneinander zwei runde oder viereckige Farbproben.

Mische jetzt zwei Grüntöne. Verwende dafür Ultramarinblau sowie Preußischblau oder Coelinblau. Ultramarin ist wärmer als die beiden anderen Blautöne. Wenn du also Ultramarinblau mit Zitronengelb mischst, entsteht ein natürliches Grün, das aber eine geringere Leuchtkraft hat. Das liegt daran, dass Ultramarinblau einen kleinen Rotanteil besitzt.

Spüle den Pinsel aus und nimm mit der Spitze eine kleine Menge Ultramarinblau auf. Gib sie in eine der Zitronengelb-Pfützen. So entsteht ein gelbliches Olivgrün. Male unter deine erste Farbprobe eine neue, um den Unterschied zu beobachten. Gib allmählich immer mehr Ultramarinblau zur Mischung, sodass das Grün intensiver wird, und male weitere Farbproben. Wenn dir die Farbe ausgeht, gib etwas mehr Wasser und Farbe auf die Palette, bis ein ähnlicher Ton entsteht, und fahre fort. Indem du das Mengenverhältnis der beiden Ausgangsfarben veränderst, enthältst du verschiedene Grüntöne, vom gelblichen bis zum bläulichen Grün.

Wiederhole die Übung nun mit Zitronengelb und Coelinblau oder Preußischblau. Wasche zuerst deinen Pinsel sehr gründlich aus. Nimm dann etwas von deinem neuen Blau auf und mische es mit dem Zitronengelb. Es entsteht ein sehr grelles Grün, weil diese Mischung keinen Anteil der dritten Primärfarbe enthält. Male unter deine zweite Farbprobe eine neue, um die beiden ersten Grüntöne gut miteinander vergleichen zu können. Gib nun wie beim ersten Durchgang allmählich immer mehr Blau zur Mischung und male weitere Farbproben. Du siehst: Dabei entstehen viele verschiedene Grüntöne.

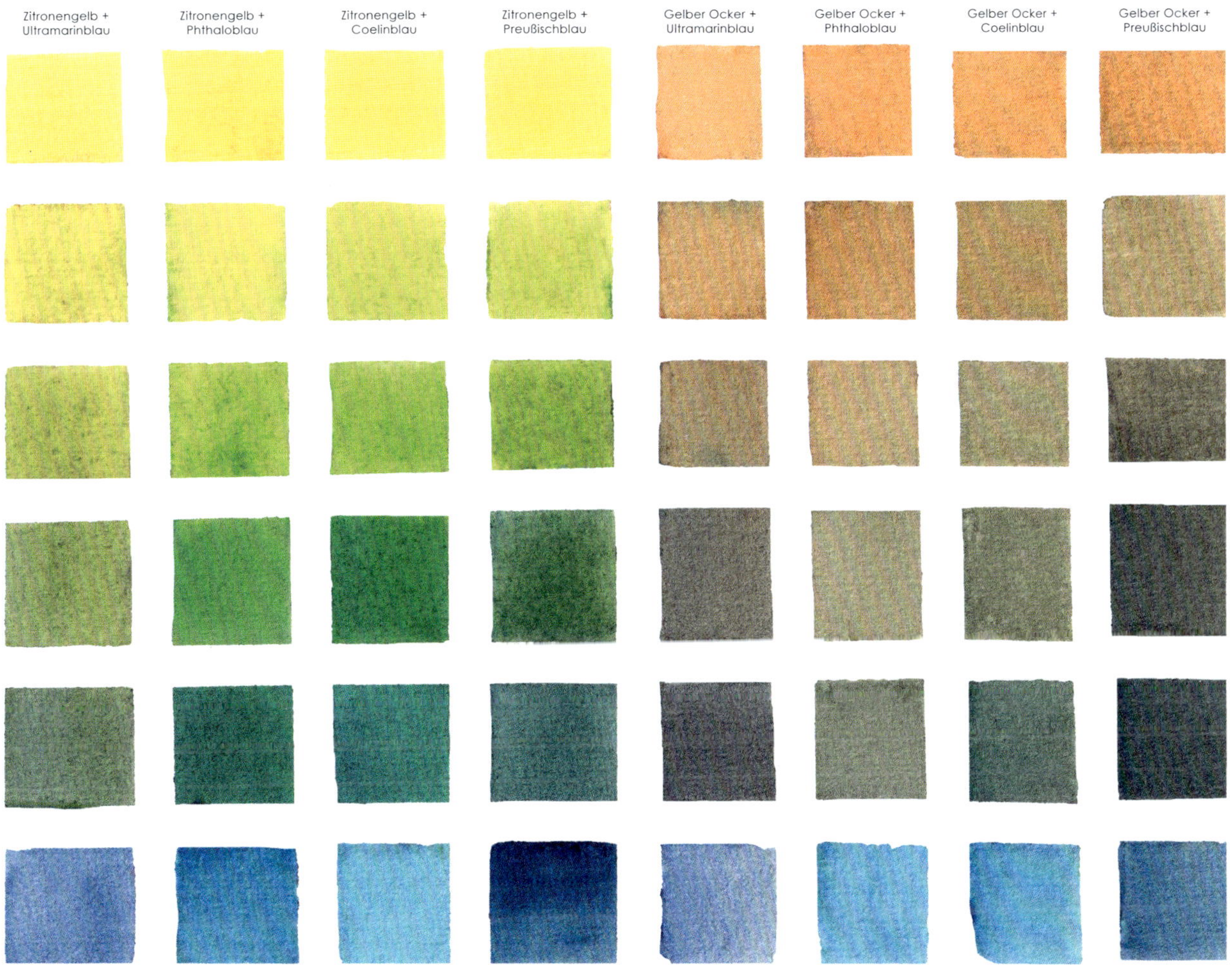

Wenn du möchtest, kannst du diese Übung mit weiteren Primärfarben durchführen, um herauszufinden, welche Sekundär- und Tertiärfarben dabei entstehen. Das macht viel Spaß!

Für dieses Beispiel habe ich nur einige wenige Primärfarben verwendet, um ganz verschiedene Orange-, Grün- und Violetttöne zu mischen.

Du kannst dein Aquarellpapier auch mit Malerkrepp in viele kleine Felder unterteilen. So ist es einfacher, die Farbproben zu malen, weil du nicht befürchten musst, dass sie ineinander verlaufen. Ist das nicht faszinierend? Ich liebe es, Farben zu mischen. Du wirst dabei auch feststellen, welche Farben dir besonders gut gefallen. Und dann kannst du eine ganz individuelle Farbpalette mit deinen persönlichen Lieblingsfarben zusammenstellen. Für die Beispiele in diesem Buch habe ich bewusst nur wenige Farben verwendet, um zu zeigen, dass man nicht Dutzende von Farben kaufen muss, um tolle Bilder zu malen.

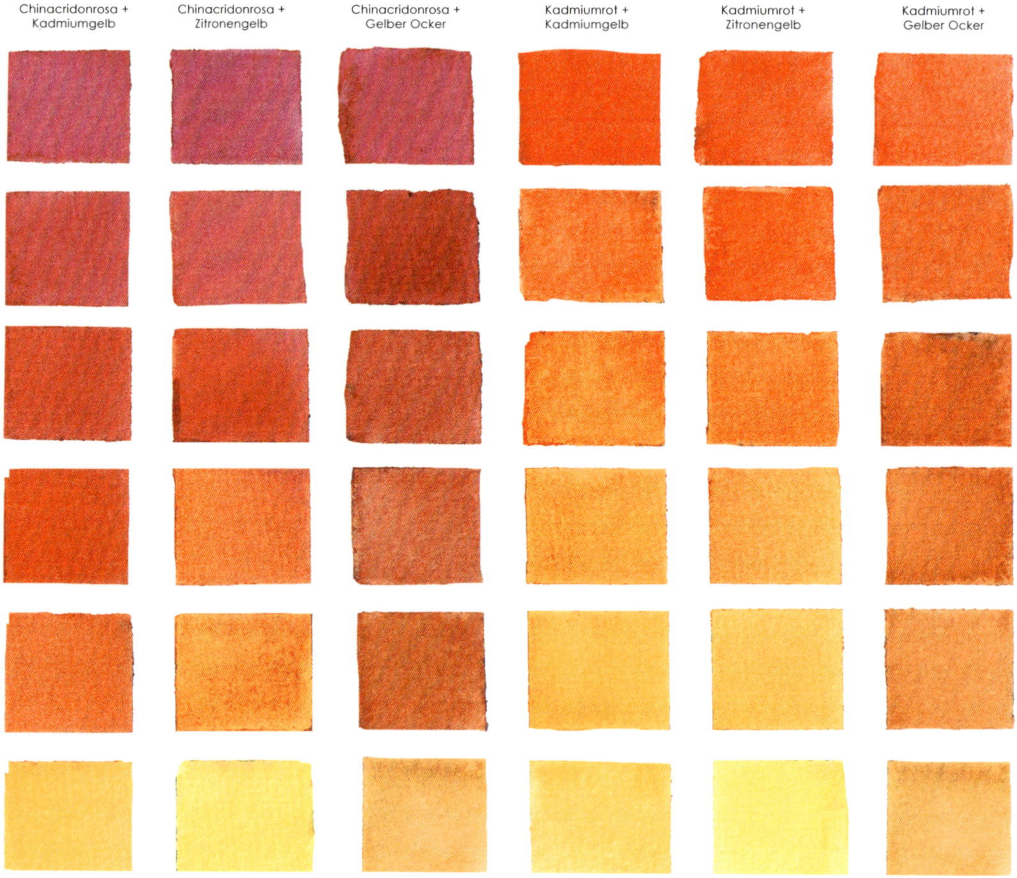

Hier siehst du einen Überblick aller Farben, die ich für die Motive in diesem Buch eingesetzt habe. Du brauchst nicht dieselben Farben zu verwenden. Wichtig ist, dass du auf die Untertöne achtest.

Die meisten Farben, mit denen ich arbeite, sind in einem Standard-Aquarellkasten zu finden. Je zwei Versionen der Primärfarben Rot, Blau und Gelb, dazu einige Erdtöne und Grau – das genügt.

Vielleicht haben deine Farben andere Bezeichnungen oder andere Inhaltsstoffe, aber das macht nichts. Wenn du mehr Übung im Mischen hast, kannst du dich immer noch mit den Details beschäftigen und mehr über die verschiedenen Pigmente lernen.

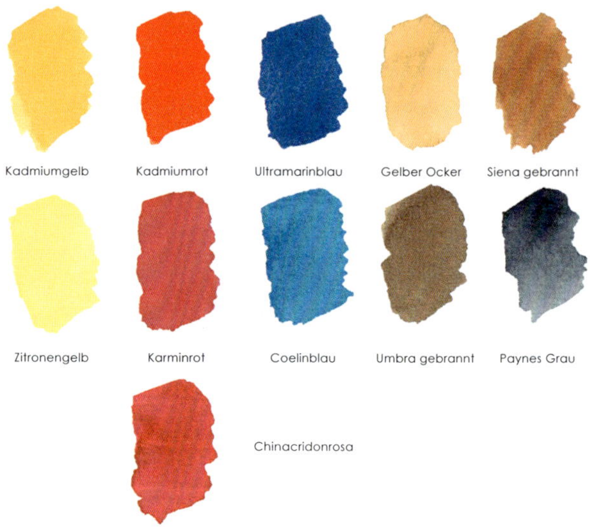

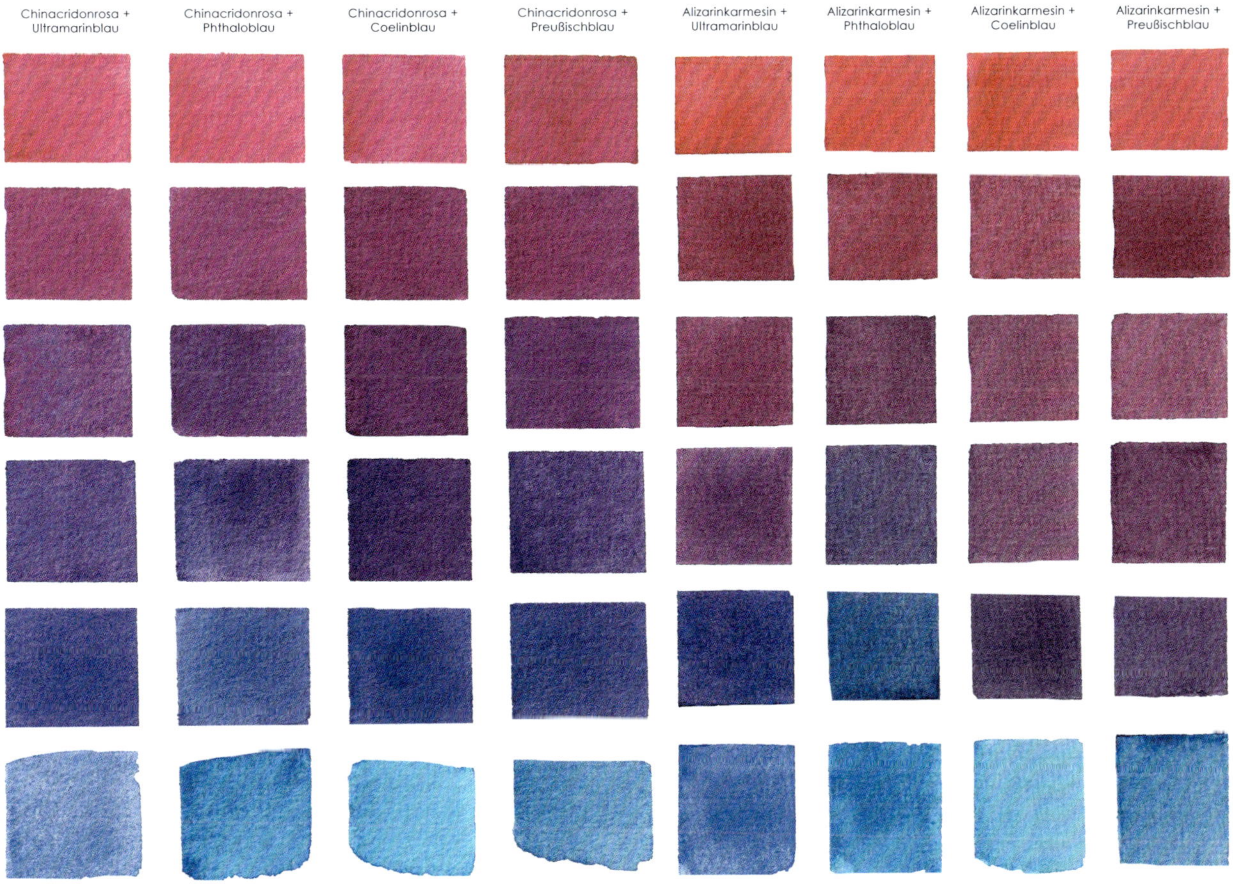

Das Verdünnungsverhältnis

Zu Anfang glauben viele, dass ihre Bilder umso interessanter werden, je mehr Farbnäpfchen ihr Aquarellkasten enthält. Tatsächlich brauchst du aber nur wenige Farben, wenn du ihr Potenzial zu nutzen verstehst! Eine Möglichkeit ist das Mischen, aber oft genügt es auch, einfach nur Wasser zu verwenden.

Um Farben aufzuhellen, nimmst du in der Aquarellmalerei Wasser. Während man Öl- und Acrylfarben zu diesem Zweck mit Weiß mischt, nutzt du in der Aquarellmalerei das Weiß des Papiers. Das ist möglich, weil Aquarellfarben von Natur aus transparent sind. Natürlich ist es möglich, Aquarellfarben mit Deckweiß zu Pastelltönen zu mischen, aber dadurch geht die Transparenz der Farben verloren, und beim Mischen mit anderen Farben können matte Töne entstehen. Wenn das dein Ziel ist – wunderbar. Aber sei dir dessen bewusst und denke daran, dass es Alternativen gibt.

Beim Aquarellmalen ist es wichtig, ein Gefühl für das richtige Mengenverhältnis von Wasser und Pigment zu entwickeln.

- Je höher der Wasseranteil, desto heller sieht die Farbe auf dem Papier aus, und desto wässriger ist ihre Konsistenz beim Malen.
- Je höher der Pigmentanteil, desto dunkler sieht die Farbe auf dem Papier aus, und desto cremiger ist ihre Konsistenz beim Malen.

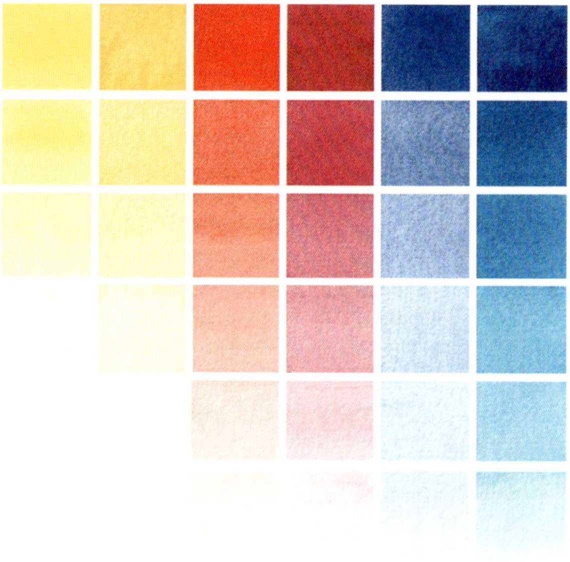

Die relative Helligkeit oder Dunkelheit einer Farbe bezeichnet man als Tonwert. Jede Farbe hat verschiedene Tonwerte.

Um die Tonwerte genauer kennenzulernen und dabei auch ein Gefühl für das Verdünnungsverhältnis zu bekommen, kannst du dir eine Tonwertskala anlegen. Du wirst feststellen, dass einige Farben, beispielsweise Gelb, nur eine begrenzte Anzahl von Tonwerten umfassen. Das richtige Verdünnen von Farben kannst du auch an den Beispielen in diesem Buch üben.

Ausprobieren!

Male eine Tonwertskala von Hell nach Dunkel. Du kannst dazu mit Bleistift kleine Quadrate auf deinem Papier vorzeichnen oder die Farbproben ohne Hilfslinien auftragen.

Um mit einem sehr hellen Tonwert zu beginnen, gib eine Pfütze klares Wasser auf deine Palette. Nimm dann mit der Spitze eines sauberen Pinsels eine kleine Menge Farbe auf. Gib die Farbe ins Wasser und mische gründlich. Dies ist dein hellster Tonwert. Male ein Feld auf deinem Papier mit dieser Farbe aus.

Um die Tonwerte abzudunkeln, gib allmählich immer mehr Farbe in deine Pfütze. Spüle den Pinsel zwischendurch nicht aus, denn dadurch würdest du die Farbe ja wieder verdünnen. Je höher der Farbanteil im Wasser wird, desto dunkler und intensiver wird die Farbe, und desto cremiger wird ihre Konsistenz.

Wiederhole diesen Vorgang, bis du beim dunkelsten Tonwert deiner Farbe angekommen bist.

Tipp: Wenn du zu viel Wasser genommen hast und das Abdunkeln sehr lange dauert, gib etwas von der verdünnten Farbe in eine andere Vertiefung deiner Palette. Fahre dann fort, zu dieser kleineren Menge allmählich mehr Farbe zu geben, um die dunkleren Tonwerte zu erhalten.

Abdunkeln und Spannung erzeugen

In der vorigen Übung hast du gesehen, dass jede Farbe ihr eigenes Tonwertspektrum hat. Das bedeutet, dass ein Gelb nicht so dunkel sein kann wie ein Blau. Du kannst eine Farbe abdunkeln, indem du weniger Wasser verwendest. Möglich ist aber auch, sie mit einer dunkleren Farbe zu mischen.

Für das Beispiel auf Seite 25 habe ich verschiedene Farben verwendet und ihr Mischungsverhältnis verändert. Dabei entstehen viele ausdrucksvolle dunkle Farben.

Zum Abdunkeln einer Farbe ist diese Methode oft günstiger, als sie mit Schwarz zu mischen. Probiere verschiedene Mischungsverhältnisse aus. Die nuancenreichen Töne, die dabei entstehen, sehen in Bildern oft sehr interessant aus. Mit reinem Schwarz solltest du vorsichtig umgehen, denn es kann leicht leblos wirken.

Manchmal sind Farben direkt aus der Tube oder dem Näpfchen sehr intensiv und zu gesättigt. Wenn du beispielsweise Grün direkt aus dem Aquarellkasten verwendest, um Bäume zu malen, können die Blätter unnatürlich grell wirken. Damit sie natürlicher aussehen, muss das Grün gedämpft werden.

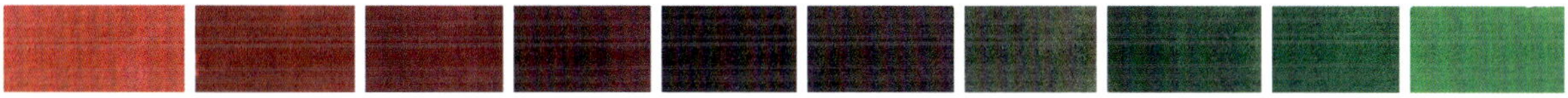

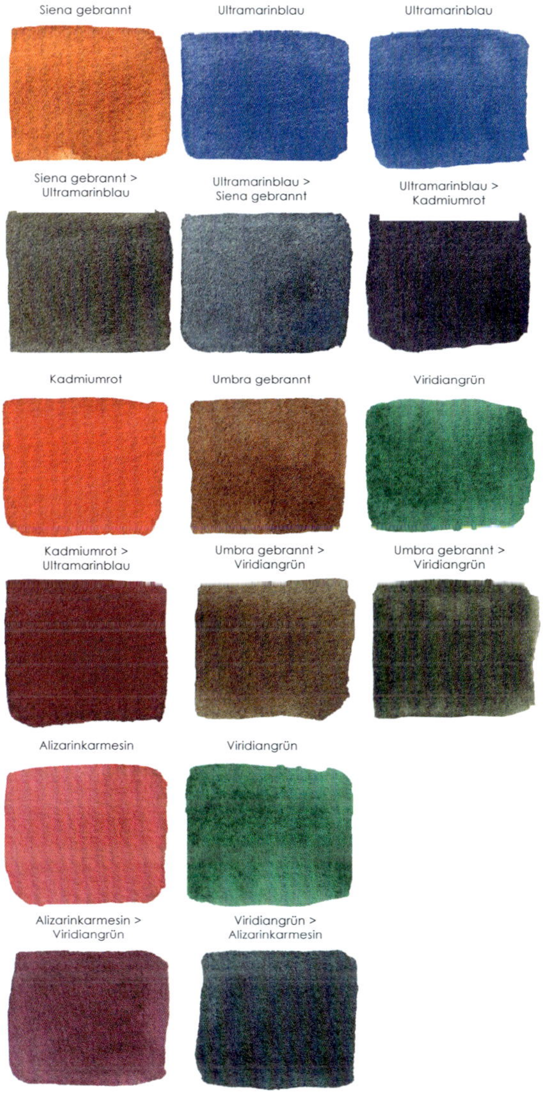

In der Aquarellmalerei erreicht man das normalerweise, indem man die Komplementärfarbe zugibt. Dadurch wird das Grün etwas matter und wirkt viel natürlicher. Denkbar ist auch, Erdfarben zum Dämpfen zu verwenden. Probiere ruhig verschiedene Mischungen aus.

Ausprobieren!

Versuchen wir es zuerst mit Rot und Grün.

Bereite auf deiner Palette eine kleine Pfütze mit einem leuchtenden Grün aus deinem Bestand vor. Kontrolliere die Konsistenz und Helligkeit auf einem Stück Papier. Die Farbe soll weder zu wässrig noch zu dunkel sein.

Nimm nun mit dem nassen Pinsel – ohne ihn auszuspülen – etwas rote Farbe auf und gib sie in deine Farbpfütze. Trage diese Mischung neben deiner ersten Farbprobe auf. Sie sieht etwas anders aus. Das leuchtende Grün wirkt jetzt etwas dunkler und natürlicher.

Gib nun allmählich immer mehr Rot in deine grüne Farbpfütze. Falls deine Farbe zu schnell zur Neige geht, kannst du sie auch mit etwas Wasser verdünnen. Danach musst du das Verhältnis von Wasser zu Farbe wieder herstellen, damit die Mischung nicht zu hell wird. Je mehr Rot du zur Mischung gibst, desto dunkler und gedämpfter wird das Grün.

Wenn du mit unterschiedlichen Verhältnissen von Rot und Grün experimentierst, kannst du sogar dunkles Braun und Grau mischen.

Versuche nun den entgegengesetzten Weg.

Beginne mit einer Pfütze roter Farbe und gib allmählich immer mehr Grün dazu. Du wirst feststellen, dass du mit nur zwei Ausgangsfarben viele schöne Farben mischen kannst.

Farbharmonie

Unsere Welt steckt voller schöner Farben. Sie liefern uns Informationen und können sogar unsere Stimmung beeinflussen. Farben, die miteinander harmonieren, sind schön anzuschauen und vermitteln positive Gefühle. Darum ist es für alle, die sich mit Malerei beschäftigen, wichtig, ihre Grundprinzipien zu verstehen. Bestimmte Farbkombinationen haben sich im Lauf der Zeit etabliert. Sie stehen auf dem Farbkreis in festen Beziehungen zueinander. Wenn wir diese Kombinationen sehen, empfinden wir sie als angenehm oder harmonisch.

Viele Einsteigerinnen und Einsteiger möchten am liebsten gleich alle Farben verwenden, die ihr Aquarellkasten zu bieten hat. Das kann aber dazu führen, dass Bilder viel zu unruhig wirken. Wer nur wenige Farben hat, kann leichter entscheiden, welche er für ein Bild einsetzen möchte. Das ist gerade in der Anfangszeit gut, um Verwirrung zu vermeiden.

Wie wertvoll der Farbkreis (Seite 18) als Hilfsmittel für die Auswahl einer Farbzusammenstellung ist, wird häufig unterschätzt. Wenn du weißt, wie du mithilfe des Farbkreises die Farben zusammenstellst, werden deine Bilder wie aus einem Guss wirken. Vergiss aber nicht, dir auch etwas Raum zum Spielen und Experimentieren mit verschiedenen Farben zu lassen.

Nur eine Farbe

Ein monochromes Bild wirkt fast immer harmonisch. Monochrom (wörtlich: einfarbig) bedeutet, dass für das ganze Bild nur eine Farbe zum Einsatz kommt, aber in all ihren Tonwerten. Konflikte zwischen Farben lassen sich auf diese Weise umgehen. Monochrome Bilder sehen elegant und minimalistisch aus, sie sind angenehm für das Auge, und beim Malen kannst du üben, allein durch verschiedene Tonwerte Kontraste zu erzeugen. Das Motto lautet hier: Weniger ist mehr.

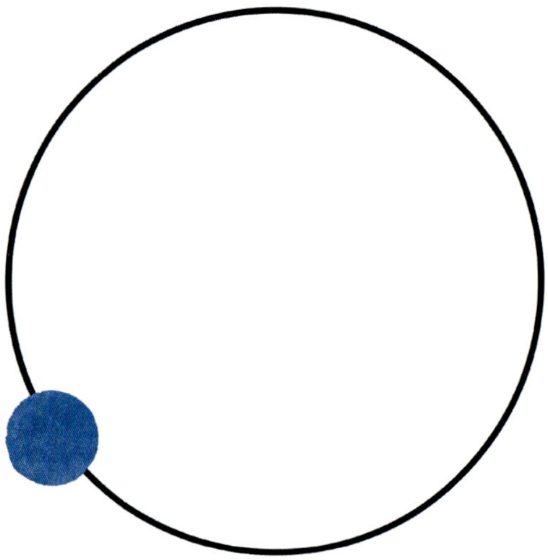

Verwandte Farben

Verwandte Farben stehen auf dem Farbkreis in direkter Nachbarschaft. Sie harmonieren miteinander, weil sie gemeinsame Anteile enthalten, also verwandt sind. Beim Mischen kommen keine schmuddeligen Ergebnisse zustande, da keine dämpfenden Untertöne ins Spiel kommen. Solche Farbzusammenstellungen findet man oft in der Natur. Sie wirken elegant und sind visuell ansprechend. Kontraste werden auch hier durch verschiedene Tonwerte erzeugt.

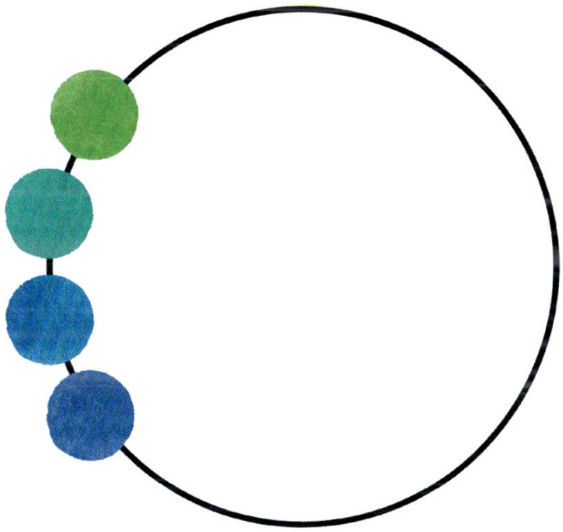

Komplementärfarben

Diese Kombinationen bestehen aus zwei Farben, die einander auf dem Farbkreis gegenüberliegen. Weil sie in starkem Kontrast zueinander stehen, ist es umso wichtiger, auf eine ausgewogene Sättigung zu achten. Nur dann unterstützen die Farben einander, statt um Aufmerksamkeit zu konkurrieren.

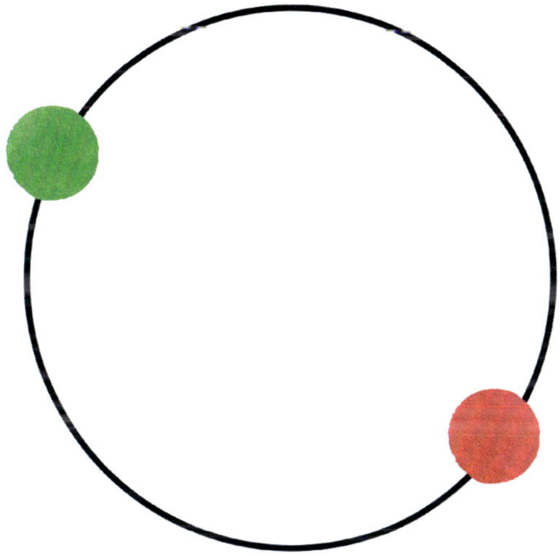

Komplementär – Verwandt

Für diese Kombination werden verwandte Farben gewählt, während die Komplementärfarbe für Kontraste sorgt. Sie besteht aus drei oder mehr Farben, die auf dem Farbkreis nebeneinanderliegen, und einer einzelnen, die diesen gegenüberliegt.

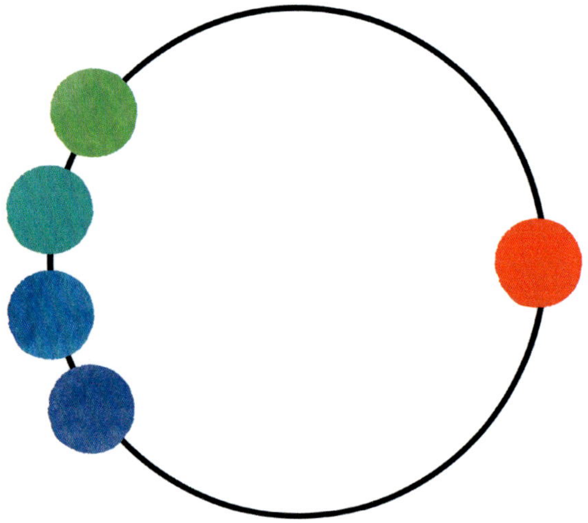

Triaden

Von einer Triade spricht man, wenn drei Farben verwendet werden, die auf dem Farbkreis ein Dreieck bilden. Eine Triade kann aus Primärfarben, Sekundärfarben und sogar Tertiärfarben bestehen.

Die Triade aus Primärfarben ist besonders vielseitig, weil du durch die Wahl der Farbtypen bestimmen kannst, ob die Wirkung leuchtend oder eher gedämpft sein soll. Damit solche Farbkombinationen harmonisch wirken, wird eine der drei Farben als Hauptfarbe gewählt. Die beiden anderen spielen eine untergeordnete Rolle oder werden mit der Hauptfarbe gemischt.

Natürlich gibt es noch viele weitere Farbkombinationen. Dieses Buch beschränkt sich aber auf die Grundlagen und soll helfen, zuerst einmal mit dem Mischen und mit verschiedenen Maltechniken vertraut zu werden.

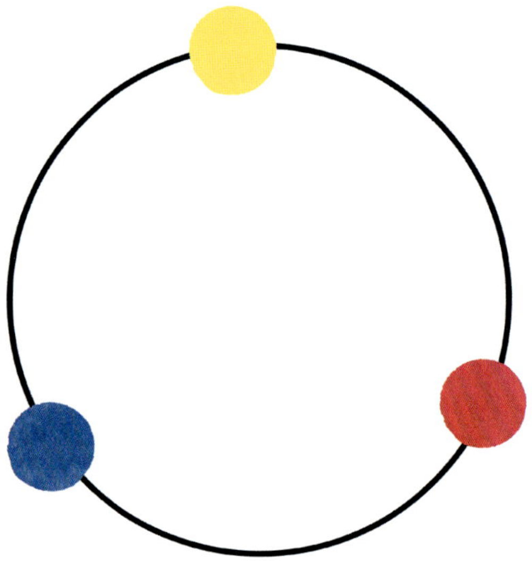

Die Grundtechniken

Wie viel Wasser im Pinsel und auf dem Papier?

Bei der Aquarellmalerei ist es wichtig, dass du lernst, die Wassermenge zu beherrschen – und zwar sowohl im Pinsel als auch auf dem Papier.

Beim Papier unterscheidet man drei Feuchtigkeitszustände: nass, feucht und trocken.

Wird Wasser gleichmäßig auf dem Papier verteilt, ist es nass. Es glänzt und man kann seine Oberflächenstruktur gut erkennen. Lässt man dem Papier einige Sekunden Zeit, das Wasser aufzusaugen, verliert sich der Glanz etwas: Es ist feucht. Wartet man noch länger, wird es trocken. Wenn nasse Farbe auf trockene Farbe aufgetragen werden soll, muss die untere Farbschicht vollständig getrocknet sein.

Auch beim Pinsel unterscheidest du zwischen den Stadien nass, feucht und trocken. Streife den Pinsel nach dem Eintauchen ins Wasser immer ein- oder zweimal an der Kante des Wasserbehälters ab, damit er nicht zu nass ist. Es können sonst versehentlich Wassertropfen herabfallen, und das kann beim Malen ärgerlich sein. Willst du nur Wasser oder Farbe auf einer großen Fläche verteilen, schadet es aber nicht.

Streifst du den Pinsel am Becherrand ab und tupfst ihn danach auf Küchenpapier ab, ist er feucht. Mit einem feuchten Pinsel kannst du überschüssiges Wasser oder Farbe vom Papier abnehmen. Enthält der Pinsel gerade noch so viel Feuchtigkeit, dass er etwas Farbe hält, kannst du sehr gut Texturen malen (siehe Trockenpinseltechnik, Seite 36). Und mit einem völlig trockenen Pinsel kannst du Wasser oder Farbe so vom Papier entfernen, dass das weiße Papier zum Vorschein kommt.

Für die Aquarellmalerei ist es wichtig, den Umgang mit der Feuchtigkeit zu lernen, denn sie bestimmt, wie Farben und Wasser sich auf dem Papier verhalten.

Tipp: Eine größere Wassermenge verläuft besser als eine kleine. Wenn du beispielsweise auf feuchtes Papier eine nasse Farbe aufträgst, verdrängt die nasse Farbe die trocknenden Pigmente. Auf diese Weise entstehen Ausblühungen mit „Blumenkohleffekt“.

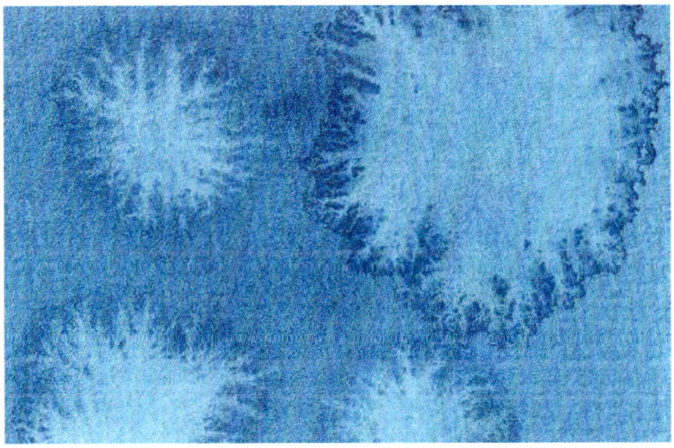

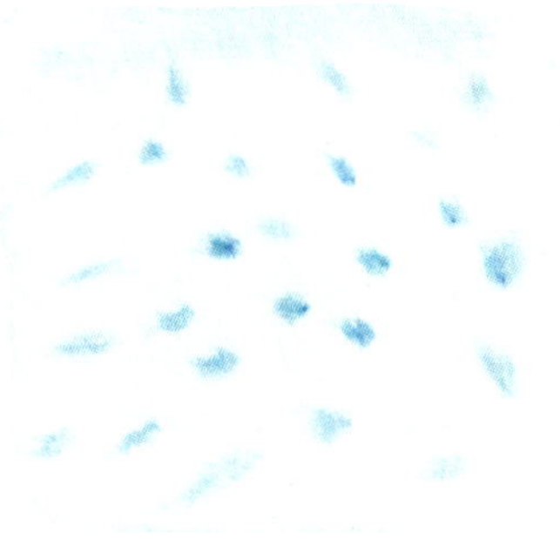

Mehr Wasser auf dem Papier als im Pinsel

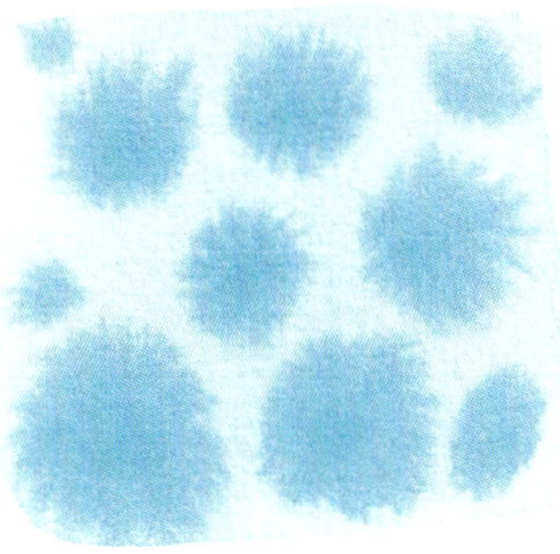

Weniger Wasser auf dem Papier als im Pinsel

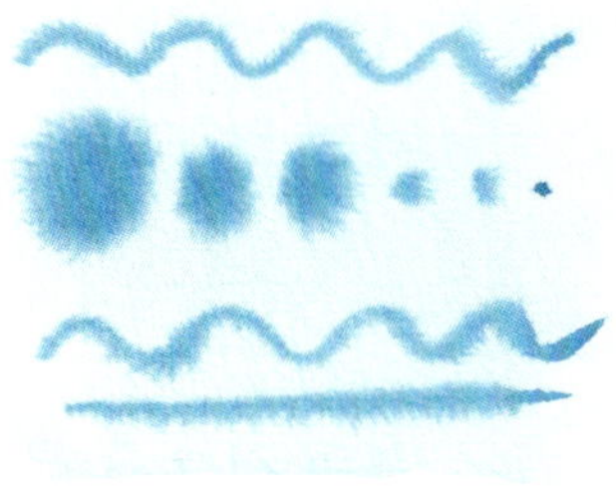

Feuchtes Papier mit konzentrierter Farbe

Manchmal sind solche Effekte erwünscht, aber eben nicht immer. Darum ist es so wichtig, dass du lernst, die Feuchtigkeit auf dem Papier und im Pinsel zu beherrschen. Wenn sich auf dem Papier mehr Wasser befindet als im Pinsel, wirkt der Pinsel wie ein Schwamm und saugt Feuchtigkeit vom Papier auf. Das bewirkt, dass die Farbe im Pinsel kaum auf dem Papier verläuft. Befindet sich auf dem Papier und im Pinsel etwa gleich viel Wasser, hebt sich die Wirkung auf und die Farbverteilung ist relativ gleichmäßig.

Soll sich die Farbe gleichmäßig und kontrolliert ausbreiten, muss das Papier feucht sein, und die Farbe im Pinsel muss eine cremige Konsistenz haben.

Aquarell-Anfängerinnen und -Anfänger sind oft unsicher, weil sie befürchten, das Medium nicht beherrschen zu können. Es ist aber gar nicht so schwierig, den vermeintlich unberechenbaren Farbverlauf unter Kontrolle zu bringen. Wichtig ist, dass du übst und genau darauf achtest, was geschieht. Manchmal solltest du aber auch einfach loslassen und der Farbe ihr faszinierendes Eigenleben überlassen.

Ausprobieren!

Nimm einen Aquarellpinsel, tauche ihn in klares Wasser und verteile es auf einer viereckigen Fläche deines Papiers. Achte auf den Glanz auf dem Papier! Tauche den Pinsel jetzt in deine Farbe und streife ihn am Rand deiner Palette ab. Tupfe ihn anschließend auf einem Stück Küchenpapier ab. Setze den Pinsel jetzt auf das nasse Papier. Male Punkte, Striche oder was du möchtest. Beobachte, wie sich die Farbe ausbreitet.

Wiederhole dasselbe mit einem nasseren Pinsel. Tauche den Pinsel in Farbe mit wässriger Konsistenz und setze ihn wieder auf das Papier, das jetzt nur noch feucht ist. Siehst du den Unterschied? Wenn sich auf dem Papier weniger Wasser befindet als im Pinsel, breitet sich die wässrige Farbe aus dem Pinsel gleichmäßig auf dem Papier aus.

Wiederhole denselben Test jetzt mit stärker konzentrierter Farbe.

Verteile Wasser auf deinem Aquarellpapier und warte einen Moment, bis der Glanz nachlässt. Bereite inzwischen Farbe mit cremiger Konsistenz vor. Nimm mit dem Pinsel Farbe auf und streife ihn am Rand der Palette ab. Der Pinsel soll nass sein und eine konzentrierte Pigmentmenge enthalten. Trage die Farbe auf das Papier auf, das nur noch feucht ist. Du wirst beobachten, dass die Farbe jetzt kontrollierter verläuft.

Tipp: Wiederhole diese Übungen mehrmals und beobachte genau, wie das Papier aussieht, wenn es nass, feucht oder trocken ist. Achte gleichzeitig auf die Wassermenge in deinem Pinsel. Gewöhne dir an, den Pinsel abzustreifen und eventuell abzutupfen, um zu beeinflussen, wie viel Farbe und Wasser er enthält.

Farben im Fluss – Lavieren

Lavuren sind die Grundlage der Aquarellmalerei. Dabei handelt es sich um dünne, transparente Farbschichten, die die gesamte Bildfläche oder einen bestimmten Bereich bedecken können.

Eine Lavur kann einfarbig oder verlaufend sein oder sogar die Farbe wechseln. Bei einer einfarbigen Lavur wird die gesamte Fläche gleichmäßig mit Farbe bedeckt. Bei einer Verlaufslavur verändert sich der Tonwert allmählich von dunkel nach hell, und bei einem Farbwechsel gehen zwei verschiedene Farben fließend ineinander über.

Einfarbig Verlaufend Farbwechsel

Je größer die Fläche ist, die mit einer Lavur bedeckt werden soll, desto dicker muss dein Pinsel sein. Sonst kann es leicht passieren, dass die Farbe schon trocken ist, wenn du am unteren Rand des Papiers ankommst.

Beim Lavieren kannst du entweder nass auf trocken oder nass in nass arbeiten.

Trägt man nasse Farbe auf nasses Papier auf (nass in nass), lässt sich das Fließverhalten der Farbe schwer beeinflussen. Außerdem werden die Farben etwas heller, weil das Wasser auf dem Papier sie verdünnt. Andererseits hast du bei dieser Methode mehr Zeit, die Farbe zu verteilen, bevor sie trocknet. Ich finde auch, dass es einfacher ist, die Farbe gleichmäßig zu verteilen.

Trägt man nasse Farbe auf trockenes Papier auf (nass auf trocken), lässt sich das Fließverhalten leichter steuern. Das liegt daran, dass Aquarellfarbe nur auf nassem Untergrund verläuft. Mit dieser Technik kannst du also präzise Details und klare Linien malen, ohne dass die Farbe in Bereiche verläuft, in denen du sie nicht haben möchtest.

Ausprobieren!

Beginnen wir mit einer einfarbigen Lavur. Nimm mit dem Pinsel nasse Farbe auf und streife ihn am Rand deiner Palette ab. Verteile die Farbe dann mit zügigen waagerechten Strichen immer hin und her von oben nach unten auf deinem Papier. Wenn sich Pfützen bilden, die dunkler aussehen, nimm dort etwas Farbe mit einem sauberen, nur feuchten Pinsel ab. So sorgst du dafür, dass die Farbe gleichmäßig trocknen kann.

Beim Lavieren mit einem Farbverlauf kannst du nass in nass oder nass auf trocken arbeiten. Achte auf den Unterschied!

Beginne beim Lavieren nass auf trocken mit einem Farbverlauf wie bei der einfarbigen Lavur. Bedecke aber nicht die ganze Fläche mit Farbe, sondern nur einen kleinen Teil. Dort beginnt der schrittweise Übergang zu helleren Tonwerten. Spüle den Pinsel nach dem Auftragen der Farbe aus und streife ihn am Rand des Wasserbehälters ab. Setze nun am unteren Rand des farbigen Bereichs an und male einen waagerechten Strich. Dabei verteilst du die Farbe, die sich am unteren Rand des ersten Strichs sammelt, und verdünnst sie mit der Feuchtigkeit im Pinsel. Spüle deinen Pinsel wieder aus und streife ihn am Rand des Wasserbehälters ab.

Setze nun wieder am unteren Rand des vorherigen Strichs an und verteile die Farbe, die sich dort gesammelt hat. Die Farbmenge, die dir zum Verteilen zur Verfügung steht, wird allmählich immer weniger. Außerdem wird sie mit dem klaren Wasser im Pinsel verdünnt. Darum wird die Lavur von oben nach unten heller.

Wiederhole dieselbe Technik nass in nass.

Trage auf die Fläche für deinen Verlauf zuerst etwas Wasser auf. Gib dem Papier einen Moment Zeit, die Feuchtigkeit aufzusaugen. Nimm dann mit dem Pinsel Farbe auf und trage sie so auf wie in der vorigen Übung. Durch das Wasser auf dem Papier wird die Farbe automatisch heller. Wenn das nicht geschieht, befindet sich zu viel Farbe im Pinsel. Um die Farbe auf dem Papier zu verteilen, spüle nun den Pinsel aus und streife ihn am Rand des Wasserbehälters ab. Verteile dann die Farbe Strich für Strich von oben nach unten, bis du beim hellsten Tonwert angekommen bist.

Auch für die Lavur mit Farbwechsel kannst du nass in nass oder nass auf trocken arbeiten.

Wir üben es zuerst nass auf trocken. Wähle zwei verschiedene Farben und trage die erste so auf das Papier auf, wie du es beim einfarbigen Lavieren getan hast. Spüle den Pinsel aus, nimm die zweite Farbe auf und streife den Pinsel ab.

Lass nun etwas Abstand zur ersten Farbe und beginne eine zweite einfarbige Lavur mit der neuen Farbe. Dieser Abstand ist der Bereich, in dem die Farben fließend ineinander übergehen sollen. Verfahre dabei folgendermaßen: Bewege den Pinsel von links nach rechts und gleichzeitig zur oberen Farbe, sodass beide Farben sich leicht mischen. Wenn das geschehen ist, führe den Pinsel von links nach rechts und gleichzeitig zur unteren Farbe. Falls es noch harte Farbgrenzen gibt, spüle den Pinsel aus, streife ihn ab und streiche dann mit dem feuchten Pinsel über diese Farbgrenzen, um sie weicher zu verwischen.

Für einen Farbübergang zwischen zwei Verlaufslavuren gehst du ebenso vor, allerdings liegt der Übergang nun zwischen den hellsten Tonwerten deiner beiden Farben.

Diese Übung macht Spaß und du lernst dabei auch etwas über das Mischen von Farben. Es macht nichts, wenn deine lavierten Flächen nicht ganz gleichmäßig ausfallen. Manchmal sind es gerade die weniger perfekten Details, durch die Bilder lebendig werden.

Tipp: Das Geheimnis gelungener Lavuren ist gleichmäßige Feuchtigkeit. Wenn die Farbe stellenweise trocknet, an anderen Stellen aber noch Pfützen bildet, befindet sie sich in unterschiedlichen Trocknungsstadien. Manche Bereiche sind nasser und brauchen länger zum Trocknen, andere trocknen schneller. Durch Pfützen kann es auch zu Ausblühungen kommen. Wer sie vermeiden möchte, muss überschüssiges Wasser mit Küchenpapier oder einem feuchten Pinsel abnehmen. Du hast die Kontrolle!

Bilden sich dennoch unbeabsichtigt Ausblühungen, lassen sie sich beseitigen. Feuchte entweder den Bereich noch einmal an, um die Farbe anzulösen und gleichmäßig zu verteilen oder verdecke die Ausblühungen mit einer weiteren Farbschicht.

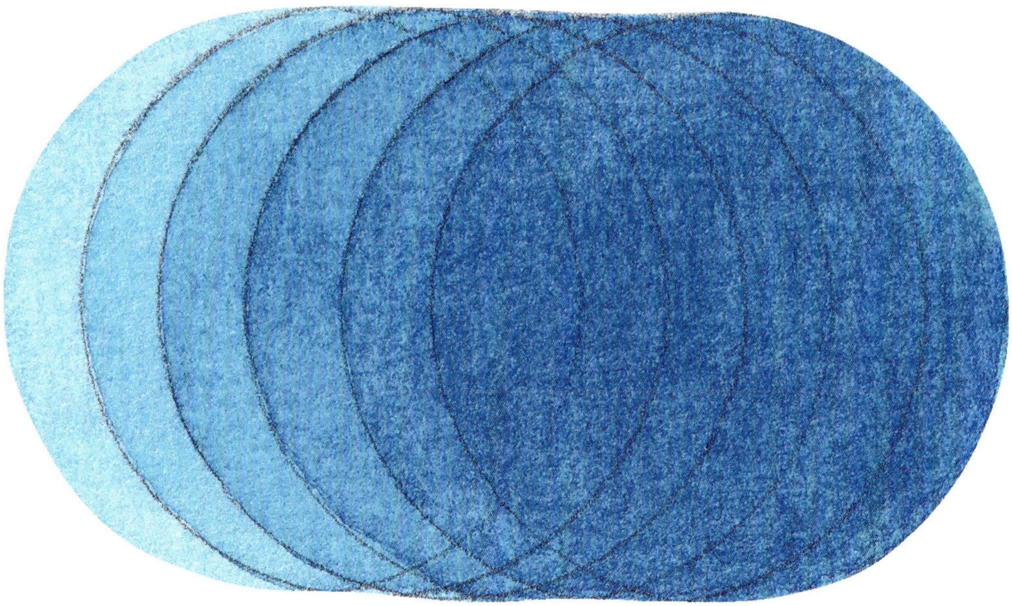

Schicht für Schicht – Lasieren

Eine ebenfalls wichtige Technik in der Aquarellmalerei ist das Lasieren. Dabei werden verdünnte Farbschichten auf bereits getrocknete aufgetragen. Weil Aquarellfarben transparent sind, ergeben sich durch diese Lasuren vielfältige Gestaltungsmöglichkeiten.

Du kannst eine Lasur mit derselben Farbe übermalen, um sie abzudunkeln. Übermalst du eine Lasur mit einer anderen Farbe, entsteht auf dem Papier eine Mischfarbe. Die Lasurtechnik bietet die Möglichkeit, räumliche Tiefe oder Distanz im Bild zu vermitteln, die Atmosphäre zu beeinflussen oder Details in einem Bild auszuarbeiten.

Für das Beispiel oben habe ich eine Lasur mehrmals mit derselben Farbe übermalt, und zwar immer, sobald die untere Schicht ganz getrocknet war. Auf diese Weise lässt sich die Farbintensität verändern, beispielsweise, wenn die erste Schicht zu hell ist. Darum empfehle ich, immer mit einer hellen Lasur zu beginnen und sie bei Bedarf allmählich abzudunkeln. Beginnst du mit einer dunklen Farbe, ist es nicht möglich, sie nachträglich mit einer hellen zu übermalen.

Mit einer Farbe ausprobieren

Zeichne ein längliches Rechteck oder, wie im Beispiel oben, mehrere Kreise. Bereite auf der Palette eine blasse Lasur vor, also wenig Farbe und viel Wasser. Tauche deinen Pinsel in die Farbe und streife ihn dann am Rand deiner Palette ab.

Trage jetzt die erste Farbschicht auf das Papier auf und lasse sie vollständig trocknen. Wenn du es eilig hast, kannst du dafür einen Föhn benutzen – aber vorsichtig, denn der Luftstrom kann die nasse Farbe über das Papier treiben. Wenn alles trocken ist, wiederhole die Schritte. Nimm dieselbe Farbe auf, ohne den Pinsel auszuspülen, und trage sie erneut auf. Lasse dabei einen Streifen der hellen Lasur frei.

Streiche zügig und mit leichter Hand über das Papier, damit du die bereits getrocknete erste Farbschicht nicht versehentlich wieder anlöst.

Lasse die zweite Farbschicht vollständig trocknen. Wiederhole die Schritte, bis du den gewünschten dunklen Tonwert erreicht hast.

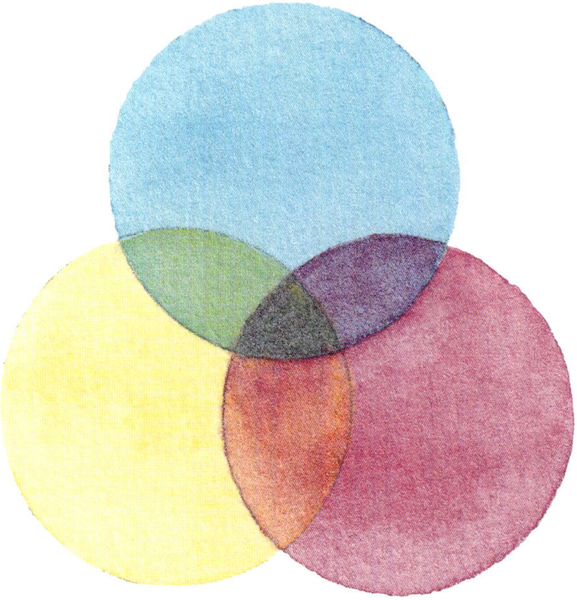

Verblenden

Durch das Verblenden von Farbkonturen lassen sich in Aquarellen viele interessante Effekte erzielen. Wenn du nass auf trocken malst, haben die farbigen Flächen deutliche, klare Begrenzungen. Man spricht auch von „harten" Konturen. Malst du nass in nass, verlaufen die Farben stärker auf dem Papier und die Konturen fallen „weich" und unscharf aus. Beide Techniken haben ihre Vorteile. Beim Verblenden geht es im Grunde darum, die richtige Menge Wasser neben nasse Farbe zu geben, um sie gezielt in einen anderen Bildbereich verlaufen zu lassen.

Um eine Kontur weicher zu malen, trägst du mit einem Pinsel, der trockener ist als die Farbe selbst, Wasser direkt neben ihrer Begrenzung auf.

TIPP: Der feuchte Pinsel soll die nasse Farbe möglichst nicht berühren, sonst wirkt er wie ein Schwamm und saugt die Farbe auf, statt sie verlaufen zu lassen.

Mit verschiedenen Farben ausprobieren

Zeichne zuerst wie in dem Beispiel auf deinem Aquarellpapier drei Kreise vor, die sich überschneiden. Nimm mit deinem Pinsel ein stark verdünntes Blau auf und streife ihn am Rand deiner Palette ab.

Fülle nun einen der drei Kreise mit der blauen Farbe und lasse sie vollständig trocknen. Wenn du möchtest, hilf mit einem Föhn nach.

Wenn die blaue Farbe ganz trocken ist, nimm stark verdünnte rote Farbe mit dem Pinsel auf und male den zweiten Kreis aus. Drücke mit dem Pinsel nicht zu stark auf, sondern male zügig und mit leichter Hand, damit die blaue Farbschicht nicht angelöst wird. Nach dem vollständigen Trocknen wiederholst du den Vorgang mit verdünnter gelber Farbe.

Ist es nicht faszinierend zu sehen, wie sich im Bereich der Überlappungen Mischfarben ergeben?

Ausprobieren!

Nimm mit einem Pinsel eine konzentrierte Farbe deiner Wahl auf. Male nass auf trocken einen Strich am oberen Rand deines Aquarellpapiers. Spüle den Pinsel aus, bis er ganz sauber ist, und streife ihn am Rand des Wasserbehälters ab, damit er nicht zu nass ist.

Male nur mit dem nassen Pinsel einen Strich direkt an der Kante der Farbe entlang.

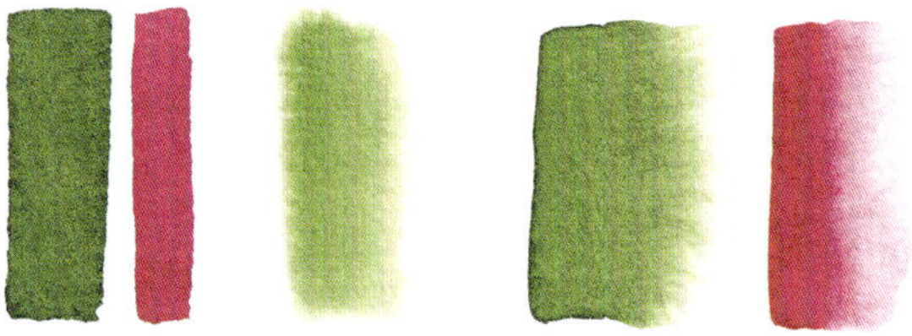

Wenn du feststellst, dass das Wasser aus dem Pinsel in die Farbe fließt, ist dein Pinsel wahrscheinlich noch zu nass. In diesem Fall spüle ihn erneut aus, streife ihn gründlich am Rand des Wasserbehälters ab und tupfe ihn zusätzlich auf Küchenpapier ab. Jetzt kannst du die Feuchtigkeit vom Papier abnehmen und die Farbe sanft verwischen.

Diese Technik eignet sich nicht nur, um Konturen weich zu verwischen. Nass in nass kannst du mit ihr auch Farben direkt auf dem Papier mischen. Dafür werden Farbschichten in verschiedenen Tönen auf dem Papier übereinander gemalt.

Ausprobieren!

Für dieses Beispiel habe ich Chinacridonrosa, Coelinblau und Zitronengelb gewählt. Selbstverständlich kannst du die Technik auch mit anderen Farben ausprobieren.

Bereite zuerst die Farben auf einer Palette vor. Sie müssen eine cremige Konsistenz haben, damit sie nicht zu stark verlaufen und eine schöne Leuchtkraft besitzen.

Damit das Ergebnis nicht fleckig wird, müssen die Wassermengen auf dem Papier und in deinem Pinsel stimmen. Ist deine Farbe zu wässrig, verläuft sie stark auf dem Papier und verdrängt dabei die Pigmente. Dann entstehen Ausblühungen.

Nimm mit deinem Pinsel klares Wasser auf und feuchte damit einen Kreis oder ein Viereck an. In diesem Bereich wirst du die Farben mischen.

Rühre blaue Farbe in cremiger Konsistenz an und trage sie an einem Rand der nassen Fläche auf. Spüle den Pinsel aus, nimm rote Farbe auf und streiche über den Rand der Palette, um überschüssiges Wasser abzustreifen.

Trage diese Farbe jetzt neben der ersten auf und lasse beide im Übergangsbereich ineinander verlaufen.

Anschließend wiederholst du dasselbe noch einmal mit dem gelben Farbton.

Auswaschen

Das Großartige an Aquarellfarben ist, dass man sie sogar wieder aus einem Bild entfernen kann: mit einem feuchten oder trockenen Pinsel oder mit Küchenpapier. So kommt das weiße Papier wieder zum Vorschein. Das ist sowohl möglich, wenn die Farbe noch nass ist, als auch, wenn sie schon getrocknet ist. Ist sie noch nass, tupfe den Bereich, von dem du sie entfernen willst, einfach mit einem feuchten Pinsel oder einem Stück Küchenpapier ab.

Tipp: Ist die Farbe bereits trocken, muss sie vor dem Abtupfen wieder angelöst werden. Streiche mit einem nassen Pinsel leicht über den fraglichen Bereich und tupfe die Farbe dann mit Küchenpapier ab. Zum Anfeuchten darf der Pinsel nicht zu weich sein. Nimm lieber einen Pinsel mit etwas festeren Borsten dafür.

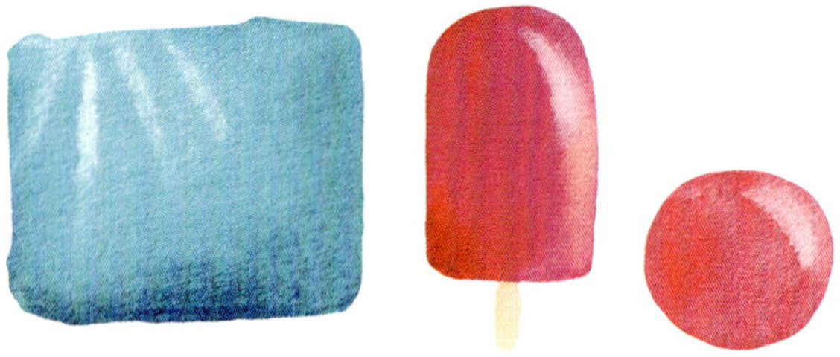

Ausprobieren!

Nimm mit deinem Pinsel eine leicht wässrige, aber noch cremige Farbe auf und male auf deinem Papier einen Kreis oder ein Viereck mit einer einfarbigen Lasur aus. Spüle den Pinsel mit klarem Wasser aus, streife ihn gut am Rand des Wasserbehälters ab und tupfe ihn zusätzlich auf einem Stück Küchenpapier ab.

Jetzt lässt sich mit dem nur leicht feuchten Pinsel nasse Farbe vom Papier abnehmen. Darunter kommt das weiße Papier wieder zum Vorschein. Dabei kannst du den Pinsel wie beim Malen auch in Bögen oder geraden Strichen führen, um beispielsweise Lichtreflexe zu gestalten.

Tipp: Die Menge der Farbe, die sich entfernen lässt, hängt von den Pigmenten und dem verwendeten Papier ab. Die synthetischen Farbstoffe von flüssigen Aquarellfarben lassen sich beispielsweise nicht restlos vom Papier entfernen. Beim Papier beeinflusst die Leimung (Seite 9), wie gut sich die Farbe von der Oberfläche löst.

Trockenpinseltechnik

Diese Technik eignet sich gut, um in Aquarellen Texturen wie Gras oder Baumrinde darzustellen, aber auch für Effekte wie beispielsweise Lichtreflexe auf Wasser. Der Unterschied zwischen dieser Technik und der Nass-auf-trocken-Malerei besteht hauptsächlich darin, wie du den Pinsel hältst und wie schnell du ihn über das Papier führst. Die Trockenpinseltechnik gelingt am besten auf mattem oder rauem Papier, denn die Papieroberfläche verstärkt den Effekt.

Ausprobieren!

Für diese Technik nimmst du zuerst mit deinem wenig feuchten Pinsel Farbe auf und tupfst sie dann teilweise auf Küchenpapier wieder ab.

Halte den Pinsel leicht schräg und streiche schnell über das Papier. Du kannst verschiedene Pinsel und Neigungswinkel ausprobieren und beobachten, wie sich die Strichwirkung verändert.

Wegen der schnellen Pinselführung hat die Farbe keine Zeit, in die Strukturtäler des Papiers einzudringen. Dadurch wirken die Striche durchbrochen – wie Lichtreflexe auf dem Wasser. Jetzt fehlt nur noch ein kleines Boot am Horizont oder eine schöne Küsten- oder Seenlandschaft.

Rundpinsel

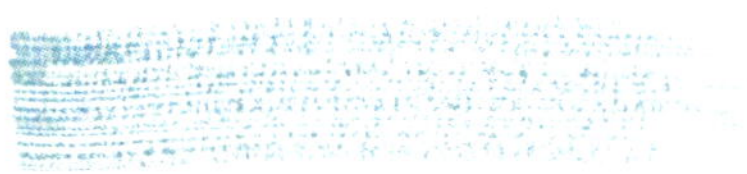

Flachpinsel

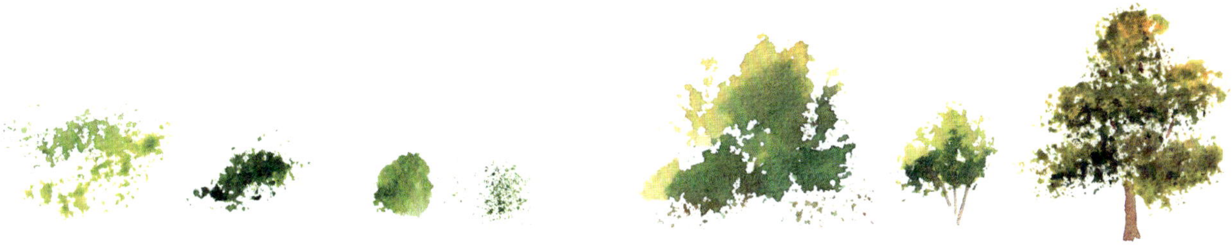

Malen mit dem Schwamm

Sehr schöne Möglichkeiten zum Gestalten von Texturen und Effekten ergeben sich auch mit einem Schwamm. Für diese Beispiele habe ich einen Synthetikschwamm genutzt und mit verschiedenen Grüntönen und Verdünnungsverhältnissen Bäume „gemalt".

In der Aquarellmalerei werden die Farben in Schichten übereinander aufgetragen. Beginne mit einer helleren Farbe und arbeite dein Motiv dann nass in nass oder nass auf trocken allmählich aus. Wenn du saubere Hände behalten möchtest, kannst du Handschuhe anziehen.

Probiere es mit einem Baum

Bereite zuerst deine Farben vor. Gelber Ocker und ein Grünton eignen sich gut für einen Baum. Beide sollten eine cremige Konsistenz haben.

Tauche für diese Technik den Schwamm in Wasser und drücke ihn danach gut aus. Der Schwamm darf nicht zu nass sein.

Tauche dann den Schwamm in Ocker. Bevor du die Farbe auf dein Papier aufträgst, probiere es zuerst auf einem Papierrest. Tupfe nur leicht mit dem Schwamm auf das Papier. Wenn du fester aufdrückst oder der Schwamm viel Wasser enthält, geht die Textur verloren. Ist er zu trocken, erscheinen nur kleine Pünktchen auf dem Papier.

Du kannst den Schwamm auch nur mit der Kante oder der Spitze aufsetzen. Spiele mit den verschiedenen Möglichkeiten. Drehe den Schwamm in der Hand, damit sich das Muster nicht wiederholt, und experimentiere mit verschiedenen Mengen von Wasser und Farbe, bis du mit der Technik vertraut bist.

Wenn du ein Gefühl für die Technik hast, kannst du es mit einem Baum versuchen.

Tauche eine Seite des Schwamms in Wasser und drücke ihn gut aus, damit er nicht zu nass ist.

Nimm dann mit dem Schwamm gelben Ocker auf und tupfe vorsichtig auf das Papier, um die Baumkrone zu gestalten. Wiederhole diesen Schritt, um darunter eine weitere Reihe von Blättern zu tupfen. Diese Blätter bekommen mehr Sonnenlicht als der restliche Baum.

Nimm dann mit deinem Schwamm etwas grüne Farbe auf und tupfe sie über das Ocker – aber so, dass das Ocker noch teilweise durchscheint, denn der Gelbton ist wichtig, um die Lichtreflexe sichtbar zu machen.

Drehe den Schwamm wieder, um das Muster zu variieren. Wenn das Blätterdach fertig ist, nimm mit deinem Pinsel dunkelbraune Farbe auf und male den Baumstamm. Dafür genügt ein senkrechter, gerader Strich, der nach unten hin etwas breiter wird. Zuletzt kannst du mit einem noch dunkleren Braun einzelne dünne Striche zwischen die Blätter setzen, um die sichtbaren Äste anzudeuten.

Bevor du anfängst

Viele, die malen, finden es einschüchternd, vor einem weißen Blatt Papier zu sitzen. Die große, weiße Fläche mit all ihren Möglichkeiten schaut dich auffordernd an ...

Mir hilft es dann, in kleinem Format zu arbeiten. Ich teile die Papierfläche in kleinere Abschnitte auf oder ich schneide einen großen Einzelbogen in mehrere Stücke. So fasse ich Mut, die gesamte Fläche zu füllen, und es geht auch schneller. Außerdem kann ich mehrere Varianten derselben Grundidee ausprobieren. Wenn die Idee Form annimmt, kann ich entscheiden, ob ich sie in größerem Format umsetzen möchte oder nicht.

In diesem Buch findest du viele Projekte, die du nutzen kannst, um verschiedene Bilder mit denselben Techniken umzusetzen. Teile dein Blatt ruhig in mehrere Bereiche auf. So kannst du mit verschiedenen Ideen und Farben gleichzeitig spielen.

Wer gern neue Hobbys ausprobiert, aber Schwierigkeiten hat, bei der Stange zu bleiben, sollte sich Ziele setzen. Erinnere dich immer wieder daran, warum du beschlossen hast, die Aquarellmalerei zu lernen. Möchtest du die Zeit nutzen, um dich zu entspannen, zu erholen oder dich auszudrücken? Oder möchtest du Bilder malen, um sie an Freunde und Verwandte zu verschenken? Das ist ein schöner Gedanke, denn auf diese Weise bereicherst du die Welt um schöne Dinge und schenkst anderen Menschen bleibende Erinnerungen.

Alle Bilder in diesem Buch habe ich auch im Kleinformat gemalt. Ich habe mattes Aquarellpapier aus reiner Baumwolle (Hadernpapier) mit 300 g/m² verwendet, allerdings von verschiedenen Herstellern wie Arches, Saunders Waterford und Hahnemühle. Nachdem ich anfangs viel Geld für Aquarellblöcke ausgegeben habe, die schnell zur Neige gingen, habe ich mich entschieden, nur noch Einzelbögen von guter Qualität zu kaufen. Auf lange Sicht hat sich das als preisgünstiger erwiesen.

Gemalt habe ich mit nur zwei Pinseln: Mit einem mittleren Rundpinsel habe ich sowohl größere Flächen ausgefüllt als auch mit der feinen Spitze Details ausgearbeitet. Zum großflächigen Verteilen von Wasser und Lasuren habe ich einen Flachpinsel benutzt (siehe Seite 11). Wenn dir kleine Details mit einem dünnen Pinsel besser gelingen, benutze ihn gern.

Bei jedem Projekt habe ich die Farben angegeben, die ich verwendet habe. Heißen deine Farben etwas anders, ist das kein Problem. Es ist nicht einmal schlimm, wenn du nicht dieselben Farben hast. Erinnere dich an das, was du über das Mischen gelernt hast, dann kannst du die benötigten Farben leicht selbst herstellen.

Konzentriere dich darauf, dein Auge zu trainieren und die Unterschiede zwischen Farben zu erkennen. Dann versuche, sie selbst zu mischen. Auf diese Weise kannst du deine Farben nach eigenen Vorlieben wählen und brauchst dich nicht darum zu kümmern, welche Farben die anderen verwenden.

Vergiss nie: Bei der Aquarellmalerei geht es nicht um das perfekte Bild und auch nicht darum, eine Vorlage exakt zu kopieren. Lasse dich von dem, was du siehst, inspirieren und finde deine eigene Form, es zum Ausdruck zu bringen. Konzentriere dich auf den Moment, genieße das Malen als Aktivität – und vor allem freue dich an deiner Kreativität. Du kannst nichts falsch machen, sondern nur lernen. Trau dich!

Wenn etwas nicht so ausfällt, wie du es dir vorgestellt hast, ärgere dich nicht. Jedes Bild ist eine wertvolle Erfahrung, und nichts ist umsonst. Nur Nichtstun ist Zeitverschwendung.

Das hätten wir also geklärt.

Die Projekte

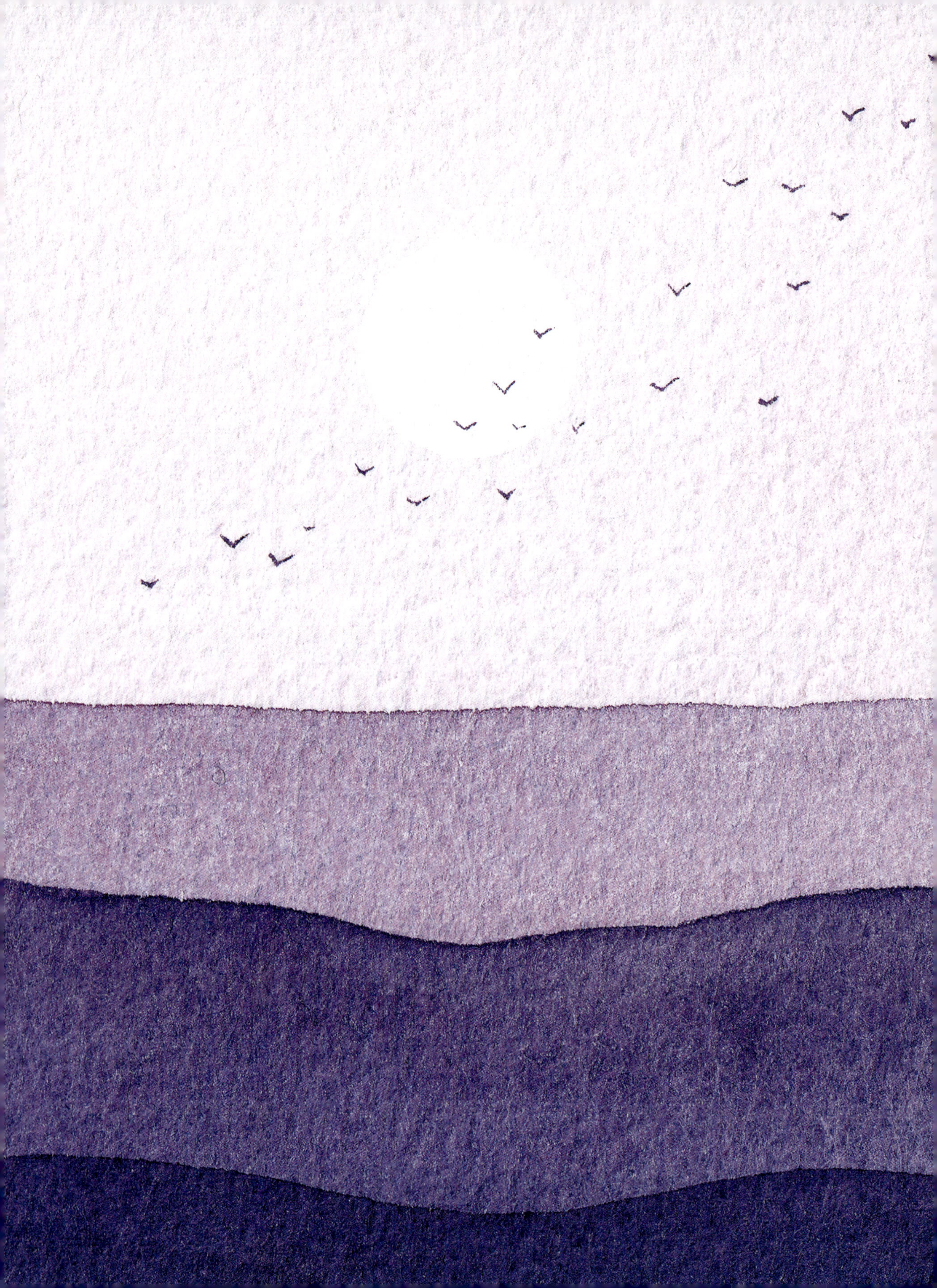

Auf hoher See

Meeresmotive zu malen macht Spaß und ist sehr beruhigend. Außerdem kannst du dabei erste Aquarellerfahrungen sammeln, ohne viele verschiedene Farben verwenden zu müssen. Und schließlich ist Wasser eines der wichtigsten Elemente in der Landschaftsmalerei.

Die folgenden Projekte helfen dir, mit verschiedenen Aquarellmaltechniken besser vertraut zu werden. Du wirst ein Gefühl für das Verhältnis von Farbe zu Wasser entwickeln, das Mischen üben, das Lasieren und Verwischen ausprobieren und Erfahrungen mit dem Malen auf nassem und trockenem Papier sammeln. Außerdem lernst du einige Kompositionsregeln kennen, die dir bei der ausgewogenen Anordnung der Bildelemente helfen, und du erfährst, mit welchen Tricks Aquarelle eine räumliche Tiefenwirkung bekommen.

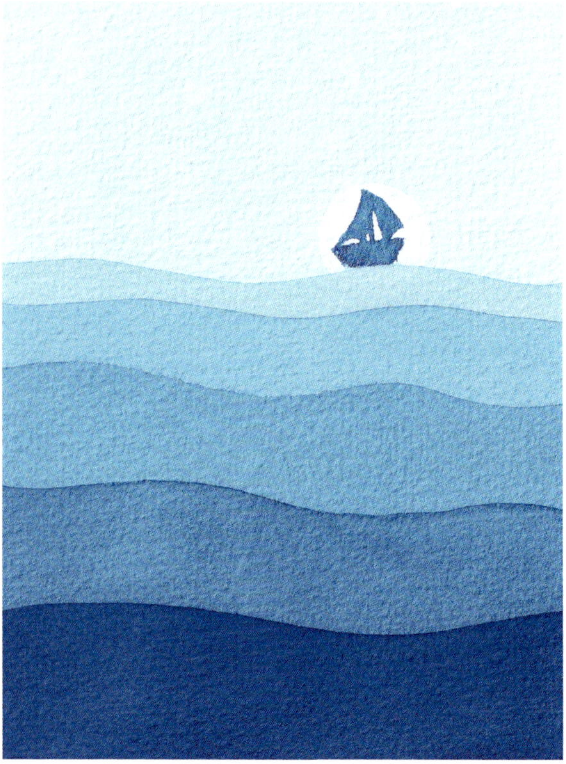

Segelschiff

●○○ FÜR EINSTEIGER/INNEN

Weil Aquarellfarben transparent sind, kann man sie Schicht für Schicht übereinander auftragen und auf diese Weise eine räumliche Wirkung erzielen. Dafür brauchst du gar nicht viele Farben. Schon eine einzige Farbe genügt, um ein schlichtes, aber schönes Bild zu malen. Das wollen wir an diesem Motiv ausprobieren.

Bei diesem Projekt übst du, die Intensität deiner Farbe durch das Verdünnen mit Wasser zu verändern und durch mehrschichtige Lasuren räumliche Tiefe zu vermitteln.

Material

Malerkrepp

Aquarellpapier

Rundpinsel Größe 8

Flachpinsel 20 mm

Küchenpapier

Kleine Münze

Farbe

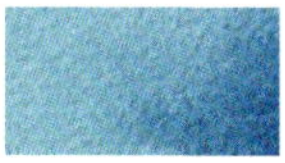

Coelinblau

Schritt 1

Befestige dein Aquarellpapier mit Malerkrepp auf deiner Malplatte. Klebe anschließend ein Rechteck oder Quadrat auf deinem Papier ab. Dies ist dein Bildbereich.

Tipp: Bei der Aquarellmalerei kommt es auf das Timing an. Sobald du Farbe auf das Papier aufträgst, beginnt das Papier, sie aufzusaugen und zu trocknen. Du solltest also zügig arbeiten, und dir darf zwischendurch die Farbe nicht ausgehen. Bereite darum lieber ein bisschen mehr Farbe vor. So kannst du den Bereich, um den es geht, in einem Arbeitsgang bedecken.

Jetzt geht es los. Gib eine ordentliche Menge Wasser auf deine Palette. Es muss so viel sein, dass du damit dein ganzes Papier mehrmals bedecken kannst.

Gib jetzt mit dem Rundpinsel etwas Coelinblau – oder eine Farbe deiner Wahl – in das Wasser, um die Farbe zu verdünnen. Je mehr Wasser du im Verhältnis zur Farbe nimmst, desto blasser und weniger gesättigt fällt die Farbe aus. Diese Mischung ist sehr wässrig.

Probiere die Farbe auf einem Papierrest aus, um sicherzugehen, dass sie weder zu hell noch zu dunkel ist. Denke daran, dass Aquarellfarben beim Trocknen heller werden.

Nimm von dieser Farbe etwas mit dem Flachpinsel auf und beginne, sie auf dem ganzen Papier zu verteilen. Bewege den Pinsel hin und her, auf und ab, um die Farbe möglichst gleichmäßig zu verteilen. Wenn du dunklere Stellen siehst, weil sich Pfützen bilden, tupfe sie mit Küchenpapier oder einem leicht feuchten Pinsel ab. Verteile die restliche Farbe gleichmäßig, damit auch nach dem Trocknen keine Flecken zu sehen sind.

Dies ist deine erste Farbschicht. Sie bildet den Hintergrund für das restliche Bild.

Solange die Farbe noch feucht ist, hast du Zeit, die Sonne einzufügen.

Schritt 2

Für die Sonne musst du die Farbe auswaschen (Seite 35), sodass das weiße Papier zum Vorschein kommt. Benutze dafür Küchenpapier.

Wickle ein Stück Küchenpapier um eine kleine Münze. Drehe das überstehende Papier über der Münze zusammen, sodass du eine glatte, runde Fläche erhältst.

Drücke die eingewickelte Münze in die nasse Farbe. Beachte dabei die so genannte Drittelregel, die für die Komposition eines Bilds sehr nützlich ist. Dabei unterteilst du die Bildfläche gedanklich senkrecht und waagerecht in Drittel. Dinge, die dem Betrachter deines Bilds ins Auge fallen sollen, platzierst du bevorzugt auf den Kreuzungspunkten dieser Linien. In diesem Fall sitzt die Sonne auf der rechten oberen Kreuzung.

Das Küchenpapier saugt nun im Bereich der Münze die Farbe vom Papier. Es bleibt ein weißer Kreis zurück.

Tipp: Diese Technik eignet sich nicht für flüssige Aquarellfarben, da deren Farbstoffe ins Papier eindringen und sich nicht restlos entfernen lassen.

Lasse alles gut trocknen. Je nasser deine Farbmischung ist, desto länger dauert die Trocknung. Ein Föhn beschleunigt das Ganze etwas.

Schritt 3

Jetzt kommen die Wellen an die Reihe. Dafür brauchst du einen etwas dunkleren Blauton. Je mehr Farbe du ins Wasser gibst, umso dunkler wird der Tonwert. Probiere die neue Farbe wieder zuerst auf einem Papierrest aus, um sie zu beurteilen. Dann nimm Farbe mit dem Flachpinsel auf.

Denke an die Drittelregel, damit dein Bild harmonisch wirkt. Um den Horizont festzulegen, kannst du dich an den gedachten horizontalen Linien orientieren. Hier liegt der Horizont ungefähr auf Höhe der oberen waagerechten Hilfslinie.

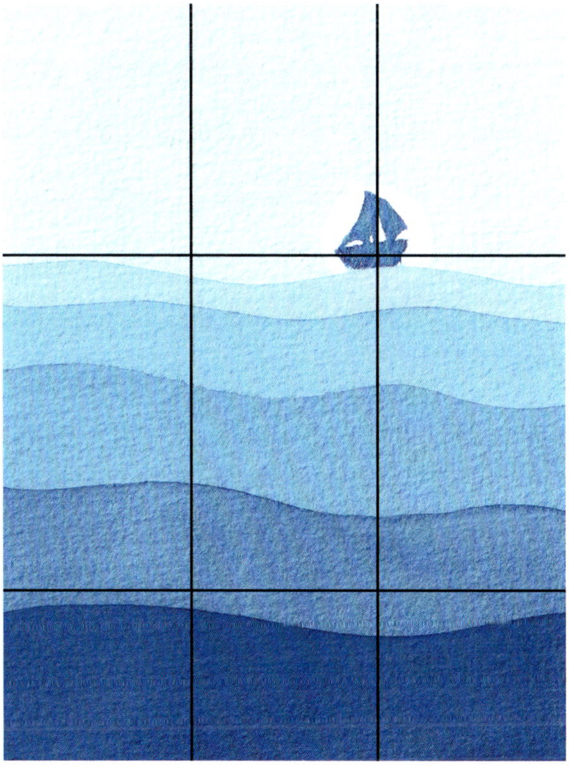

Halte den Pinsel parallel zu dieser Linie und trage die Farbe mit der Kante der Haare auf. Male knapp unter der oberen Hilfslinie einen leicht gewellten Strich. Es macht nichts, wenn die Sonne dabei teilweise übermalt wird.

Wenn du an der anderen Papierkante angekommen bist, fülle die ganze Fläche unter dem Strich mit derselben Farbe aus. Gehe dabei so vor wie beim Malen des Hintergrunds. Male jetzt aber nur mit geringem Druck, damit du die erste Farbschicht nicht wieder anlöst.

Nimm überschüssige Farbe wieder mit Küchenpapier oder einem feuchten Pinsel vom Papier.

Lasse alles gut trocknen. Wenn du es eilig hast, hilf mit einem Föhn nach.

Schritt 4

Wenn alles trocken ist, wiederhole Schritt 4 mit einem dunkleren Tonwert. Zum Horizont hin ist das Wasser heller, zum Vordergrund hin ist es dunkler.

Vergrößere diesmal auch den Abstand zur vorherigen Welle. Das ist ein weiteres Mittel, um eine räumliche Wirkung zu erzielen. Lasse den Abstand zum Vordergrund von Welle zu Welle immer etwas größer werden.

Wenn dir zwischendurch die Farbe ausgeht, ist das nicht schlimm. Gib einfach neues Wasser auf deine Palette und rühre den Blauton an, mit dem du zuletzt gemalt hast. Vergiss nicht, ihn zuerst auf einem Papierrest auszuprobieren. Je mehr Farbe du ins Wasser gibst, desto dunkler wird der Tonwert, und umso cremiger die Konsistenz.

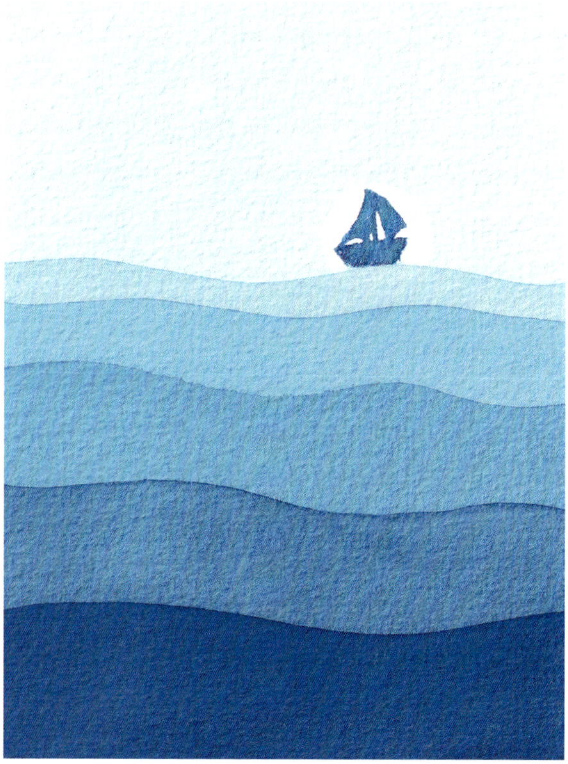

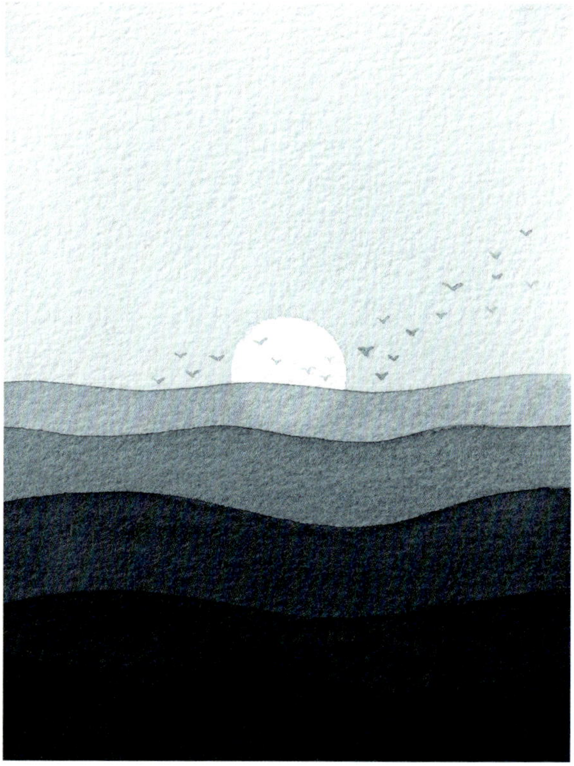

Schritt 5

Unabhängig davon, wie viele Wellen du malst: Die letzte Welle im Vordergrund muss einen relativ dunklen Tonwert haben.

Wenn du möchtest, kannst du nun mit dem Rundpinsel und deinem dunkelsten Tonwert ein kleines Segelboot vor die Sonne malen.

Weil die Sonne hinter dem Boot steht, sieht man es nur als dunkle Silhouette.

Noch einmal alles trocknen lassen, dann ist dein Bild fertig.

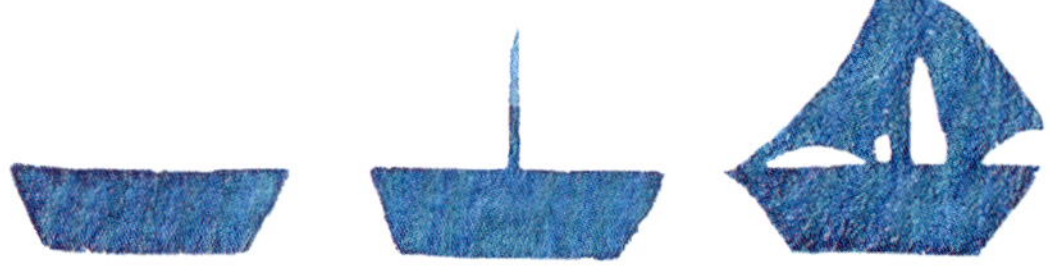

Es gibt unendlich viele Möglichkeiten, um mit derselben Technik auch völlig andere Meeresmotive zu malen. Veränderst du die Farbe, verändert sich auch die Bildatmosphäre. Ebenso kannst du die Position der Sonne oder des Horizonts variieren oder weitere Details hinzufügen oder weglassen, um deinem Bild eine andere Ausstrahlung zu geben.

Alternative 1

Hier habe ich nur mit verschiedenen Tonwerten von Paynes Grau gearbeitet. Dadurch bekommt das Bild eine düstere, kühle Atmosphäre. Statt des Segelschiffs habe ich kleine V-Formen eingefügt, um einen Vogelschwarm über dem Meer anzudeuten.

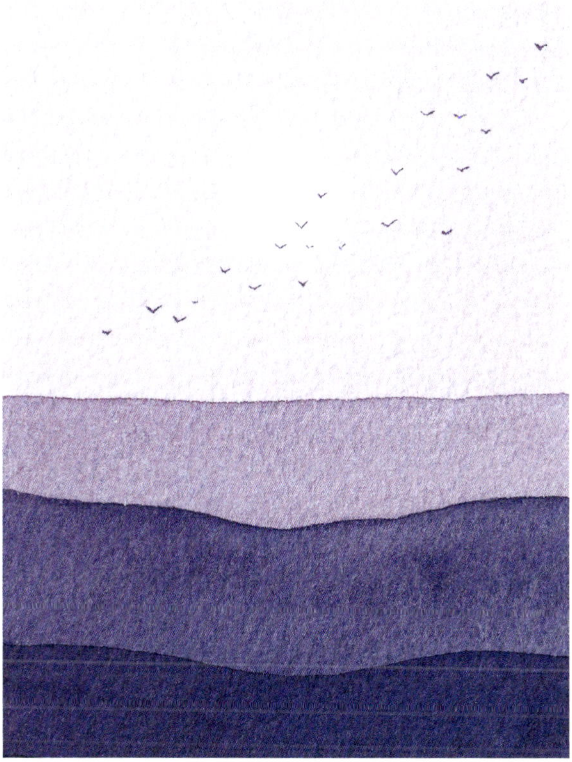

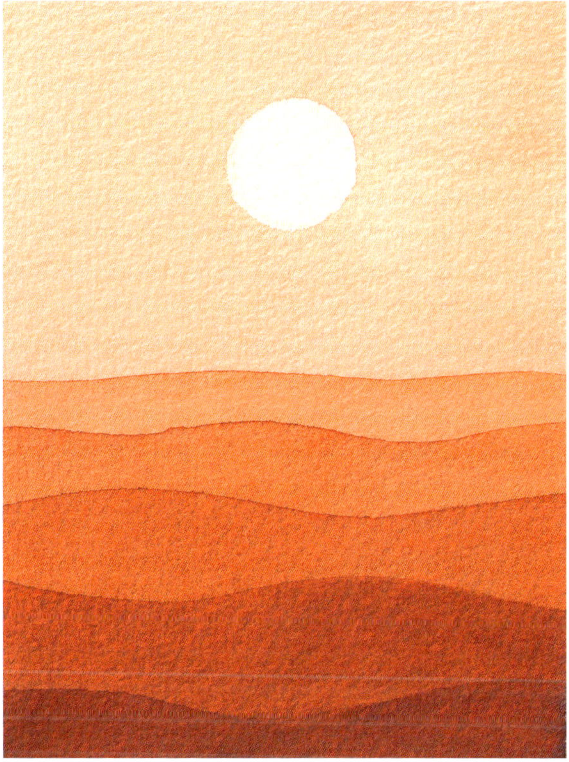

Alternative 2

In Violett wirkt das Motiv geheimnisvoll.

Ich habe Ultramarinblau und Chinacridonrosa gemischt und allmählich immer mehr von der Mischung zum Wasser gegeben, um die Wellen zum Vordergrund hin abzudunkeln.

Alternative 3

Für eine warme, freundliche Atmosphäre sind Gelb-, Orange- und Brauntöne eine gute Wahl. Für dieses Beispiel habe ich ein sanftes Orange aus Kadmiumgelb und Karminrot gemischt. Du könntest auch Chinacridonrosa oder Karminrot und Kadmiumgelb oder Azogelb verwenden.

Wieder habe ich Schritt für Schritt mehr Farbe ins Wasser gegeben, gleichzeitig aber auch den Rotanteil langsam erhöht, um die dunkelsten Tonwerte erreichen zu können.

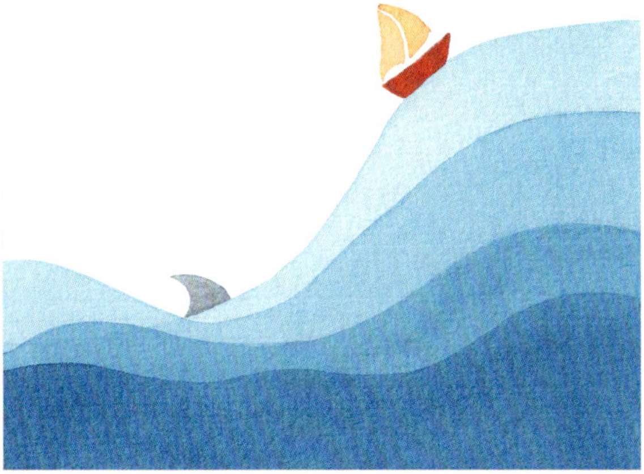

Hai in Sicht

●○○ FÜR EINSTEIGER/INNEN

Auch bei diesem Bild geht es um unterschiedliche Farbverdünnungen und das Überlagern von Lasuren. Außerdem werden zusätzliche Details eingefügt. Diesmal kommen aber mehr Farben und Bewegung ins Spiel, damit das Bild eine Geschichte erzählt.

Wie beim ersten Motiv führt das mehrmalige Übermalen der Meereswellen zu einem Eindruck räumlicher Tiefe. Dabei werden die Tonwerte zum Betrachter hin immer dunkler.

Material

Malerkrepp

Aquarellpapier

Flachpinsel 20 mm

Küchenpapier

Rundpinsel Größe 8

Farben

Coelinblau

Paynes Grau

Kadmiumgelb

Karminrot

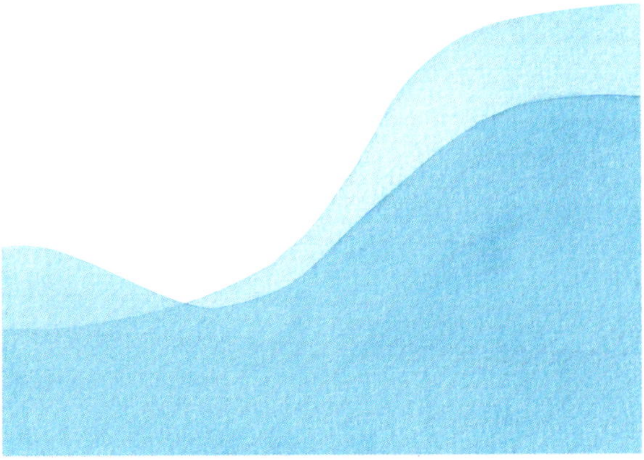

Schritt 1

Befestige das Papier mit Malerkrepp auf deiner Malplatte oder deinem Arbeitstisch. Lege mit Hilfe von Malerkrepp deinen Bildbereich auf dem Papier fest.

Bereite reichlich stark verdünntes Coelinblau auf der Palette vor. Probiere die Farbe auf einem separaten Blatt Papier aus, um sicherzustellen, dass sie nach dem Trocknen nicht zu hell ist.

Nun kommt wieder die Drittelregel zum Einsatz: Teile die Bildfläche vertikal und horizontal in Drittel ein (siehe Abbildung rechts, Seite 50). Dadurch wirkt das Bild nicht nur harmonisch, sondern du kannst auch gezielt die Aufmerksamkeit des Betrachters auf die Details lenken, die später hinzukommen. Nimm Farbe mit dem Flachpinsel auf und male eine schwungvolle Kurve wie auf dem Beispielbild. Fülle dann die Fläche unter der Kurve mit dem blassen Blau aus und entferne bei Bedarf überschüssige Farbe und Wasser mit einem feuchten Pinsel oder Küchenpapier. So vermeidest du, dass die Farbe nach dem Trocknen fleckig aussieht.

Schritt 2

Sobald die erste Farbschicht getrocknet ist, kommt die zweite Welle an die Reihe. Gib dafür etwas mehr Coelinblau zu der Farbe auf der Palette, um den Tonwert abzudunkeln.

Beginne die zweite Welle links etwas oberhalb der ersten. Setze den Pinselstrich nach unten und wieder nach oben fort, bleibe dabei aber unterhalb der ersten Welle. Fülle dann den Bereich darunter aus. Wo die erste Farbe die zweite überlappt, ist jetzt ein dritter, noch etwas dunklerer Tonwert entstanden. Das gelingt nur mit Aquarellfarben, denn sie sind transparent.

Um sicherzustellen, dass du nicht versehentlich die zuerst aufgetragene Farbe anlöst, bewege den Pinsel ganz sanft über das Papier. Wenn du zu kräftig „schrubbst", wird die bereits getrocknete Farbe reaktiviert.

Lasse alles wieder vollständig trocknen. Auch hier beschleunigt ein Föhn den Trocknungsprozess.

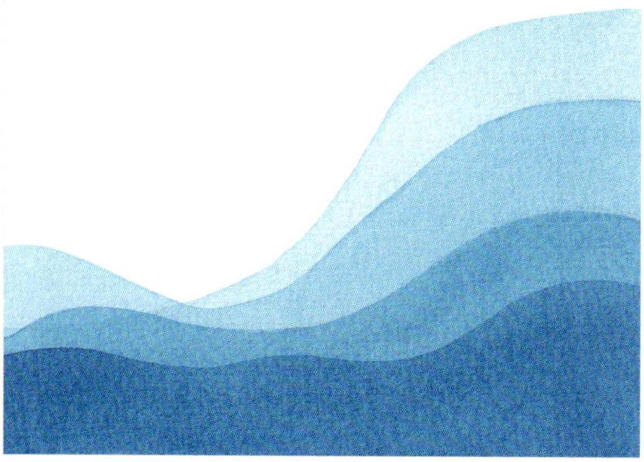

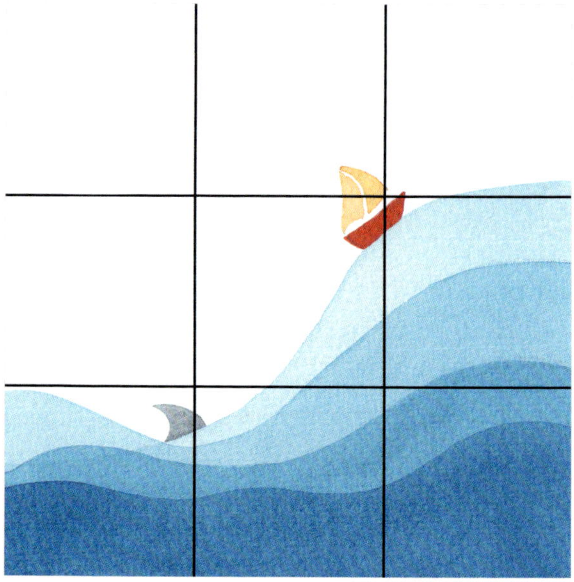

Schritt 3

Wiederhole für die nächsten Wellen die vorherigen Schritte. Je mehr Farbe du in die Pfütze auf deine Palette gibst, desto dunkler wird der Tonwert.

Achte auch genau auf die Konsistenz deiner Farbe. Je mehr Pigment und je weniger Wasser, desto cremiger wird die Farbe. Je weniger Pigment und je mehr Farbe, desto flüssiger und wässriger ist sie.

Schritt 4

Wenn die Wellen trocken sind, folgen die Details. Beachte dabei die Drittelregel.

Füge die Haiflosse mit kräftig verdünntem Paynes Grau auf der unteren linken Kreuzung der gedachten Hilfslinien ein. Male das kleine Boot mit Kadmiumgelb und Karminrot auf die obere rechte Kreuzung.

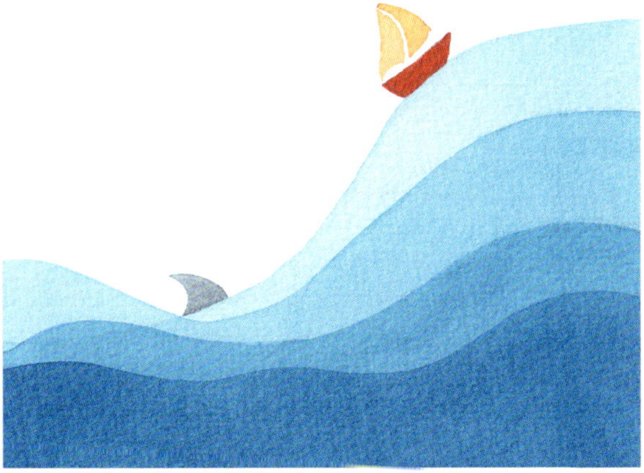

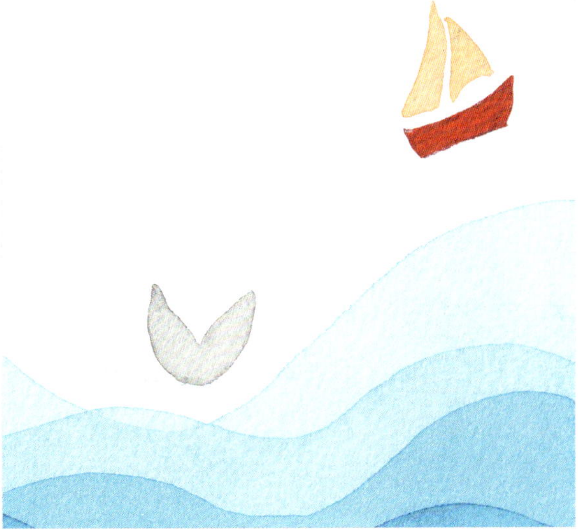

Wenn du dir beim Platzieren der Bildelemente die Drittelregel zunutze machst, kannst du eine ganze Geschichte erzählen. Der Betrachter entdeckt das kleine, knallrote Boot, das auf dem Wellenkamm schaukelt. Gleichzeitig wandert der Blick nach unten links, um dort festzustellen, dass das Boot von einem Hai verfolgt wird.

Wird das Boot dem Hai entkommen?

Alternativen

Dieses Motiv lässt sich vielfältig abwandeln. Spiele mit den Positionen und Überlappungen der Wellen. Anstelle von Boot und Hai kannst du auch andere Details einfügen, zum Beispiel die Schwanzflosse eines Wals.

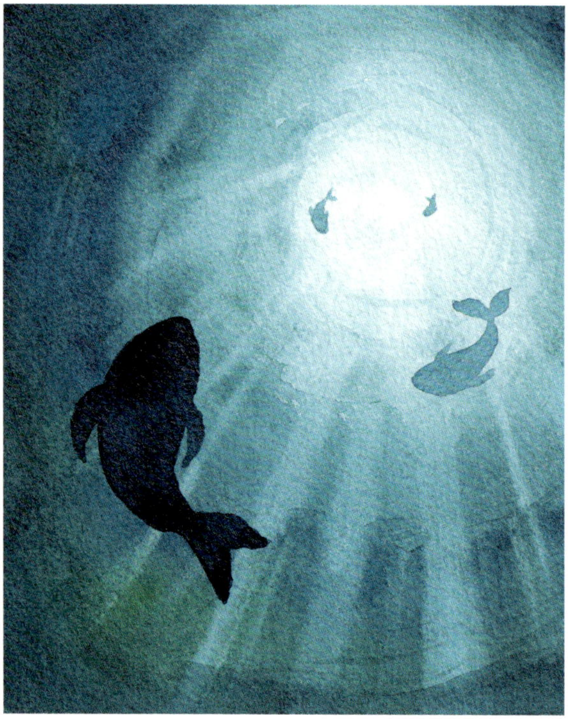

In der Tiefe

●●○ FÜR FORTGESCHRITTENE

Wenn du nass auf trocken malst, haben deine Farbflächen klare, harte Konturen. Malst du nass in nass, werden die Konturen weich und verschwommen. Beide Methoden haben ihren Reiz. Bei diesem Projekt legst du teilweise Lasuren an und übst dabei weiter den Umgang mit verschiedenen Farbverdünnungen. Du wirst Wasser aber auch als Hilfsmittel zum Verblenden einsetzen. Dies ist eine Technik, um harte Konturen weicher zu machen, indem du bereits aufgetragene Farbe auf dem Papier bewegst.

Dabei kommt es darauf an, dass die Wassermenge und die Pinselführung stimmen. Du übst bei diesem Bild außerdem, wie Bildelemente harmonisch angeordnet werden und wie du eine räumliche Tiefenwirkung erzielen kannst.

Material

Malerkrepp

Aquarellpapier

Flachpinsel 20 mm

Rundpinsel Größe 8

Küchenpapier

Farben

Coelinblau

Zitronengelb

Schritt 1

Umrande mit Malerkrepp ein Viereck auf deinem Papier. Das ist deine Bildfläche. Befestige danach das Aquarellpapier mit Malerkrepp auf deiner Malplatte oder deinem Arbeitstisch. Bereite auf deiner Palette eine größere Menge stark verdünntes Coelinblau vor. Es muss so viel sein, dass du mit der Farbe die ganze Bildfläche mindestens einmal bedecken kannst.

Für die räumliche Tiefenwirkung orientierst du dich wieder an der Drittelregel. Nimm mit dem Flachpinsel etwas von der vorbereiteten Farbe auf und verteile sie auf dem Papier. Lass um den oberen rechten Kreuzungspunkt einen kleinen Bereich weiß.

Nimm gleich anschließend einen sauberen, feuchten Rundpinsel zur Hand, um die inneren Ränder der von Farbe freigehaltenen Fläche weich zu verblenden (Seite 34). Bleibe mit dem Pinsel ganz am Rand der Farbe, sonst wirkt der Pinsel wie ein Schwamm und saugt die Farbe auf, anstatt sie zu verteilen.

Sollte sich Farbe im Pinsel sammeln, ist das kein Problem! Male einfach einige kleine Striche, um zusätzliche Schatten im Meer anzudeuten. Der nächste Schritt folgt sofort. Lasse das Bild also nicht trocknen.

Schritt 2

Solange die Farbe noch nass ist, kannst du sie „auswaschen" (Seite 35): Auf diese Weise erzeugst du nun die Sonnenstrahlen mit einem trockenen Pinsel oder einem Stück Küchenpapier. Orientiere dich bei diesem Schritt an dem hellen Bildbereich und nimm die Farbe so ab, dass darunter strahlenförmige Striche entstehen.

Wenn du feststellst, dass die Farbe bereits getrocknet ist und sich nur schwer vom Papier abheben lässt – keine Sorge! Feuchte einfach die Bereiche, von denen du Farbe entfernen willst, mit einem feuchten Pinsel an, um die Farbe anzulösen. Danach kannst du sie mit Küchenpapier aufsaugen. Denk daran, dass die Technik sich weniger gut für flüssige Aquarellfarben eignet, weil sich diese nicht rückstandslos entfernen lassen.

Lasse nun alles vollständig trocknen.

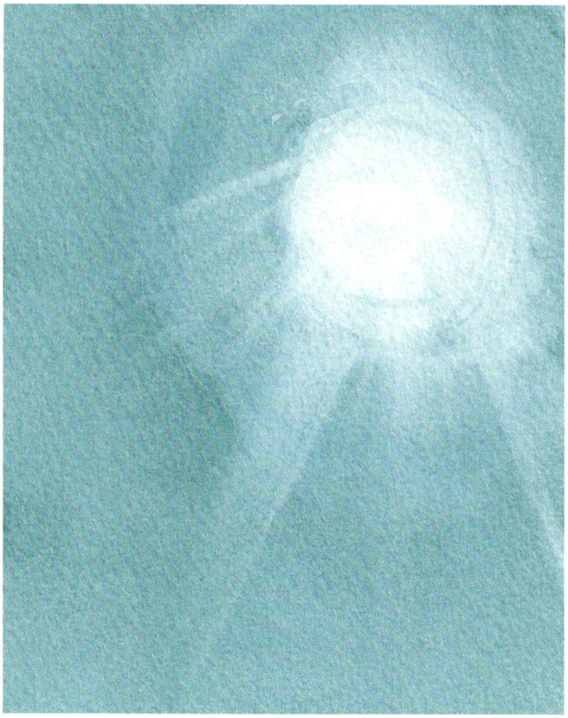

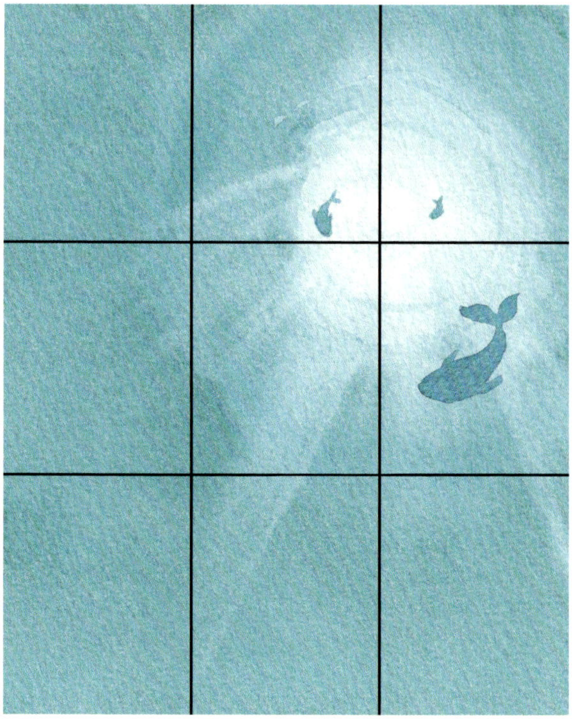

Schritt 3

Jetzt geht es weiter in die Tiefe hinab. Dafür brauchst du einen dunkleren Blauton. Es ist nicht schlimm, wenn deine Farbe zur Neige geht. Gib neues Wasser auf deine Palette und füge etwas Coelinblau hinzu. Töne die Farbe mit etwas Zitronengelb grünlich ein. Probiere den Farbton auf einem separaten Blatt Papier aus, um sicherzugehen, dass sie weder zu dunkel noch zu hell ist.

Nimm die neue Farbe mit dem Flachpinsel auf und verteile sie auf der Bildfläche. Danach werden die Konturen mit einem feuchten Pinsel weich verwischt. Beim Verwischen hat mein Rundpinsel etwas Farbe angenommen. Damit habe ich zusätzliche feine Linien im helleren Bereich gemalt, um weitere Schatten im Wasser zu erzeugen.

Während die Farbe noch feucht ist, kannst du mit dem trockenen Pinsel oder einem Papiertuch neue Lichtstrahlen kreieren. Achte dieses Mal darauf, dass die Form des Sonnenstrahls unten etwas breiter und oben etwas schmaler gerät, um die räumliche Wirkung zu verstärken. Lasse dann alles wieder gut und vollständig trocknen.

Schritt 4

Sobald die Farbe trocken ist, können Details eingefügt werden. In diesem Fall sind es Delfine!

Dinge, die weit vom Betrachter entfernt sind, wirken kleiner und weniger detailliert. Ihre Farbe erscheint heller. Um einen deutlichen Kontrast zu erzeugen, male die Delfine auf dem hellen Bildbereich mit dem dunklen Blaugrün, das zu zuletzt verwendet hast.

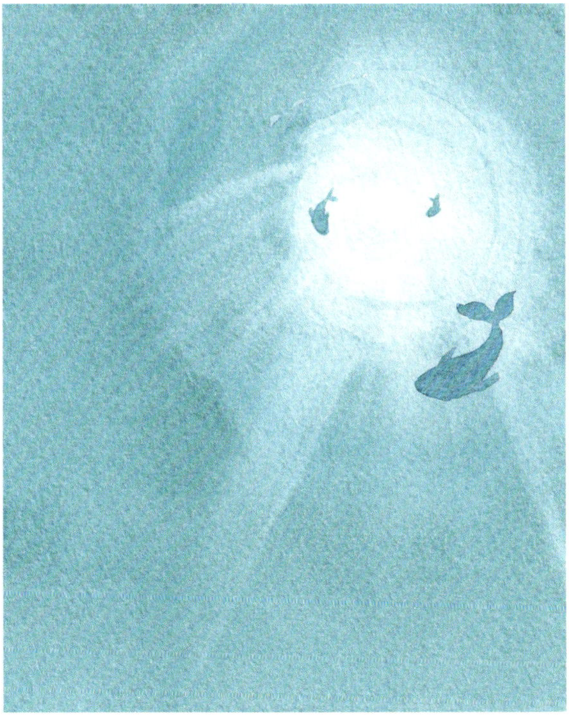

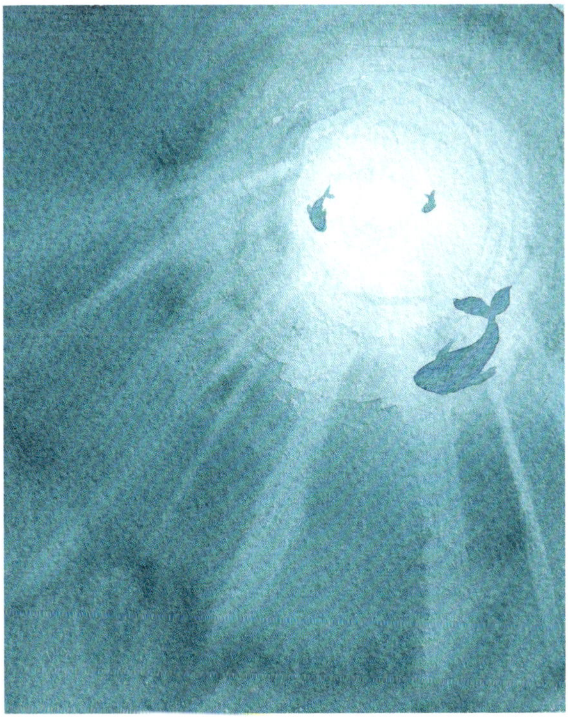

Nimm Farbe mit dem Rundpinsel auf und entferne überschüssige Feuchtigkeit, indem du ihn am Rand deiner Palette abstreifst. So kannst du sicher sein, dass kein großer Klecks nasser Farbe auf deinem Papier landet. Details erfordern größere Kontrolle.

Wende wieder die Drittelregel an und male drei kleine Delfine um den oberen rechten Kreuzungspunkt, wo sich die Lichtquelle befindet. Platziere einen Delfin links von der Lichtquelle und einen anderen rechts, sodass sie die Lichtquelle umrahmen. Male dann einen dritten und größeren Delfin, der näher am Betrachter ist, direkt unter diese beiden.

Die Delfine kannst du gern vereinfachen. Stelle sie dir als gekrümmte Tropfen vor, mit kleinen abgerundeten Flossen seitlich am Körper und einem V-förmigen Schwanz. Du kannst die Delfine auch zuerst dünn auf dem Papier vorzeichnen.

Schritt 5

Während die Delfine trocknen, gib noch etwas Coelinblau und Zitronengelb zu deiner vorherigen Mischung. Je höher die Pigmentkonzentration der Mischung, desto cremiger wird die Farbe.

Nimm nochmals Farbe mit dem Flachpinsel auf und wiederhole die vorherigen Schritte. Halte diesmal mehr Abstand zur Lichtquelle, um die räumliche Wirkung weiter zu steigern.

Nimm gleich darauf mit einem sauberen, trockenen Pinsel oder einem Stück Küchenpapier die nasse Farbe im Bereich der vorherigen Lichtstrahlen und direkt neben ihnen wieder ab.

Lasse das Bild dann vollständig trocknen.

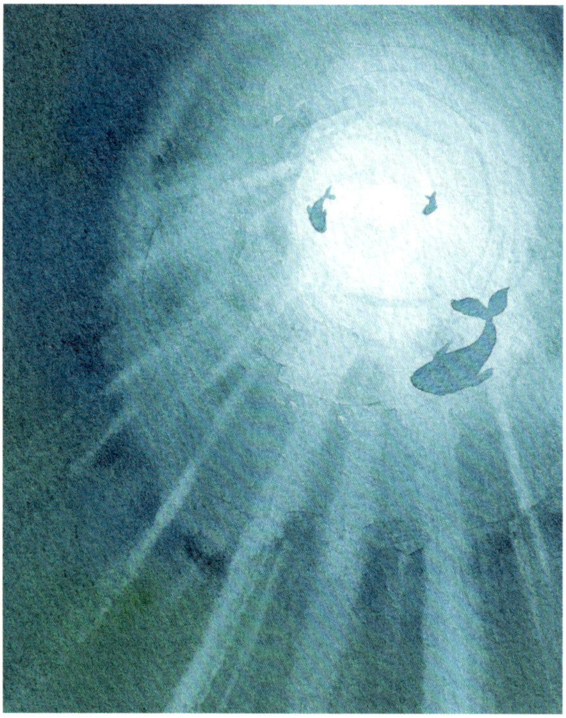

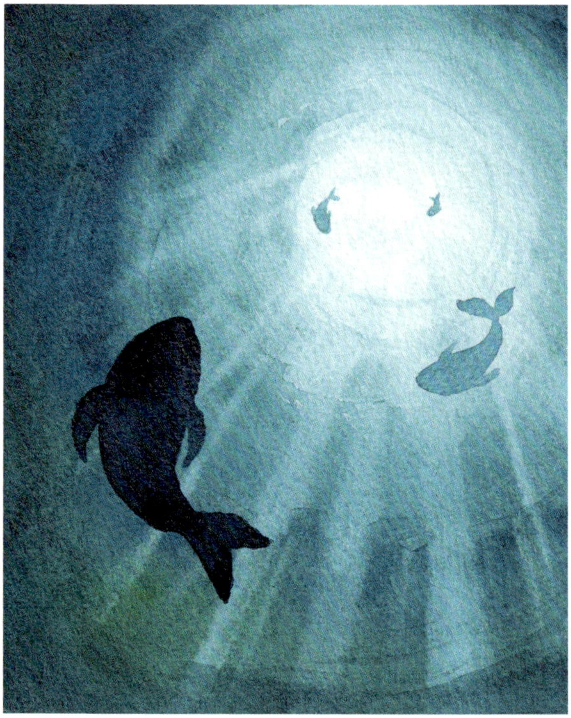

Schritt 6

Für die letzte Farbschicht brauchst du noch einmal dieselbe Mischung, aber in einem dunkleren Tonwert. Außerdem wird Zitronengelb direkt auf das nasse Papier gegeben.

Wenn deine Farbe verbraucht ist, gib einfach neues Wasser auf deine Palette und mische Coelinblau und Zitronengelb hinein. Deine Mischung muss eine cremige Konsistenz haben. Wenn sie zu dünn ist, gib mehr Farbe dazu. Ist sie zu pastos, verdünne sie mit Wasser. Trage die Farbe wie im vorigen Schritt auf. Tupfe gleich danach hier und dort etwas reines Zitronengelb in die nasse Farbe. Dadurch wird das grünliche Blau stellenweise zu einem bläulichen Grün.

Tupfe anschließend wieder die feuchte Farbe mit einem Küchenpapier ab, um die Lichtstrahlen freizulegen.

Lasse alles gut trocknen.

Schritt 7

Nun folgt der letzte Delfin. Er wird auf der linken Seite des Bilds platziert und in einem noch dunkleren Farbton gemalt.

Töne deine Mischung mit Coelinblau und sehr wenig Wasser so dunkel wie möglich ein. Weil der Delfin dem Betrachter viel näher ist, muss er mit gesättigter Farbe und wesentlich größer und klarer gemalt werden. So entsteht ein guter Kontrast zu den kleinen, hellen Silhouetten der Delfine in der Ferne und dem großen Delfin im Vordergrund.

Noch einmal alles gut trocknen lassen.

Wow – bei diesem Bild hast du verschiedene Techniken geübt und einen dreidimensionalen Raum entstehen lassen. Prima!

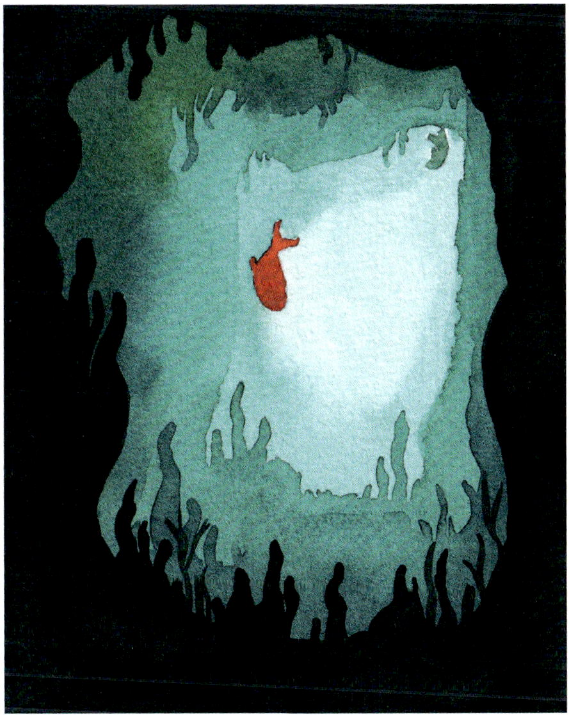

Unterwasserhöhle

●●○ FÜR FORTGESCHRITTENE

Mit diesem Bild dringen wir noch tiefer in die Geheimnisse des Meeres und der Aquarellmalerei ein. Auch mit überlappenden Formen lässt sich sehr gut die Illusion von Tiefe und Distanz erzeugen. Der Vordergrund wird dunkel gemalt, während die Formen in der Ferne weich und hell sind. Auf diese Weise gewinnt der Betrachter das Gefühl, dass er in Begriff ist, einen geheimen Ort zu entdecken.

Auch in diesem Projekt werden einige Konturen verwischt, um das Spiel zwischen Licht und Wasser darzustellen und Bewegung zu suggerieren. Es geht hier nicht um Realismus. Hab' einfach Spaß und genieße den Malprozess!

Material

Malerkrepp
Aquarellpapier
Bleistift HB
Maskierflüssigkeit
Dünner Pinsel für Maskierflüssigkeit
Flachpinsel 20 mm
Rundpinsel Größe 8
Küchenpapier

Farben

Coelinblau
Zitronengelb
Karminrot

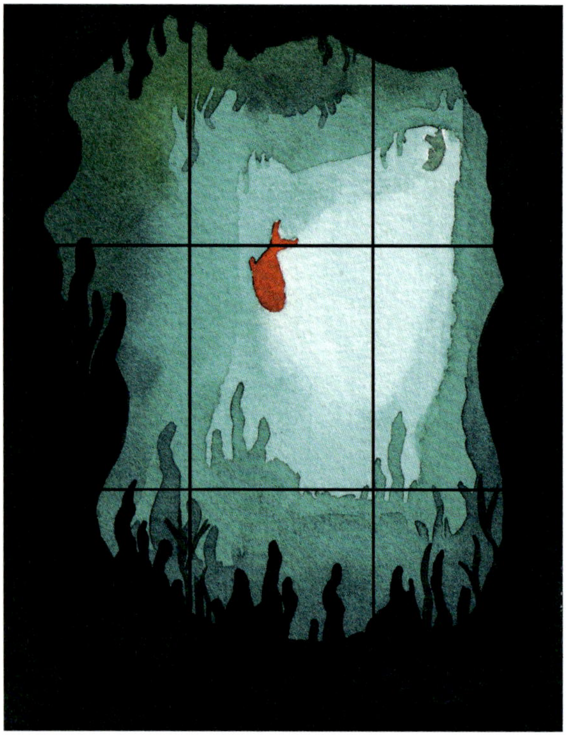

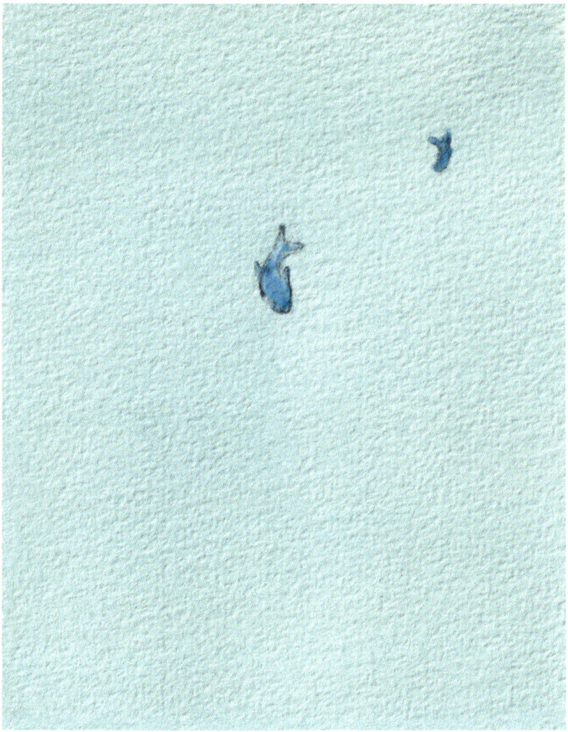

Schritt 1

Lege mit Malerkrepp ein Viereck auf deinem Papier fest. Das ist deine Bildfläche. Befestige danach das Aquarellpapier mit Malerkrepp auf deiner Malplatte oder auf deinem Arbeitstisch.

Stelle dir die Hilfslinien der Drittelregel vor und zeichne im Bereich des oberen rechten Kreuzungspunktes zwei kleine Fische mit Bleistift vor. Der Fisch, der dem Betrachter näher ist, muss etwas größer als der andere Fisch sein, um die Tiefe der Höhle richtig zu vermitteln.

Bedecke die Fische mit Maskierflüssigkeit. Nimm dafür einen alten Pinsel. Die Maskierflüssigkeit bewirkt, dass das Papier an diesen Stellen beim anschließenden Farbauftrag weiß bleibt.

Während die Maskierflüssigkeit trocknet, bereite auf der Palette mit Coelinblau und etwas Zitronengelb ein blasses, grünliches Blau vor. Denke daran, eine reichliche Menge vorzubereiten.

Wenn die Maskierflüssigkeit trocken ist, überziehst du die ganze Bildfläche mit deinem blassen Blaugrün. Nimm dafür den Flachpinsel. Die mit Maskierflüssigkeit abgedeckten Fische nehmen keine Farbe an und können einfach übermalt werden.

Tupfe überschüssiges Wasser und Farbe mit einem feuchten Pinsel ab, damit beim Trocknen keine Flecken entstehen.

Schritt 2

Um die räumliche Tiefe der Höhle darzustellen, brauchst du jetzt einen etwas dunkleren Tonwert deiner Mischung. Falls die Farbe verbraucht ist, gib neues Wasser auf die Palette und mische sie erneut. Nimm diesmal etwas mehr Coelinblau und Zitronengelb, damit sie dunkler wird.

Trage die Farbe erneut mit dem Flachpinsel auf, aber spare jetzt den Bereich mit den Fischen aus. Dies ist der Bereich der Höhle, in den mehr Licht fällt.

Der Farbauftrag muss nicht ganz gleichmäßig ausfallen. Es sieht sogar interessant und lebendig aus, wenn er etwas scheckig wird.

Verwische nun mit einem sauberen, feuchten Pinsel die Konturen, um einen weichen Übergang zur vorher aufgetragenen Farbe zu erhalten (Seite 33).

Lasse alles gut trocken. Wenn du möchtest, kannst du mit einem Föhn nachhelfen.

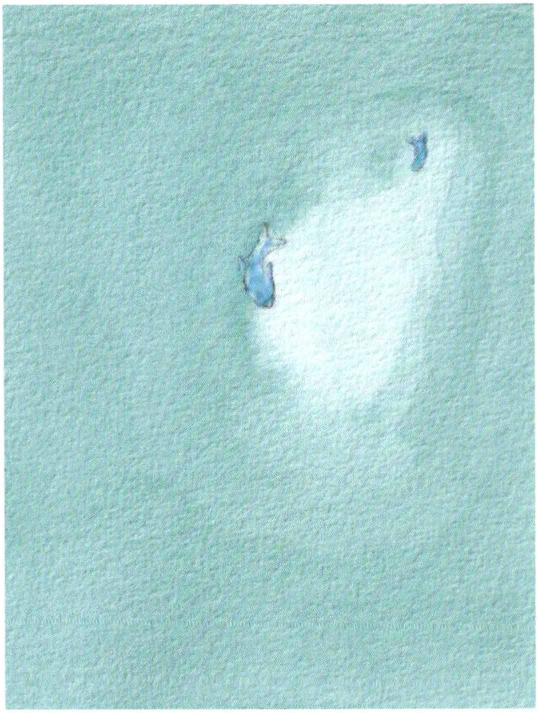

Schritt 3

Nach dem Trocknen folgt die dritte Farbschicht. Du brauchst dafür einen etwas dunkleren Tonwert, denn dieser Bereich liegt weiter von der Lichtquelle entfernt, aber dafür näher am Betrachter. Jetzt dürfen auch die Konturen der Höhle klarer erscheinen, während sie in größerer Entfernung eher verschwommen wirken.

Bereite mit mehr Pigment als Wasser eine dunklere Mischung aus Coelinblau und Zitronengelb vor. Nimm sie mit dem Flachpinsel auf und verteile sie wie im vorigen Schritt. Halte aber jetzt etwas mehr Abstand zur Lichtquelle.

Male jetzt auch mit welligen Formen einige vereinfachte Seegras-Silhouetten, um die Szene lebendiger zu gestalten. Variiere die Höhen und lasse einige Pflanzen auch von der Höhlendecke herabhängen. Es soll aussehen wie ein kleines, von Seegras umgebenes Fenster.

Verwische jetzt nicht die gesamte Kontur, sondern nur einige Stellen.

Lasse anschließend wieder alles trocknen.

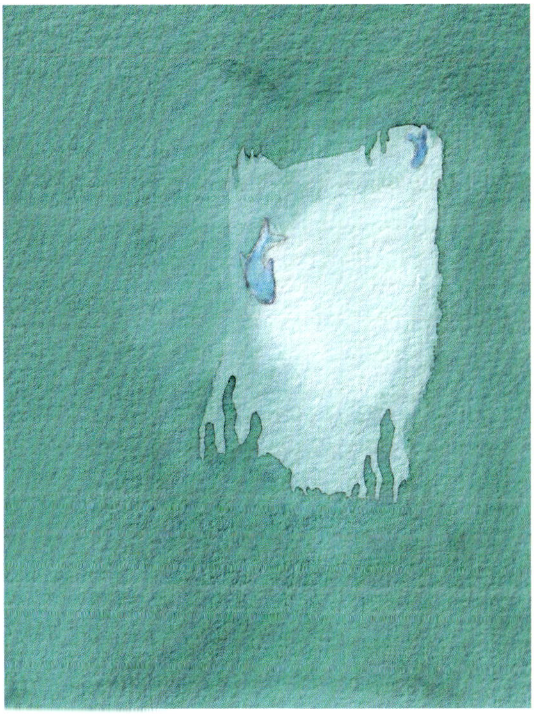

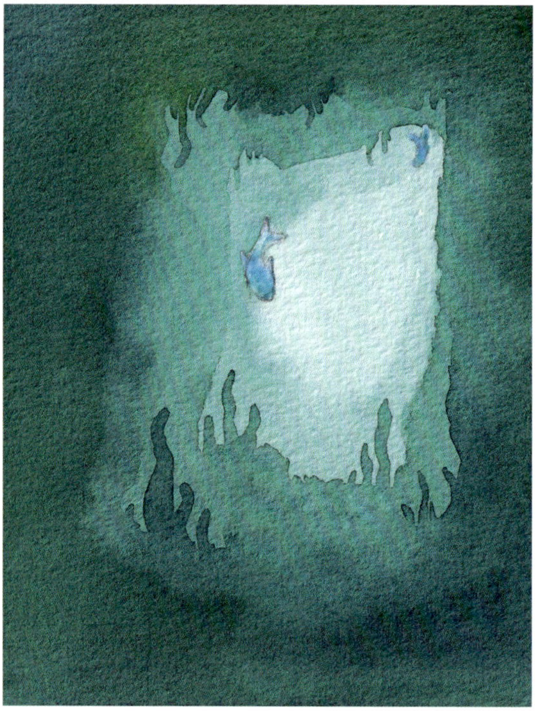

Schritt 4

Wenn die Farbe trocken ist, folgt eine weitere, noch dunkler getönte Schicht, um die Höhle noch tiefer wirken zu lassen. Jetzt sind die Höhlenwände dem Betrachter noch näher.

Verwende für die Farbschicht dieselbe Mischung wie vorher, aber in einer geringeren Verdünnung. Je dunkler deine Farbe wird, desto cremiger wird ihre Konsistenz. Wenn du Schwierigkeiten hast, die Farbe zu verteilen, kannst du sie mit etwas Wasser verdünnen.

Tupfe wie beim vorigen Bild hier und da etwas Zitronengelb direkt in die nasse Farbe, damit sie abwechslungsreicher und lebendiger wirkt.

Wiederhole anschließend Schritt 3.

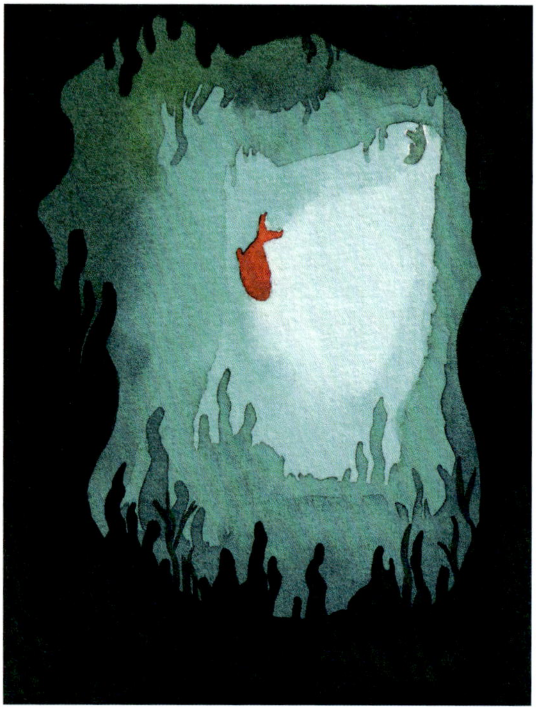

Schritt 5

Ist dein Bild vollständig trocken, kannst du die Maskierflüssigkeit vorsichtig vom Papier abrubbeln. Falls danach noch Bleistiftkonturen sichtbar sind, radiere sie aus.

Um die Aufmerksamkeit auf den Fisch zu lenken, eignen sich am besten Farben, die in ihrer Wirkung den kühlen Blau- und Grüntönen der Höhle entgegengesetzt sind. Hier ist es ein Rot, die warme Komplementärfarbe zu Grün. Male den Fisch mit klaren Konturen und dem Rundpinsel in Karminrot oder einer anderen warmen Farbe, beispielsweise Gelb oder Orange. Weil sich unter der Maskierflüssigkeit das weiße Papier befand, schimmert es nun durch die rote Farbe und bringt den Fisch zum Leuchten.

Weil nur der rote Fisch als Blickfang dienen soll, habe ich für den kleineren Fisch im Hintergrund einen der mittleren Blaugrüntöne der Höhle verwendet.

Während die Fische trocknen, malst du die letzten Höhlenwände. Sie sind dem Betrachter sehr nahe, deshalb solltest du die Mischung aus Coelinblau und Zitronengelb nun so dunkel wie nur möglich eintönen.

Die Konturen dieser letzten Höhlenwand und auch die Seegraspflanzen im Vordergrund haben klare, scharf umrissene Kanten.

Nun muss das fertige Bild nur noch trocknen.

Meereswellen

●●○ FÜR FORTGESCHRITTENE

Nach einigen nass auf trocken gemalten Motiven weißt du nun, dass du beim Auftragen von nasser Farbe auf trockenes Papier gut kontrollieren kannst, wohin sie fließt. Auch die Konturen der gemalten Motive fallen gestochen scharf aus. Du hast aber auch gelernt, dass du jede Farbschicht vollständig trocknen lassen musst, bevor du die nächste aufträgst.

Diese Wartezeit entfällt, wenn du nass in nass, also lavierend malst. Du solltest aber ein gutes Gefühl dafür haben, wie nass das Papier und der Pinsel sein dürfen, und es ist wichtig, zügig zu malen.

Genau das werden wir beim nächsten Projekt ausprobieren. Du wirst außerdem lernen, verschiedene Farben für Wasser zu mischen und durch das Verwischen von Konturen die Bewegung des Wassers zu vermitteln.

Material

Malerkrepp
Aquarellpapier
Flachpinsel 20 mm
Küchenpapier
Rundpinsel Größe 8

Farben

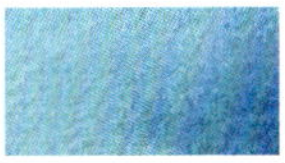 Coelinblau

 Zitronengelb

Schritt 1

Lege mit Malerkrepp ein Rechteck oder Quadrat auf deinem Aquarellpapier fest. Das ist der Bildbereich. Klebe dann das Papier mit Malerkrepp auf deine Malplatte oder deinen Arbeitstisch. Mische auf der Palette mit etwas Wasser eine nicht zu kleine Menge Coelinblau mit cremiger Konsistenz. Um das Meer später leicht türkis einzutönen, bereite außerdem eine kleine Menge konzentriertes Zitronengelb vor.

Tauche den Flachpinsel in klares Wasser und verteile es auf der ganzen Bildfläche. Tupfe überschüssiges Wasser, das sich an den Rändern sammelt, mit einem trockenen Pinsel oder Küchenpapier wieder ab. Wenn das Papier dazu neigt, schnell zu trocknen, lasse es etwas von der Feuchtigkeit aufsaugen und bestreiche es noch einmal mit klarem Wasser.

Nimm nun mit dem Flachpinsel blaue Farbe auf und trage sie im unteren rechten Bildbereich auf. Verteile sie mit waagerechten Strichen von links nach rechts und allmählich weiter nach oben. So entsteht ein fließender Übergang von einem dunkleren Tonwert am unteren Bildrand zu einem helleren im oberen Bildbereich (Seite 31).

Wenn du die Mitte des Papiers erreichst und die Farbe nicht mehr heller wird, spüle den Pinsel aus und tupfe ihn auf Küchenpapier ab. Verteile dann die Farbe mit dem feuchten Pinsel weiter nach oben. Die Wellen werden eingefügt, solange die Farbe noch nass ist.

Schritt 2

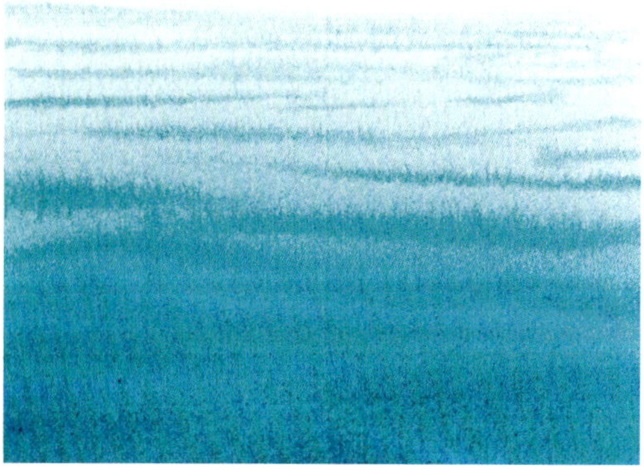

Wichtig ist, nun kein zusätzliches Wasser mehr auf das Papier aufzutragen. Wenn deine Farbe zu wässrig ist, verdrängt sie nur das Pigment auf dem Papier und es entstehen unerwünschte Ausblühungen.

Nachdem die Lavur mit Farbverlauf aufgetragen ist, tauchst du den Pinsel in dieselbe Farbe. Sie muss mehr Pigment als Wasser enthalten, also sehr konzentriert sein. Tupfe überschüssige Feuchtigkeit mit Küchenpapier ab.

Beginne wieder am unteren Bildrand. Male waagerechte, leicht wellige Striche, die im Vordergrund etwas breiter sind. Arbeite dich zum Horizont vor und lasse die Wellenlinien schmaler werden, um die Entfernung zu suggerieren.

Für den zarten Türkiston tauchst du den Pinsel in das vorbereitete Zitronengelb. Tupfe den Pinsel wieder auf Küchenpapier ab und lasse das Zitronengelb hier und dort in der nassen Farbe verlaufen.

Schritt 3

Lasse das Bild ganz trocknen, bevor du weitere Wellen malst. Sie sollen das Meer dreidimensional wirken lassen. Jetzt malst du mehrere Wellen gleichzeitig und verblendest sie danach ineinander. Tauche den Pinsel in dein Blau und nimm auch etwas Zitronengelb auf. Male im Vordergrund langgezogene Zickzacklinien. Führe dazu den Pinsel schräg aufwärts und wechsle dann die Richtung.

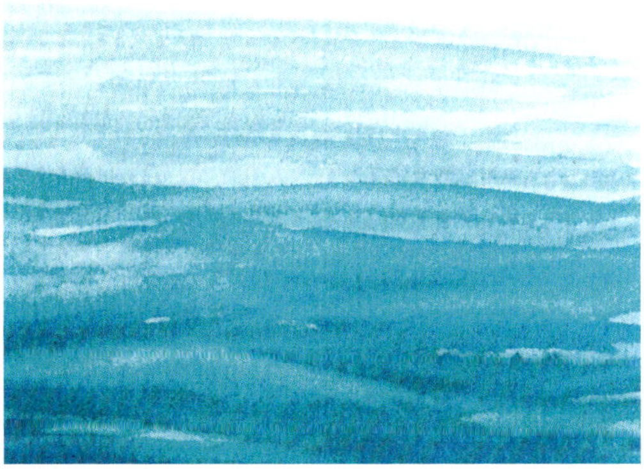

Spüle den Pinsel aus, tupfe überschüssiges Wasser auf Küchenpapier ab und verwische die Konturen der eben gemalten Zickzacklinien mit dem feuchten Pinsel. Streiche nicht über die Farbe, sondern schaffe mit dem Pinsel direkt neben ihr einen nassen Bereich, in den sie fließen kann.

Die übrigen Wellen werden ebenso gemalt: Zuerst die Farbe in sanften Zickzacklinien auftragen, dann mit einem sauberen Pinsel verwischen.

Die Abstände zwischen den Wellen sollten zum Horizont hin immer kleiner werden, damit das Bild räumlich wirkt. Die Regeln der Perspektive besagen: Je näher ein Objekt dem Betrachter ist, desto größer erscheint es. Je weiter es entfernt ist, desto kleiner muss es dargestellt werden. Darum sind die Abstände der Wellen am Horizont klein. Dasselbe gilt für die Strichstärke: breit im Vordergrund, schmal im Hintergrund.

Lasse das Bild wieder trocknen.

Schritt 4

Wenn die Farbe ganz trocken ist, kannst du noch Änderungen an deinem Bild vornehmen. Die kannst weitere Farbe auftragen, um Bereiche anzugleichen oder einige Wellentäler noch einmal abzudunkeln.

Danach kannst du feuchte Farbe mit einem sauberen, feuchten Pinsel wieder abnehmen, um Lichtreflexe auf den Wellenkämmen anzudeuten.

Am Strand

Schauen wir uns jetzt am Strand um. Mit den folgenden Projekten kannst du die Techniken, die du im vorigen Kapitel gelernt hast, weiter vertiefen. Jetzt kommen aber mehr Farben zum Einsatz und die Bilder sind detailreicher. Außerdem lernst du weitere Möglichkeiten kennen, um Distanz und räumliche Tiefe darzustellen. Du entdeckst kreative Möglichkeiten für den Einsatz von Maskierflüssigkeit und kannst mit nass in nass gemalten Lavuren und Farbübergängen spielen, um deine Bilder interessanter wirken zu lassen.

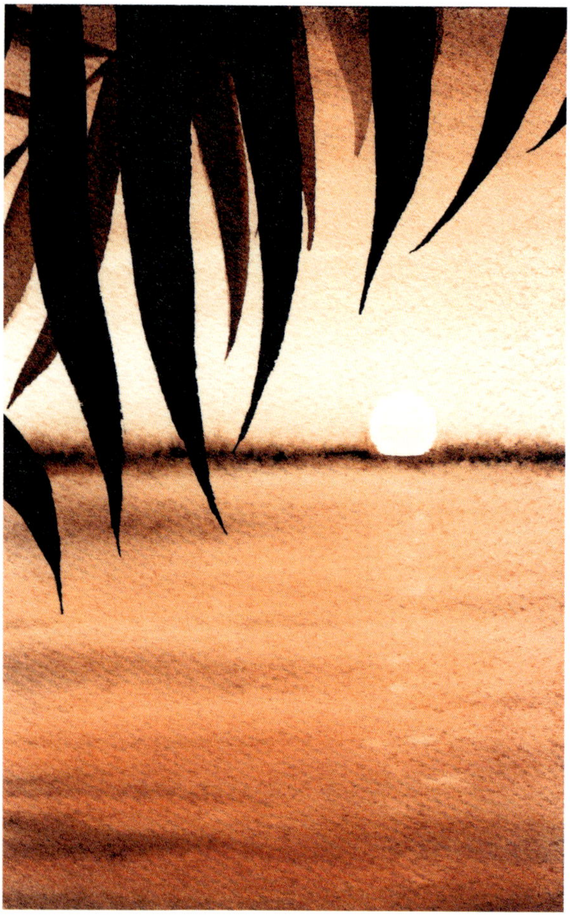

Strandabend, Ton in Ton

●○○ FÜR EINSTEIGER/INNEN

Wenn du nass in nass malst, verlaufen Übergänge zwischen Farben schön, und es entsteht eine überzeugende räumliche Wirkung. Objekte mit harten Konturen fallen umso mehr ins Auge, wenn alles andere eher unscharf ist.

Das kannst du an diesem Motiv ausprobieren. Der Einfachheit halber wird nur mit wenigen Farben gearbeitet. Wichtig ist, alle Farben vorher vorzubereiten und zügig zu malen. Lies dir darum zuerst die ganze Anleitung einmal bis zum Ende durch.

Material

Malerkrepp
Aquarellpapier
Flachpinsel 20 mm
Küchenpapier
Kleine Münze
Rundpinsel Größe 8

Farben

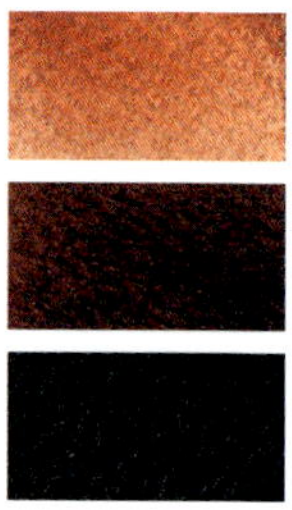

Siena gebrannt
Umbra gebrannt
Paynes Grau

Schritt 1

Lege mit Malerkrepp einen hochformatigen Bildbereich auf deinem Aquarellpapier fest. Befestige das Papier dann mit Malerkrepp auf der Malplatte.

Dieses Bild wird nass in nass gemalt, du musst also zügig arbeiten.

Bereite zuerst die Farben vor. Für den ersten Farbauftrag brauchst du Siena gebrannt in einem hellen Tonwert. Verdünne diese Farbe entsprechend auf deiner Palette. Die Mischung darf nicht zu wässrig sein.

Für die Wellen und die Silhouetten im Hintergrund benötigst du eine konzentrierte Mischung aus Umbra gebrannt und Paynes Grau.

Nimm zuerst mit dem Flachpinsel klares Wasser auf und feuchte die ganze Bildfläche an: hin und her, auf und ab. Verteile das Wasser gleichmäßig. Wenn sich Pfützen bilden, tupfe sie mit einem feuchten Pinsel oder Küchenpapier ab.

Nun trägst du die Farbe als einfarbigen, lavierenden Verlauf auf: oben und unten dunkler, in der Mitte heller. Nimm Siena gebrannt mit dem Pinsel auf, trage die Farbe am oberen Bildrand auf und verteile sie so, dass sie zur Mitte hin heller wird. Wiederhole denselben Vorgang, beginne nun aber am unteren Bildrand.

Es geht sofort weiter, solange die Farbe noch nass ist.

Schritt 2

Nun fügst du die ersten einfachen Schatten im Wasser und am Himmel ein.

Damit die Farbe schön gleichmäßig wirkt, muss sie stark gesättigt sein. Nimm mit deinem Pinsel Umbra gebrannt auf und streife den Pinsel sorgfältig am Rand der Palette ab, um überschüssiges Wasser zu entfernen. Dein Ziel ist, möglichst reine Farbe auf den feuchten Untergrund aufzutragen.

Male für die Schatten auf dem Wasser einige waagerechte Striche in der unteren Bildhälfte. Beginne mit breiten Strichen mit viel Farbe und führe den Pinsel von einer Seite zur anderen. Wenn du dich nach oben vorarbeitest, müssen die Striche sparsamer und dünner werden, ihre Abstände aber enger. Dadurch entsteht die räumliche Wirkung.

Wiederhole dasselbe mit einigen Strichen am oberen Bildrand. Male wenige weitere Striche näher am Horizont.

Schritt 3

Wickle eine Münze in ein Stück Küchenpapier und drehe es oben so zusammen, dass eine glatte, umhüllte Fläche entsteht. Drücke die Münze auf der rechten Bildseite knapp über dem Horizont in die nasse Farbe. Dabei saugt sich das Küchenpapier voll Farbe. Wenn du es abnimmst, kommt ein weißer Kreis zum Vorschein.

Wenn sich die Farbe schlecht entfernen lässt, weil sie schon zu trocken ist, löse sie einfach mit einem feuchten Pinsel wieder an. Streiche mehrmals mit dem feuchten Pinsel über die Stelle, um die Farbe zu reaktivieren, und tupfe sie dann mit der umwickelten Münze ab.

Du kannst den Kreis auch von Anfang an mit Maskierflüssigkeit abdecken oder nachträglich mit weißer Gouache aufmalen.

Schritt 4

Das Papier ist jetzt noch feucht. Nimm mit deinem feuchten Pinsel stark gesättigte Siena gebrannt auf. Streife den Pinsel gut am Palettenrand ab, damit das Wasser die Pigmente auf dem Papier nicht verdrängt.

Trage die Farbe am Horizont knapp unter der Sonne auf. Damit schaffst du die verschwommene Horizontlinie in der Ferne.

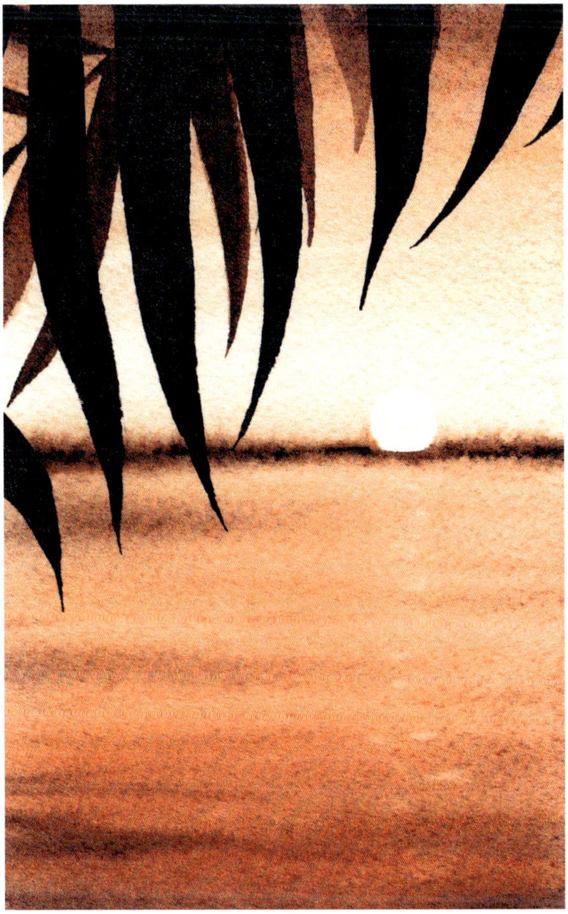

Male auf Höhe des Horizonts einen weiteren Strich mit Paynes Grau oder Siena gebrannt in einem noch dunkleren Tonwert. Lasse dein Bild dann vollständig trocknen.

Schritt 5

Bis jetzt hast du den Sonnenuntergang über dem Meer nass in nass gemalt. Füge nun im Vordergrund einige einfache Blatt-Silhouetten ein. Sie werden nass auf trocken gemalt, sodass sie harte Konturen bekommen, während der gesamte Hintergrund eher verschwommen wirkt.

Ich habe mich für zwei Reihen Blätter in verschiedenen Tonwerten entschieden. Du kannst dich auch auf eine beschränken oder noch mehr Blätterreihen malen.

Bereite für die erste Reihe Umbra gebrannt in cremiger Konsistenz vor und male die herabhängenden Blätter mit dem Rundpinsel. Drücke den Pinsel flach auf das Papier, ziehe ihn ein Stück ab- und seitwärts und hebe ihn langsam vom Papier, sodass eine feine Spitze entsteht.

Lasse die erste Reihe trocknen, bevor du die zweite ebenso malst.

Da die zweite Reihe im tiefen Schatten liegt, solltest du für sie einen sehr dunklen Ton aus Umbra gebrannt und Paynes Grau mischen.

Lasse dein fertiges Bild jetzt trocknen. Geschafft!

Meer und Strand von oben

●●○ FÜR FORTGESCHRITTENE

Das Meer ist nicht nur ein schöner Anblick. Meeresmotive zu malen ist auch sehr entspannend. Bei diesem Bild kommt die Weite des Meeres im Vergleich zu den kleinen Sonnenschirmen gut zum Ausdruck, denn das Hochformat führt den Blick auf und ab durch die Komposition.

Du übst bei diesem Projekt den kontrollierten Umgang mit dem Wasser, das Mischen und das Ausarbeiten von Details.

Material

Malerkrepp

Aquarellpapier

Bleistift HB

Flachpinsel 20 mm

Küchenpapier

Rundpinsel Größe 8

Farben

Coelinblau

Zitronengelb

Gelber Ocker

Kadmiumrot

Schritt 1

Lege mit Malerkrepp eine rechteckige Bildfläche auf deinem Papier fest. Klebe das Papier anschließend mit Malerkrepp auf deine Malplatte oder deine Arbeitsplatte. Zeichne mit dem Bleistift HB etwa im unteren Drittel der Fläche eine leicht gekrümmte Linie. Sie grenzt den Bereich für Gischtsaum, Strand und Schirme ab.

Bereite nun die Farbe für das Meerwasser vor. Gib eine kleine Pfütze Wasser auf deine Palette und füge Coelinblau hinzu. Die Farbe muss sehr konzentriert sein.

Tauche deinen Flachpinsel in klares Wasser und feuchte den Bereich über der Bleistiftlinie an. Tupfe Wasserpfützen, die sich an den Rändern bilden könnten, mit Küchenpapier sorgfältig ab, damit die Farbe später nicht unkontrolliert verläuft.

Nimm dann Farbe mit dem Pinsel auf und trage sie am oberen Rand der Bildfläche auf. Verteile sie blasser werdend in einem Bogen ein Stück nach unten.

Schritt 2

Jetzt folgt in zwei Stadien der fließende Übergang von stark gesättigtem Blau zu einem hellen Blauton.

Spüle deinen Pinsel aus und entferne etwas Wasser aus den Haaren, indem du ihn am Rand des Wasserbehälters und auf Küchenpapier abstreifst.

Setze den feuchten Pinsel an der Farbkante an und verteile die Farbe weiter nach unten. Orientiere dich dabei wieder an der geschwungenen Bleistiftlinie weiter unten.

Bevor du die Kurve erreichst, spüle den Pinsel nochmals aus und streife ihn ab, sodass er nur noch feucht ist. Verteile dann die Farbe weiter abwärts bis an die Bleistiftlinie.

Es geht weiter, solange die Farbe noch nass ist!

Schritt 3

Um den Ozean türkis einzutönen, verwende etwas Zitronengelb. Dabei kannst du nicht nur die Farbe des Wassers variieren, sondern auch kleine Wellen im Wasser andeuten.

Nimm mit dem Rundpinsel etwas konzentriertes Zitronengelb auf und verteile es in der oberen Hälfte der blauen Fläche. Das Gelb darf keinesfalls zu viel Wasser enthalten, sonst breitet es sich zu stark aus und verursacht unerwünschte Ausblühungen oder Flecken. Tupfe darum überschüssiges Wasser vom Pinsel ab.

Verteile dein Gelb nach oben und unten, sodass türkisfarbene Akzente in verschiedenen Bereichen entstehen.

Spüle den Pinsel aus, streife und tupfe überschüssige Feuchtigkeit gut ab und verblende die Farbe weiter nach oben und unten. Bleibe jedoch oberhalb der Bleistiftlinie. Dies wird der Gischtsaum, der im folgenden Schritt weiter bearbeitet wird.

Lasse die Farben vollständig trocknen.

Schritt 4

Wenn alles trocken ist, kommt der Sand an die Reihe. Gib etwas Wasser auf die Palette und verdünne darin Gelben Ocker zu einem hellen Sandton.

Laviere mit dem Rundpinsel und deinem verdünnten Ocker den unteren Bildbereich. Lasse zwischen dem hellsten Blau und dem Ocker einen schmalen Streifen frei. Das wird der weiße Schaum.

Verteile die restliche Farbe im Pinsel mit leichter Hand auf dem hellsten Blau. So entsteht der Eindruck, dass hier der Sand durch das flache Wasser schimmert.

Nimm erneut Gelben Ocker mit dem Pinsel auf. Diesmal muss die Farbe konzentrierter sein und mehr Pigment als Wasser enthalten.

Male auf den nassen Strand einige waagerechte Striche, um ihn plastischer wirken zu lassen. Trage nur Farbe auf, kein zusätzliches Wasser, sonst kann es zu Flecken und Ausblühungen kommen.

Anschließend alles wieder gut trocknen lassen.

Schritt 5

Ist der Farbauftrag trocken, malst du direkt unter dem weißen „Schaum" einen feinen Strich mit Gelbem Ocker. Er stellt den Schatten des Gischtsaums dar und verstärkt die Tiefenwirkung.

Damit das Motiv heiterer wirkt, kannst du nun die bunten Sonnenschirme einfügen. Rot oder Orange heben sich gut ab. Ich habe die Schirme nicht zuvor mit Maskierflüssigkeit abgedeckt, weil ich wollte, dass die darunterliegende Farbe durchschimmert und Lichtreflektionen andeutet.

Zeichne für die Schirme kleine Sechsecke mit dem Bleistift HB vor. Nimm dann Kadmiumrot mit dem Rundpinsel auf und streife ihn am Rand der Palette ab. Male die Sechsecke mit Farbe aus. Nimm gleich danach mit einem sauberen, feuchten Pinsel auf den Linien der Speichen wieder etwas Farbe ab. Mache dasselbe auch an den Spitzen der Schirme. Dadurch entstehen Lichtreflexe, die ihnen eine plastische Wirkung geben.

Schritt 6

Während die Schirme trocknen, kannst du am unteren Bildrand noch mit einigen einfachen Punkten und Tupfern Pflanzen andeuten.

Mische dafür ein leuchtendes Grün aus Coelinblau und Zitronengelb. Dämpfe dieses Grün mit einer kleinen Menge der Komplementärfarbe Kadmiumrot, damit es natürlicher wirkt. Du kannst für gelbliche Grüntöne hier und da einige Tupfer Gelben Ocker zwischen das Grün setzen.

Geschafft! Sei stolz auf dich – du hast den kontrollierten Umgang mit Wasser, Pinsel und Farbe gemeistert.

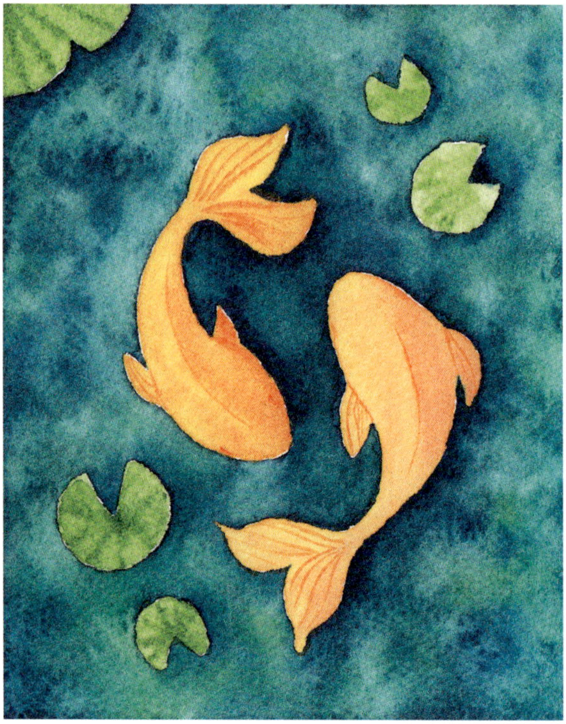

Tanz mit den Fischen

●●○ FÜR FORTGESCHRITTENE

Wer nass in nass malt, kann viele spannende Möglichkeiten ausprobieren, um beispielsweise überzeugende Texturen darzustellen. Eine einfache und vergnügliche Methode besteht darin, etwas Wasser in die nasse Farbe zu sprenkeln.

Spiegelungen und Lichtreflexionen auf dem Wasser lassen sich auf diese Weise besser darstellen, als wenn man nasse Farbe auf einen feuchten Untergrund aufträgt. Bei diesem Projekt kannst du mit dieser Technik experimentieren und deine Kenntnisse über das Mischen und die Farbharmonie vertiefen.

Material

Aquarellpapier
Bleistift HB
Maskierflüssigkeit
Dünner Pinsel für Maskierflüssigkeit
Flachpinsel 20 mm
Küchenpapier
Rundpinsel Größe 8
Malerkrepp
Pinsel für Details (nach Belieben)

Farben

Coelinblau
Zitronengelb
Kadmiumgelb
Kadmiumrot

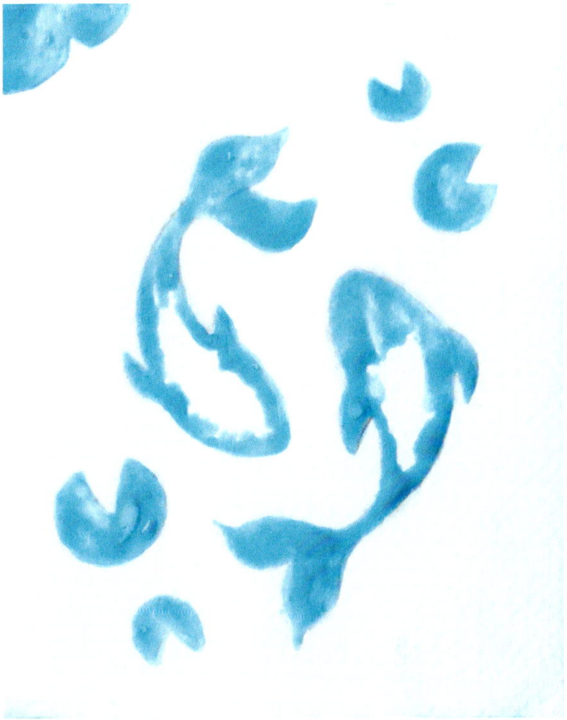

Schritt 1

Lege mit Malerkrepp eine rechteckige oder quadratische Bildfläche auf deinem Aquarellpapier fest. Klebe danach das Papier mit Malerkrepp auf deine Malplatte oder auf deinen Arbeitstisch.

Zeichne mit Bleistift dünn die Umrisse der beiden Fische. Sie sind einander zugewandt, als ob sie im Kreis schwimmen. Zeichne zuerst die Körper in Form gekrümmter Tropfen. Füge dann die Flossen an. Sie sind ähnlich geformt wie Blätter.

Für die Seerosenblätter zeichnest du Kreise mit einer kleinen, dreieckigen Einkerbung vor. Variiere ihre Größen und Positionen, damit die Komposition locker wirkt.

Schritt 2

Hast du alle Umrisse gezeichnet, deckst du die Formen mit Maskierflüssigkeit ab. Die Maskierflüssigkeit schützt das Papier und bewirkt, dass die abgedeckten Formen keine Farbe annehmen. Während die Maskierflüssigkeit trocknet, bereite die Farben vor. Gib auf deine Palette zwei Wasserpfützen. Färbe eine in Coelinblau ein, die andere in Zitronengelb. Beide Farben sollen eine cremige Konsistenz haben.

Wenn die Maskierflüssigkeit trocken ist, feuchte die ganze Bildfläche mit dem Flachpinsel und klarem Wasser an. Tupfe Pfützen mit Küchenpapier oder einem feuchten Pinsel vom Papier ab. Trage sofort Farbe auf das nasse Papier auf. Beginne mit dem dunklen Coelinblau in der Bildmitte und auf der rechten Seite aller deiner Bildelemente. Der dunkle Tonwert sorgt für die räumliche Wirkung. Verteile die Farbe dann mit Wasser auf dem Papier.

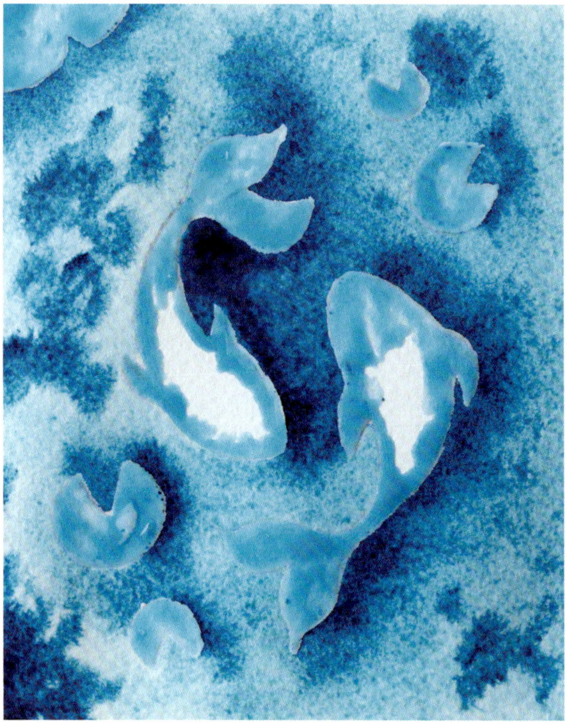 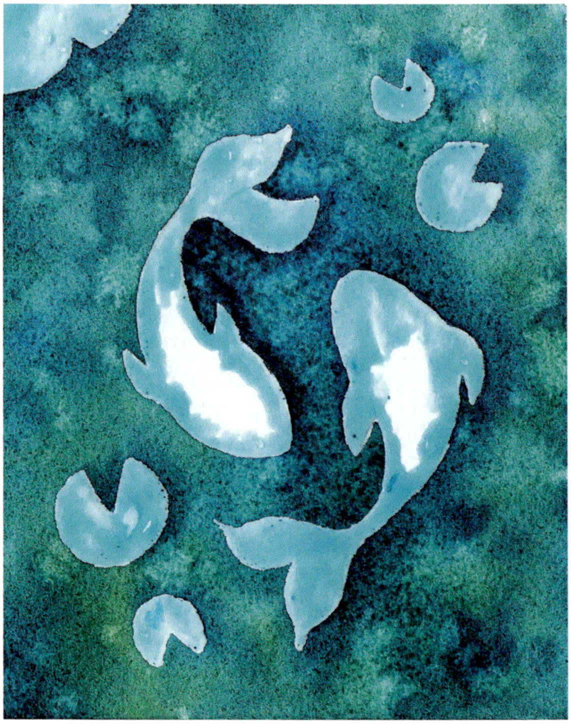

Schritt 3

Trage sofort Farbe auf das nasse Papier auf. Beginne mit dem dunklen Coelinblau in der Bildmitte und auf der rechten Seite aller deiner Bildelemente. Der dunkle Tonwert sorgt für die räumliche Wirkung. Verteile die Farbe dann mit Wasser auf dem Papier.

Schritt 4

Nimm mit demselben Pinsel Zitronengelb auf. Tupfe es zwischen die dunkelblauen Bereiche und mische die Farben auf dem Papier zu verschiedenen Blau- und Grüntönen.

Spüle deinen Pinsel aus und streife ihn am Rand des Wasserbehälters ab. Halte den Pinsel über das Bild und klopfe mit dem Stiel auf deinen Finger. Dabei lösen sich kleine Wassertropfen aus den Pinselhaaren und fallen in die nasse Farbe auf deinem Papier.

Lasse dein Bild trocknen.

Die konzentrierte Farbe auf dem Papier hatte schon zu trocknen begonnen. Die Wassertropfen haben die Pigmente verdrängt und Ausblühungen entstehen lassen. Oft möchte man das vermeiden, aber manchmal bietet sich dieser Effekt auch an, um Texturen oder Details anzudeuten.

Beim Bespritzen mit Wasser darf die Farbe auf dem Papier nicht zu nass sein, sonst bleiben die Ausblühungen unauffällig. Alternativ kannst du auch grobes Salz auf die nasse Farbe streuen oder Wassersprenkel und Salz kombinieren. Wichtig ist, dass die Farbe auf dem Papier weder zu nass noch zu trocken ist.

Schritt 5

Sind alle Farben gut getrocknet, kannst du die Maskierflüssigkeit vorsichtig abrubbeln und eventuell noch sichtbare Bleistiftstriche ausradieren.

Der Hintergrund ist in Blau- und Grüntönen gehalten, deshalb verwende ich für die Fische ein leuchtendes Orange, damit sie ins Auge fallen.

Ich habe mich für Kadmiumgelb entschieden, du kannst aber auch ein anderes Gelb oder Orange verwenden.

Nimm Farbe mit dem Rundpinsel auf und male den ersten Fisch gleichmäßig aus.

Verwende für Schatten ein warmes Rot. Ich habe zu meinem Kadmiumgelb etwas Kadmiumrot gemischt, um einen dunkleren Farbton mit Tendenz zu Orange zu erhalten.

Trage diesen dunkleren Farbton rechts von der Mittellinie des Fischkörpers auf. So sieht es aus, als ob diese Seite im Schatten liegt.

Arbeite den zweiten Fisch ebenso aus.

Male die Seerosenblätter mit einem hellen Grün aus deinem Aquarellkasten aus. Du kannst das Grün auch selbst aus Coelinblau und Zitronengelb mischen.

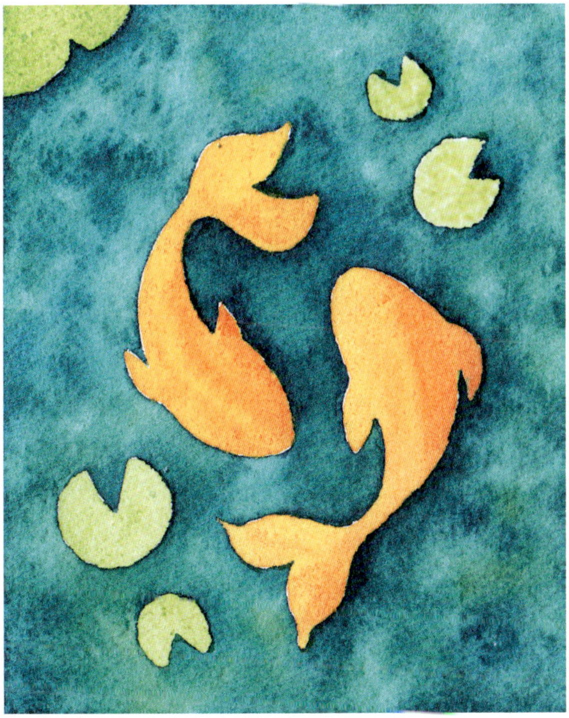

Schritt 6

Male mit dem dünnen Pinsel die dunkleren Blattadern auf die Blätter. Du kannst nass in nass oder nass auf trocken arbeiten. In meinem Fall war die Farbe noch feucht, darum habe ich nass in nass gemalt, um weiche Schatten auf den Blättern anzudeuten.

Wenn die Fische trocken sind, kannst du mit dem dunkleren Orange weitere Details einfügen.

Es ist dieselbe Farbe, die du für die Schatten verwendet hast. Jetzt wird sie aber nass auf trocken verarbeitet, um die feinen Linien an Rücken, Flossen und Schwanz sowie die Augen an den Seiten der Köpfe anzudeuten.

Jetzt nur noch alles trocknen lassen und du hast es geschafft!

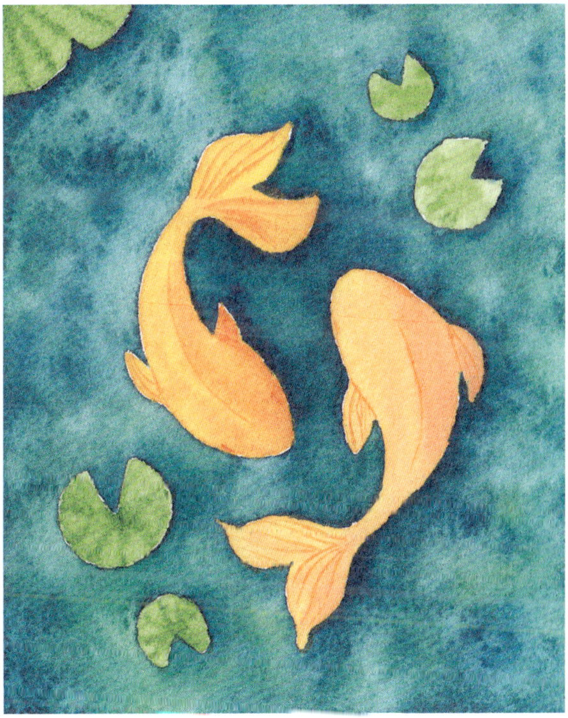

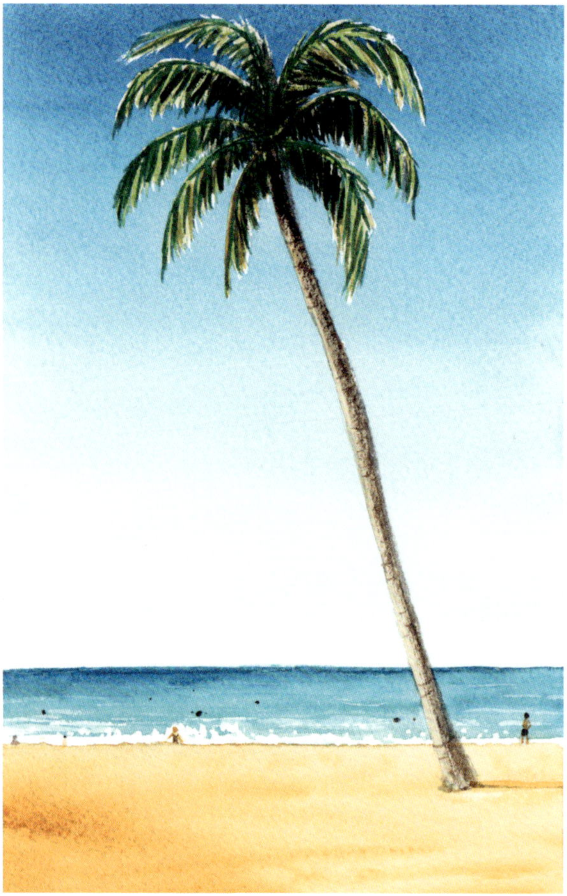

Palmenstrand

●●● FÜR GEÜBTE

Verschiedene, miteinander kombinierte Techniken lassen dieses Bild so lebendig wirken: einen Farbverlauf lavieren, nass in nass malen und mit Maskierflüssigkeit arbeiten.

Im Hinblick auf die Bildkomposition kommt bei diesem Motiv nicht die Drittelregel zum Einsatz, sondern die Viertelregel. Dabei unterteilst du die Bildfläche senkrecht und waagerecht in Viertel. Dadurch gewinnst du Raum, um die stattliche Höhe der Palme zum Ausdruck zu bringen. Der Blick des Betrachters wandert auf der Bildfläche auf und ab und erfasst dabei auch die Menschen, die im Vergleich zur Palme winzig sind.

Material

Bleistift HB

Maskierflüssigkeit

Dünner Pinsel für Maskierflüssigkeit

Flachpinsel 20 mm

Küchenpapier

Rundpinsel Größe 8

Pinsel für Details (nach Belieben)

Malerkrepp

Aquarellpapier

Farben

Ultramarinblau

Coelinblau

Zitronengelb

Gelber Ocker

Umbra gebrannt

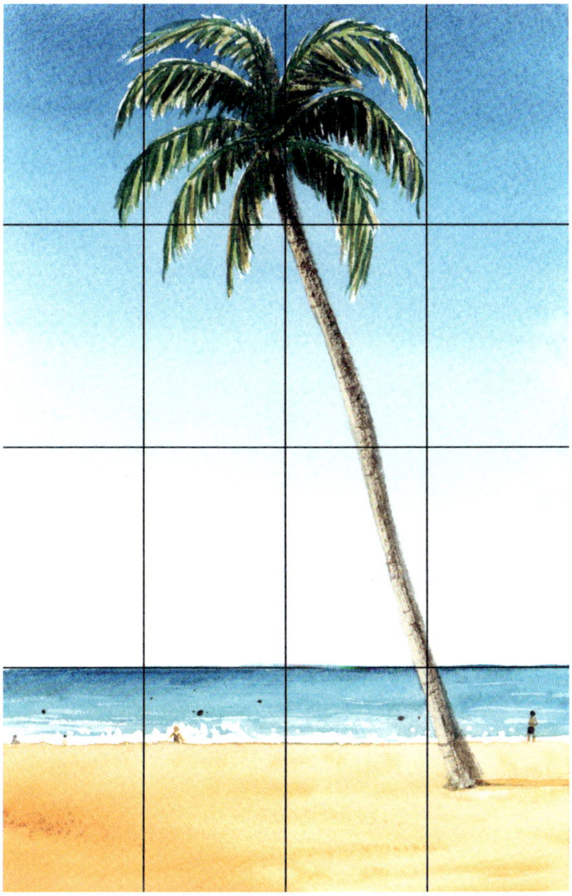

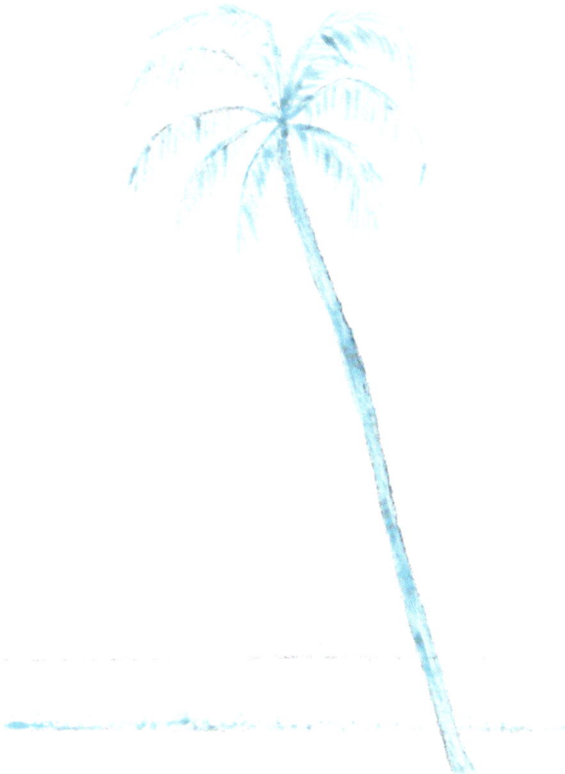

Schritt 1

Lege mit Malerkrepp eine hochformatige Bildfläche auf deinem Aquarellpapier fest. Klebe das Papier dann auf deine Malplatte oder auf deinen Arbeitstisch.

Zeichne zwei waagerechte Hilfslinien: eine entlang der Grenze zum unteren Bildviertel und eine zweite ein Stück darunter. Damit legst du fest, welchen Bildbereich das Meer und der Strand einnehmen. Der Streifen für das Meer ist deutlich schmaler als der Strand.

Zeichne die weiteren Hilfslinien entsprechend der Viertelregel ein. Die Palme ist das Hauptmotiv und wird auf mehreren Kreuzungspunkten platziert. Skizziere den Stamm. Er verläuft vom Strand schräg aufwärts durch die erste Kreuzung und weiter zur mittleren Kreuzung im oberen Viertel.

Decke nun die gesamte Palme mit Maskierflüssigkeit ab. Gehe dabei beim Stamm so vor wie bei den Zuckerwattewolken (Seite 128). So kannst du dich anschließend ganz auf den Hintergrund konzentrieren.

Setze mit der Maskierflüssigkeit auch einige feine Striche als spätere Lichtreflexe auf das Meer. Male für den Schaum der Wellen einen dickeren Strich und einige verstreute Punkte Maskierflüssigkeit zwischen Strand und Meer.

Lasse die Maskierflüssigkeit ganz durchtrocknen, bevor du weitermalst.

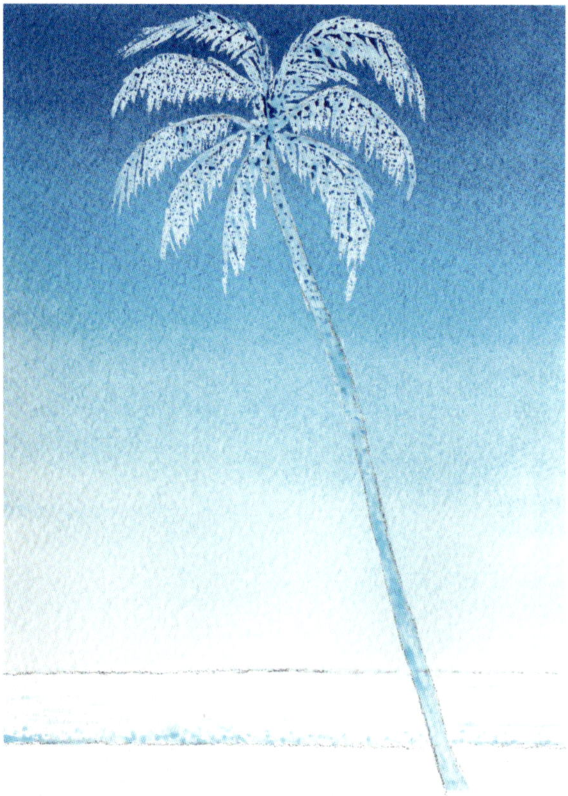

Schritt 2

Nun ist der Himmel an der Reihe. Bereite für den Farbverlauf ein konzentriertes Blau vor. Ich habe Ultramarin und Coelinblau gemischt, du kannst dich aber auch für ein anderes Blau entscheiden.

Verteile mit dem Flachpinsel klares Wasser auf der ganzen Bildfläche oberhalb der Horizontlinie. Tupfe überschüssiges Wasser mit einem feuchten Pinsel oder Küchenpapier ab.

Nimm dann mit dem Flachpinsel das konzentrierte Blau auf und trage es im oberen Bildviertel auf.

Streiche mit dem Flachpinsel hin und her und arbeite dich dabei lavierend nach unten vor. So entsteht mithilfe des Wassers auf dem Papier ein fließender Übergang zwischen dunklen und hellen Tonwerten.

Wenn sich noch zu viel Farbe im Pinsel befindet, spüle ihn aus und tupfe überschüssiges Wasser mit Küchenpapier ab. Verteile die Farbe dann mit dem feuchten Pinsel weiter nach unten bis an den Horizont.

Es macht nichts, wenn der Verlauf nicht ganz gleichmäßig ausfällt. Durch hellere und dunklere Bereiche wirkt der Himmel nur lebendiger.

Lasse deinen Farbverlauf vollständig trocknen.

Schritt 3

Ist der Himmel trocken, folgt das Meer. Dafür brauchst du dasselbe konzentrierte Blau wie für den Himmel. Nimm Farbe auf und male einen dicken Strich am Horizont.

Spüle den Pinsel aus und streife ihn am Rand des Wasserbehälters ab, um überschüssiges Wasser zu entfernen. Verwische die Farbe mit dem feuchten Pinsel zum Strand hin.

Zum Vordergrund hin soll das Blau allmählich immer heller werden.

Für eine leichte Türkistönung des Meerwassers nimmst du mit einem gut abgestreiften Pinsel etwas Zitronengelb auf und malst feine Striche auf das Blau. Der Pinsel darf nicht zu nass sein, weil sonst unerwünschte Ausblühungen entstehen können.

Lasse das Meer vollständig trocknen.

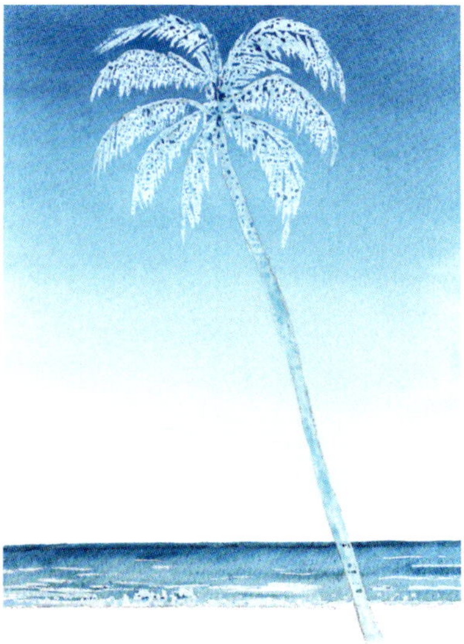 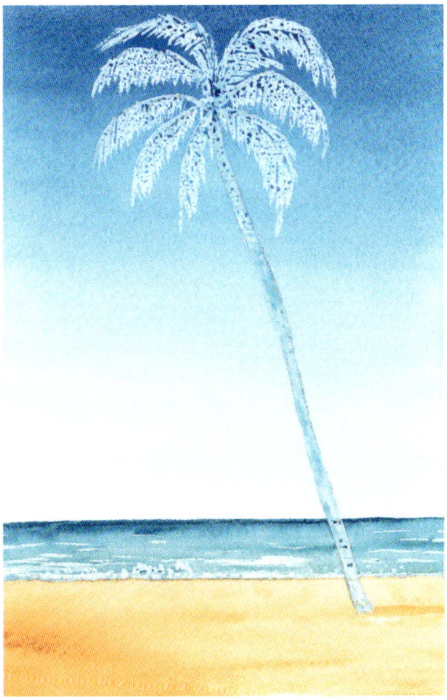 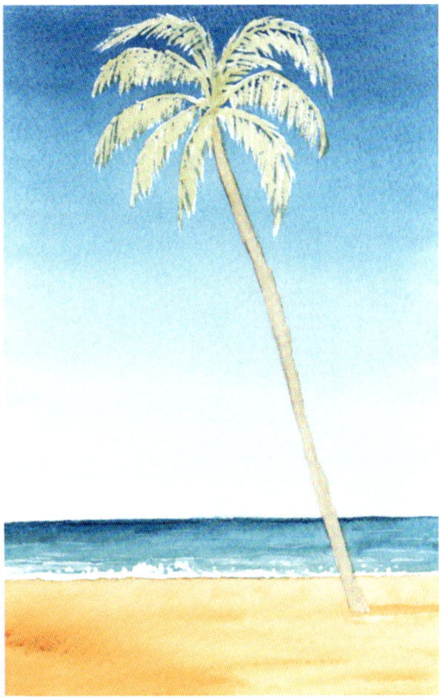

Schritt 4

Weiter geht es mit dem Strand. Trage zuerst mit dem Rundpinsel unterhalb des Meeres eine gleichmäßige Farbschicht mit verdünntem Gelbem Ocker auf.

Um den Strand lebendiger wirken zu lassen, nimmst du mit dem Pinsel Gelben Ocker in deutlich stärkerer Konzentration auf und setzt einige waagerechte Striche in den Sand. Die Farbe des Untergrunds muss dabei noch nass sein. Möchtest du einzelne Bereiche stärker abdunkeln, mische etwas Umbra gebrannt zum Ocker.

Ich habe diese Farbe für den Vordergrund, der nahe am Betrachter liegt und für den Schatten rechts vom Palmenstamm verwendet.

Lasse wieder alles gut trocknen.

Schritt 5

Sind die Farben trocken, kannst du die Maskierflüssigkeit vorsichtig abrubbeln und die Palme malen.

Für die Palmwedel benötigst du viele verschiedene Grüntöne.

Ich habe mein Blau mit Gelbem Ocker gemischt, um dieses blasse Olivgrün zu erhalten. Nimm mit einem feinen Pinsel oder einem Rundpinsel mit feiner Spitze das warme Grün auf und male die Palmwedel so, wie es die vorher abgedeckten Bereiche vorgeben.

Du musst nicht alle weißen Bereiche mit Farbe bedecken. Wenn hier und da eine Stelle weiß bleibt, sieht es aus, als ob dort helles Licht auf das Blatt fällt.

Male den Palmenstamm mit verdünntem Umbra gebrannt.

Weil ich fand, dass mein Meer nach dem Trocknen etwas zu blass aussah, habe ich am Horizont nochmals blaue Farbe aufgetragen und sorgfältig zum Strand hin verwischt.

Jetzt muss alles wieder trocknen.

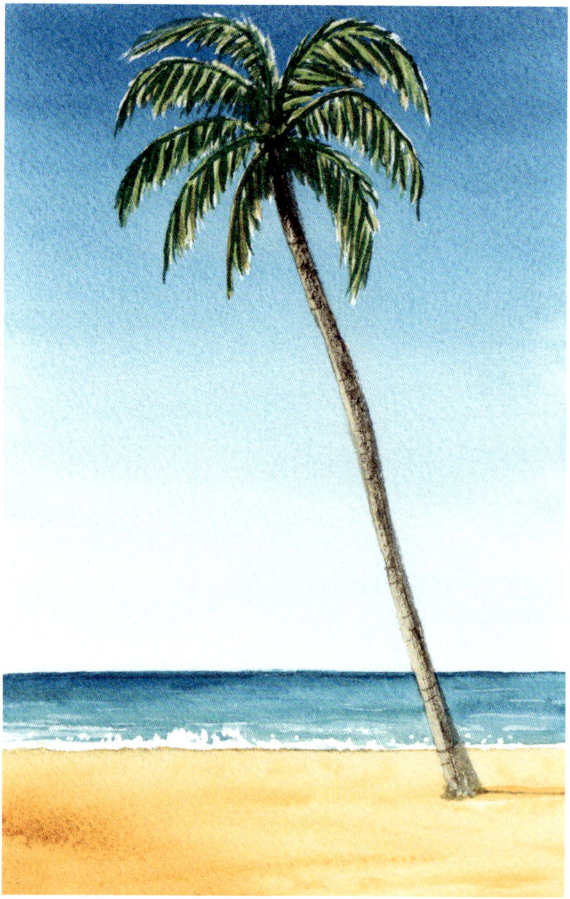

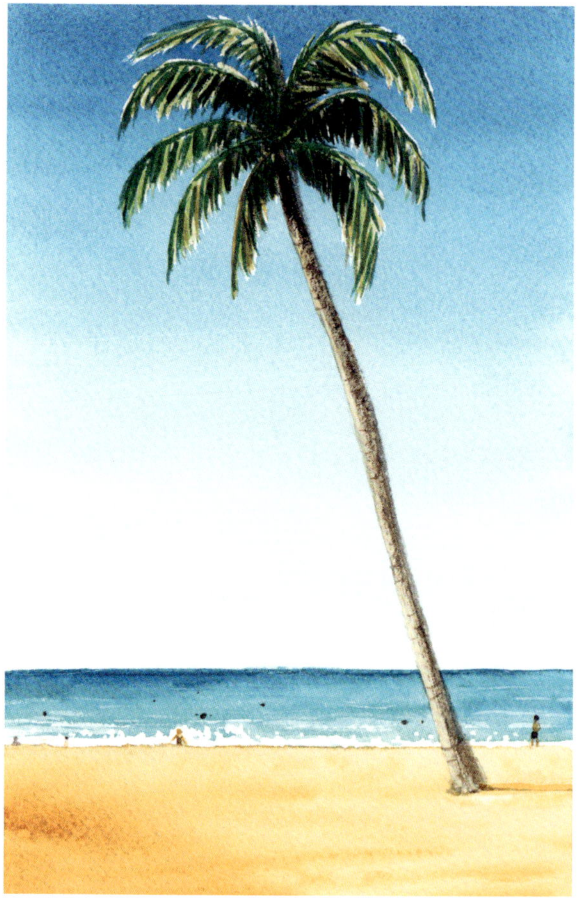

Schritt 6

Nach dem Trocknen folgen die Feinheiten. Die Schatten der Palmwedel werden wie in Schritt 5 mit verschiedenen Grüntönen aufgebaut. Ich habe aus Zitronengelb, Gelbem Ocker, Coelinblau und Ultramarinblau verschiedene Grüntöne gemischt und die Tonwerte variiert.

Damit der Stamm plastisch wirkt, bekommt er einige Schatten und Details. Die Textur wird in Trockenpinseltechnik mit Umbra gebrannt angedeutet.

Um die runde Form herauszuarbeiten, verwende einen dunkleren Tonwert derselben Farbe. Male mit einem dünnen Pinsel kleine, liegende Bögen auf den Stamm. Dadurch bekommt er eine bessere dreidimensionale Wirkung. Mit derselben Farbe malst du den Schatten im Sand. Gehe dabei so vor wie zuvor mit dem Gelben Ocker.

Wenn dir das Bild so gefällt, kannst du es belassen, wie es ist. Soll die Szene lebendiger wirken, füge noch ein paar kleine Menschen in die Szenerie ein.

Schritt 7

Verliere dich bei den Menschen nicht in Details. Es genügt, sie mit einfachen Formen und kleinen Farbtupfern anzudeuten. Die Schwimmer im Wasser habe ich nur durch kleine Punkte mit Umbra gebrannt in einem sehr dunklen Tonwert dargestellt.

Die Silhouetten der Menschen weiter vorn habe ich mit Gelbem Ocker und etwas Umbra gebrannt gemalt. Eine Person sitzt, eine andere geht oder steht. Danach habe ich die Badekleidung mit bunten Farben hinzugefügt. Die Menschen müssen nicht realistisch aussehen. Um den Moment einzufangen, genügt es, die Personen am Strand grob anzudeuten.

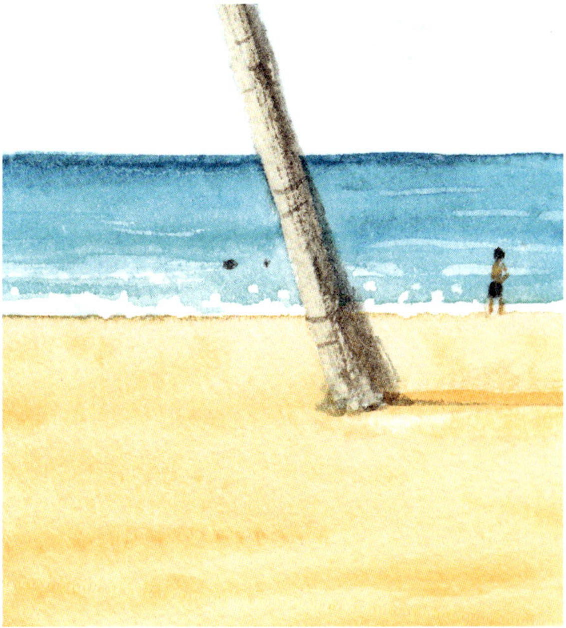

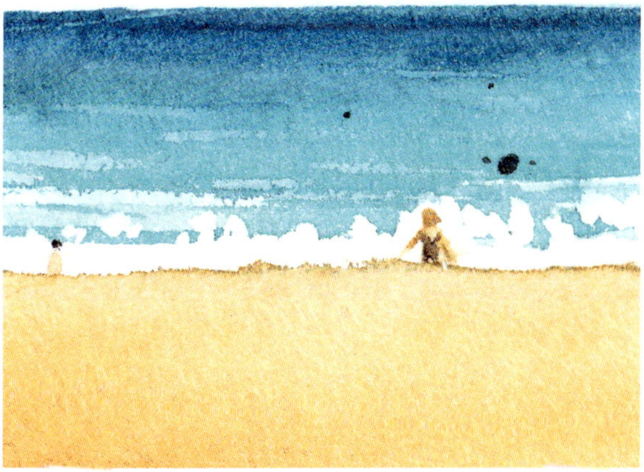

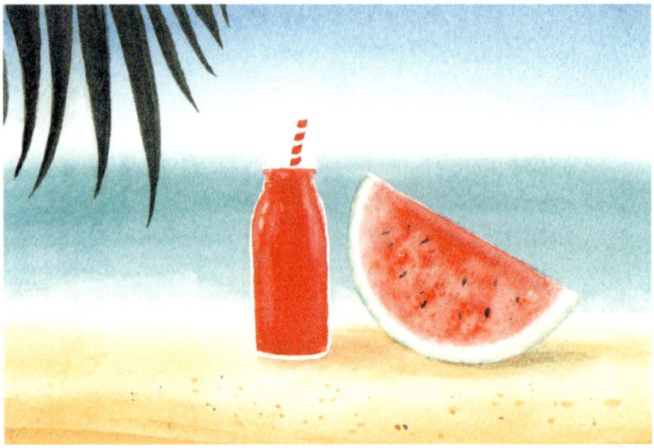

Strandimbiss mit Wassermelone

FÜR GEÜBTE

Du hast gelernt, Entfernung und Räumlichkeit mit verschiedenen Techniken darzustellen. In diesem Bild mit einem sonnigen Strand, einem erfrischenden Getränk und einem Stück Wassermelone kommen mehrere Techniken zusammen.

Material

Aquarellpapier
Malerkrepp
Bleistift HB
Maskierflüssigkeit
Pinsel für Maskierflüssigkeit
Flachpinsel 20 mm
Küchenpapier
Rundpinsel Größe 8

Farben

Ultramarinblau
Coelinblau
Zitronengelb
Gelber Ocker
Karminrot
Kadmiumrot
Siena gebrannt
Umbra gebrannt

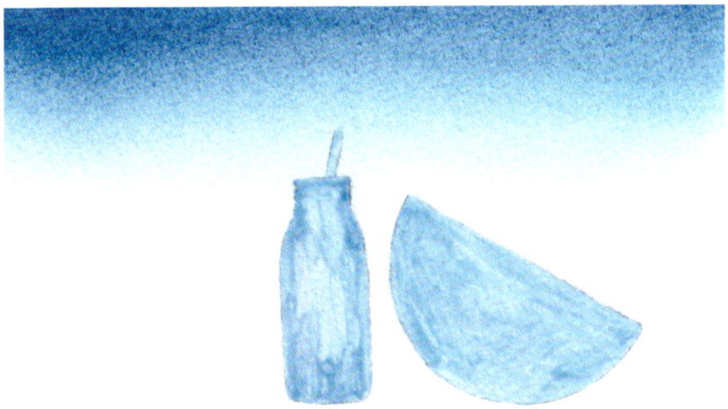

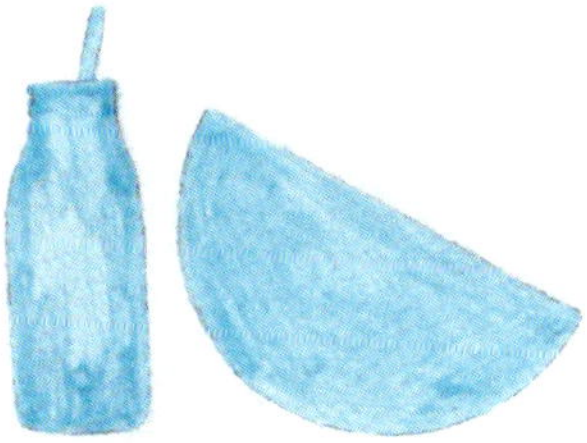

Schritt 1

Für dieses Bild habe ich das Querformat gewählt, um ausreichend Platz für Vordergrund, Hintergrund und einige zusätzliche Details zu haben. Zuerst wird der rechteckige Bildbereich mit Malerkrepp auf dem Papier festgelegt. Klebe dann das Papier auf deine Malplatte oder den Arbeitstisch.

Skizziere nun, der Drittelregel folgend, die einfachen Umrisse einer Flasche und eines Schnitzes Wassermelone. Stelle dir die Wassermelone als Kreis vor und teile ihn diagonal in zwei Hälften.

Baue die Flasche aus zwei Rechtecken auf. Ein kleines, liegendes Rechteck bildet den Hals, ein größeres, stehendes den Flaschenkorpus. Verbinde beide Rechtecke mit geschwungenen Linien. Wenn du möchtest, kannst du noch einen kleinen Strohhalm skizzieren.

Hast du die Umrisse vorgezeichnet, decke die Motive mit Maskierflüssigkeit ab. Auf diese Weise kannst du dich zuerst auf den Hintergrund konzentrieren, ohne Angst zu haben, dass du die Motive übermalst.

Lasse die Maskierflüssigkeit anschließend vollständig trocknen!

Schritt 2

Während die Maskierflüssigkeit trocknet, bereiten wir die Farbe vor.

Für den Himmel brauchst du eine konzentrierte Mischung aus Ultramarinblau und Coelinblau. Damit gestaltest du von oben bis zum Horizont einen fließenden Farbverlauf.

Für das Meer mischst du aus Coelinblau und Zitronengelb ein Türkis mit cremiger Konsistenz. Da ein grünliches Blau benötigt wird, musst du deutlich mehr Blau als Gelb verwenden.

Bereite für den Strand eine stark verdünnte Lasur aus Gelbem Ocker vor.

Sobald die Maskierflüssigkeit getrocknet ist, kann der Hintergrund gemalt werden. Er wird lavierend, also nass in nass gemalt, damit er unscharf wirkt und ein Eindruck von Ferne entsteht.

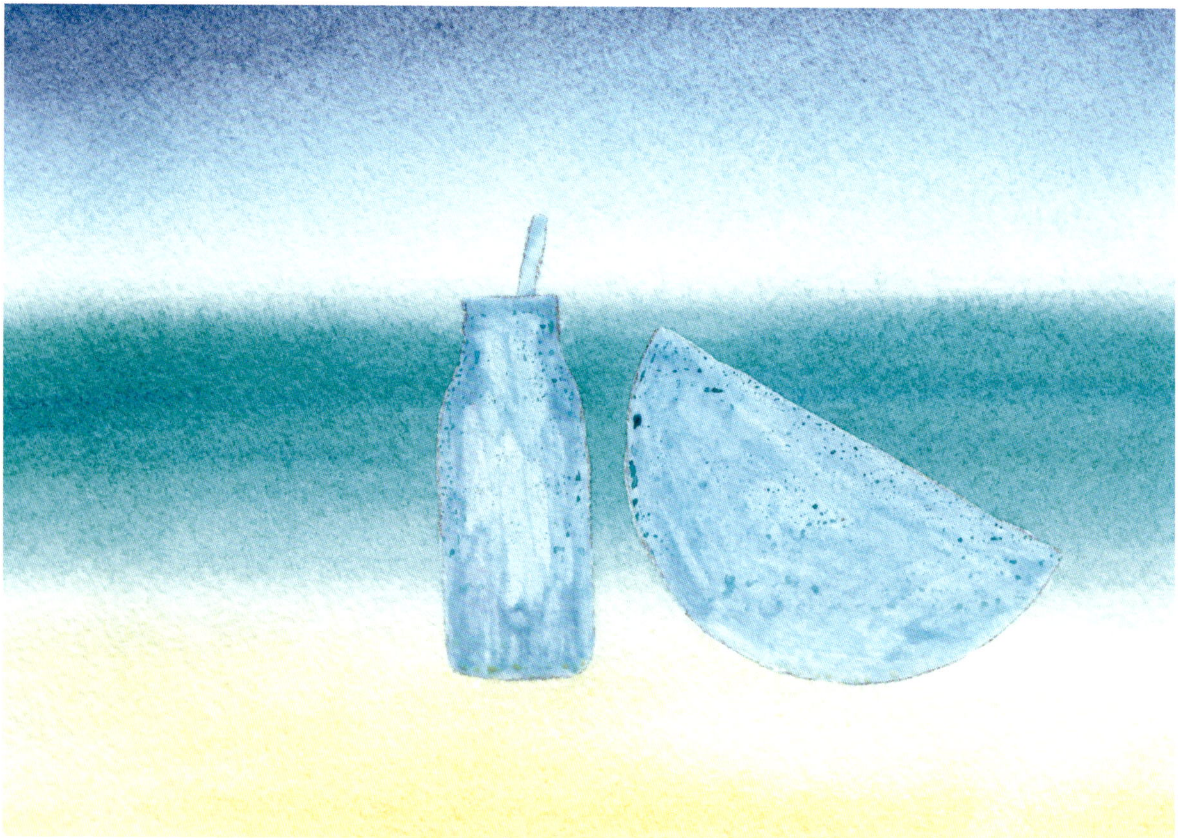

Nimm mit dem Flachpinsel klares Wasser auf und befeuchte den ganzen oberen Bildbereich. Verteile das Wasser gleichmäßig und nimm Pfützen mit einem feuchten Pinsel oder Küchenpapier vom Papier ab. Wenn das Papier schnell trocknet, gib ihm einen Moment, um die Feuchtigkeit aufzusaugen, und trage dann nochmals klares Wasser auf.

Sobald der Glanz des Papiers nachlässt, legst du mit der Mischung aus Ultramarinblau und Coelinblau im oberen Drittel der Bildfläche einen Farbverlauf an, der von oben nach unten heller wird.

Schritt 3

Nimm dann mit dem sauberen, feuchten Pinsel das konzentrierte Türkis auf und verteile es unter dem weißen Rand des Himmels im mittleren Bildbereich.

Es ist nicht schlimm, wenn die Farbe stark verläuft. Spüle einfach den Pinsel nach dem Auftragen der Farbe aus, tupfe ihn auf Küchenpapier gut ab und sauge mit dem feuchten Pinsel etwas von der nassen Farbe an den Rändern auf.

Den Strand malst du ebenso. Nimm mit dem sauberen Rundpinsel Gelben Ocker auf und verteile ihn im unteren Bilddrittel.

Lasse etwas Platz zwischen Meer und Strand.

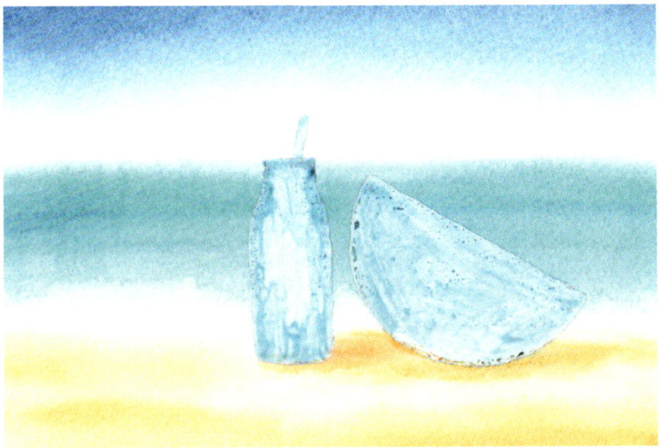

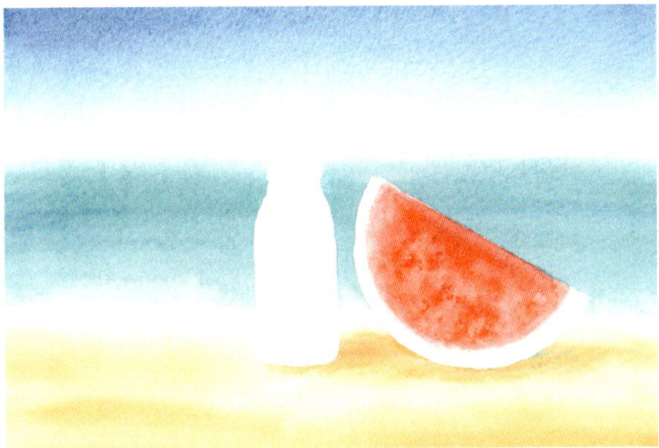

Schritt 4

Nimm mit demselben Pinsel stärker konzentrierten Gelben Ocker auf und deute damit einige Schatten im Sand an. Ich habe Schatten im Vordergrund und rechts von den Objekten eingefügt. Die Schatten wirken noch realistischer, wenn du etwas Rot und Grün in die nasse Farbe auf dem Papier tupfst.

Ich habe dafür Karminrot und eine grüne Mischung aus Coelinblau und Zitronengelb verwendet. Saftgrün wäre ebenso gut geeignet. So kehren die Farben von Flasche und Melone ganz dezent in ihren Schatten im Sand wieder.

Lasse die Farben gut trocknen. Danach kannst du die Maskierflüssigkeit abrubbeln, um das weiße Papier freizulegen.

Schritt 5

Jetzt ist die Melone dran. Male mit gut verdünntem Kadmiumrot den Halbkreis der weißen Form aus, lasse aber für die Schale einen weißen Streifen frei. Verwische den Übergang zwischen Fruchtfleisch und Schale behutsam mit einem sauberen, feuchten Pinsel.

Setze nun mit konzentrierterem Rot einige Tupfen in die nasse Farbe, damit das Fruchtfleisch realistischer wirkt. Die Melone sieht schön saftig aus, wenn du ihre Mitte dunkler eintönst als das Fruchtfleisch nahe der Schale.

Für die Textur der Melone werden Ausblühungen genutzt. Damit das gelingt, muss die Farbe noch leicht feucht sein. Gibst du sofort Wasser in die nasse Farbe, verläuft es und es entsteht kein Muster. Tupfe mit einem sauberen, nassen Pinsel hier und da in die leicht feuchte Farbe, sodass das Wasser die Farbe verdrängt.

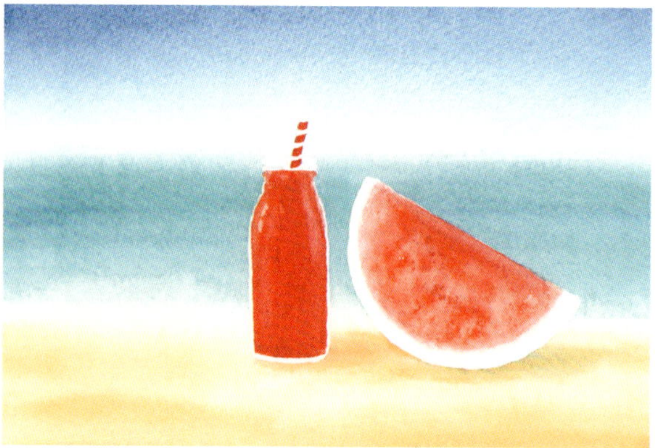

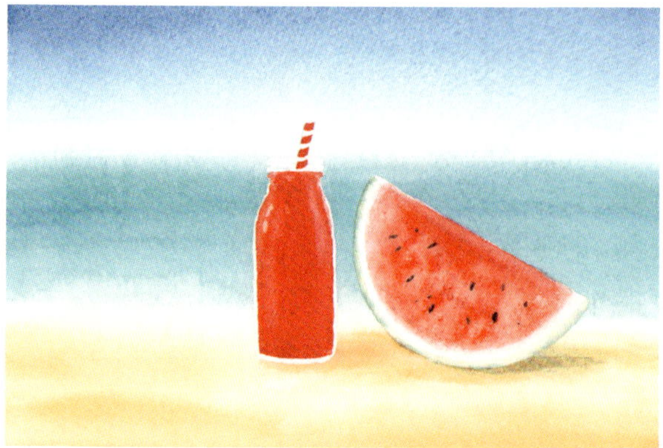

Schritt 6

Während das Innere der Wassermelone trocknet, kannst du mit konzentriertem Kadmiumrot nass auf trocken die Flasche malen. Lasse die Konturen aber weiß, um so die Dicke und Transparenz des Glases zum Ausdruck zu bringen. Auf diese Weise wirkt die Flasche plastischer und realistischer.

Wenn du die plastische Wirkung noch verstärken möchtest, kannst du den mittleren Bereich der Flasche nochmals mit Kadmiumrot übermalen. Tupfe rechts und links davon mit einem feuchten Pinsel etwas Farbe ab, um die Lichtreflexe anzudeuten, die der Form der Flasche folgen.

Für die Streifen auf dem Trinkhalm habe ich ebenfalls Kadmiumrot verwendet. Du kannst aber auch gern eine andere Farbe wählen.

Noch realistischer wirkt die Flasche, wenn du in die Öffnung einige dünne Striche mit dem Blau des Wassers malst. So entsteht der Eindruck, als ob das Wasser durch das transparente Glas schimmert.

Lasse wieder alles vollständig trocknen.

Schritt 7

Ist die Farbe trocken, können die Details an die Reihe kommen.

Fangen wir mit der Melone an.

Mische aus Zitronengelb und Coelinblau ein helles Grün oder nimm ein fertiges Grün. Male für die Schale der Melone einen dünnen Strich entlang ihrer äußeren Kontur.

Ich habe noch einige kleine Striche in dunklerem Grün hinzugefügt, um das Muster auf der Schale der Wassermelone anzudeuten.

Male dann mit einem sehr konzentrierten Siena gebrannt und der Spitze des Rundpinsels die Kerne ins Fruchtfleisch der Wassermelone. Sie sehen nur realistisch aus, wenn sie verschiedene Größen haben und nicht in einer Reihe angeordnet sind.

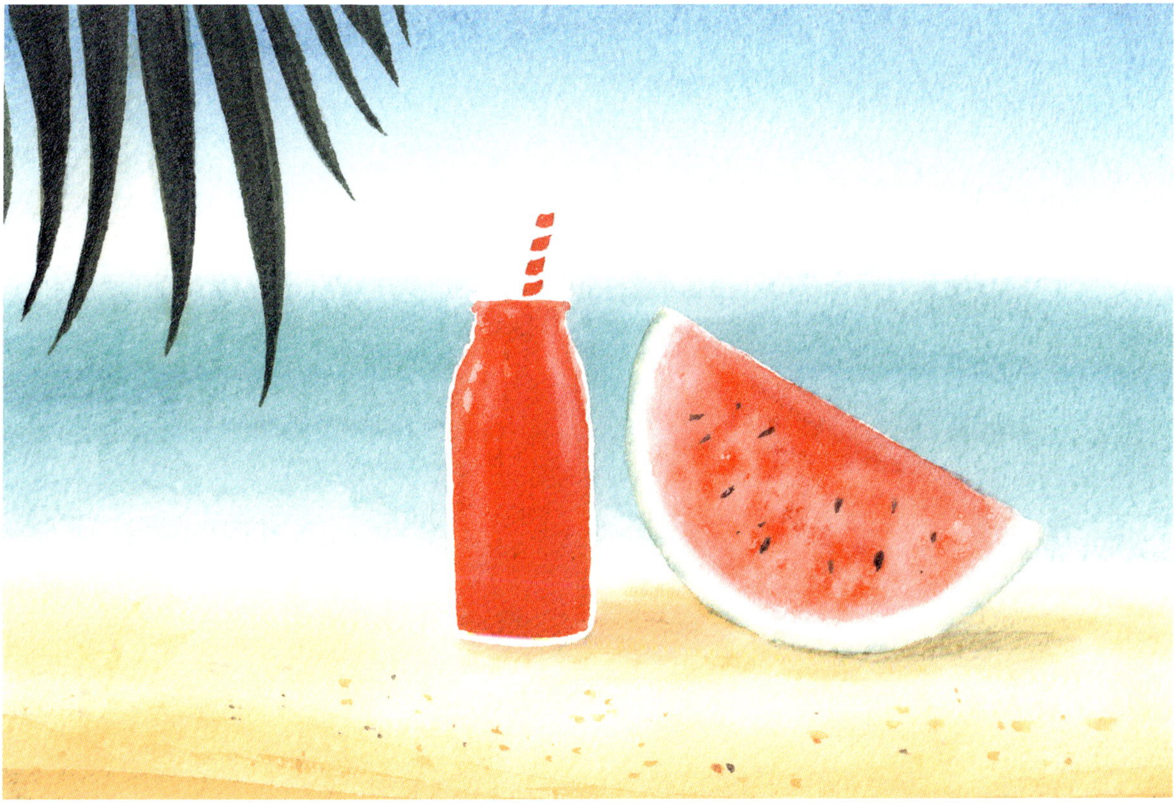

Schritt 8

Um den Blick auf den Vordergrund zu lenken, fehlen hier noch einige Details.

Füge mit Umbra gebrannt und Siena gebrannt mit der Spitze des Rundpinsels verstreute Striche und Punkte ein. Das könnten Steinchen oder Pflanzenteile sein – es geht hier nur um den vagen Eindruck.

Diese Details verstärken den Kontrast zwischen den harten Konturen im Vordergrund, wo sich der Blickfang befindet, und dem unscharfen Hintergrund.

Zum Schluss kannst du in der oberen linken Ecke noch einige Blätter hinzufügen. Gehe dabei vor wie beim Strandabend, Ton in Ton (Seite 66).

Ich habe hier aus Ultramarinblau und Zitronengelb ein sehr dunkles Grün gemischt. Du könntest auch Gelben Ocker mit Ultramarinblau oder Coelinblau mischen.

Lasse dein fertiges Bild anschließend vollständig trocknen.

Super, du hast hier viele verschiedene Techniken geübt. Das Ergebnis kann sich sehen lassen, oder?

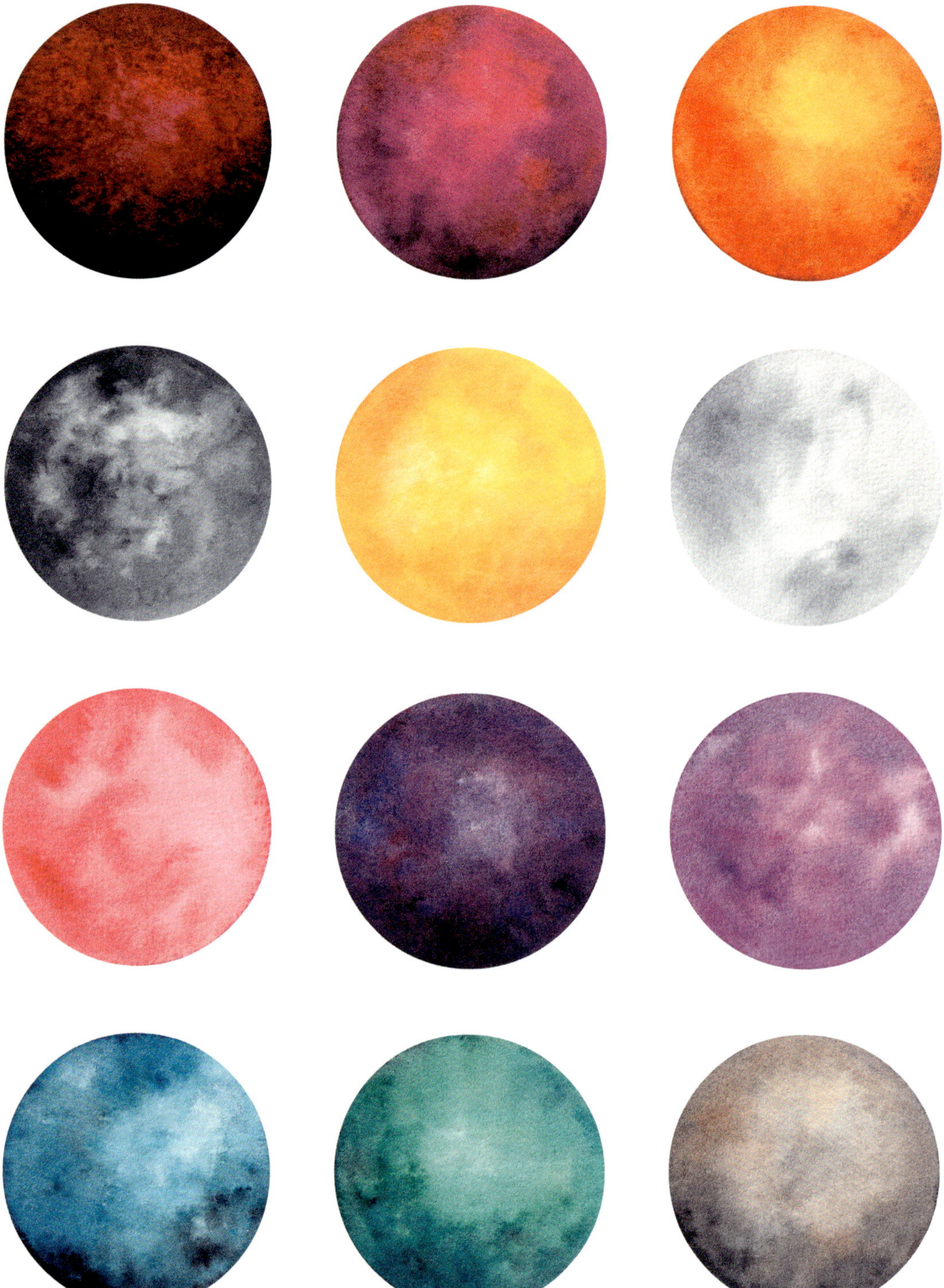

Traumhafter Nachthimmel

Auch der Himmel ist ein reizvolles Motiv, das aus der Landschaftsmalerei nicht wegzudenken ist. Bei den folgenden Projekten lernst du verschiedene Darstellungsweisen für den Nachthimmel kennen, die du auch für andere Bilder verwenden kannst. Du übst dabei, die Feuchtigkeit zu kontrollieren, Farben zu mischen und ineinander verlaufen zu lassen, ohne dass schmuddelige Mischtöne entstehen. Außerdem kannst du Erfahrungen mit weißer Gouache, mit dem Schwamm und der Trockenpinseltechnik sammeln.

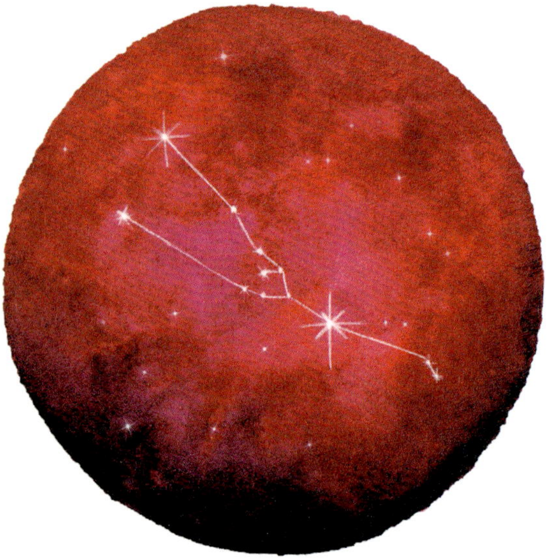

Ferne Galaxie

●○○ FÜR EINSTEIGER/INNEN

Wer das Mischen und die Nass-in-nass-Technik üben möchte, braucht eigentlich nur mit Farben zu spielen. Es macht jede Menge Spaß, zu beobachten, wie die Farben verlaufen und sich mischen.

Für dieses Malprojekt werden wir mehrere farbige Hintergründe erstellen, die du für viele andere Motive verwenden kannst – von Galaxien über Planeten bis hin zum Himmel. Schmuddelige Mischergebnisse lassen sich am einfachsten vermeiden, wenn du Farben verwendest, die auf dem Farbkreis nahe beieinanderliegen. Für dunkle Bereiche verwende ich zwei verschiedene Rottöne und ein wenig Paynes Grau. Du kannst aber auch andere Kombinationen ausprobieren, zum Beispiel ein monochromes Farbschema oder eines mit verwandten Farben.

Material

Bleistift HB

Aquarellpapier

Runde Schüssel, Teller oder andere runde Schablone

Rundpinsel Größe 8

Küchenpapier

Farben

Karminrot

Chinacridonrosa

Paynes Grau

Weiße Gouache oder weiße Acrylfarbe

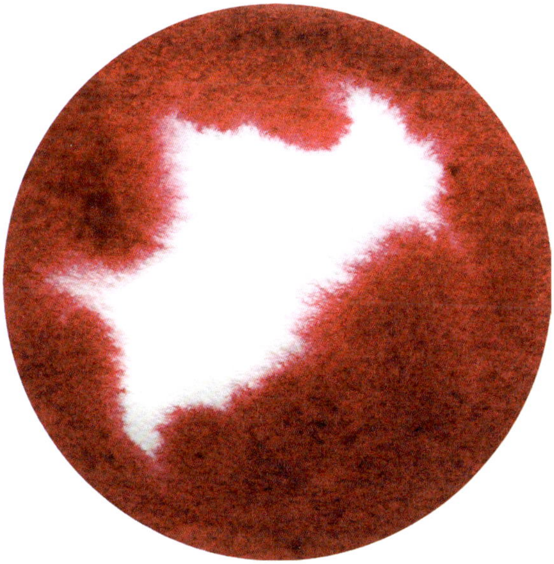 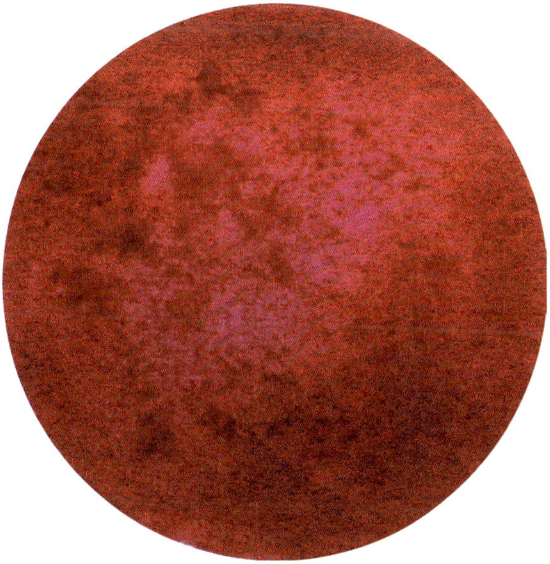

Schritt 1

Zeichne zuerst einen Kreis auf dein Aquarellpapier. Das ist der Bildbereich.

Gemalt wird nass in nass. Dabei ist es wichtig, darauf zu achten, wie viel Wasser du auf dem Papier und in deinem Pinsel hast.

Sollen die Farben nur leicht verlaufen, muss das Papier feucht sein. Du malst darauf mit konzentrierter Farbe. Je wässriger du die Farbe anrührst, desto stärker verläuft sie.

Tauche einen Pinsel in klares Wasser und feuchte die ganze Kreisfläche gleichmäßig an. Wenn sich Pfützen bilden, tupfe sie mit einem feuchten Pinsel ab oder verteile das Wasser in trockene Bereiche. Die gesamte Kreisfläche muss einen einheitlichen Glanz haben, damit das Papier das Wasser gleichmäßig aufnehmen kann.

Nimm dann mit dem Pinsel konzentriertes Karminrot oder ein anderes Rot deiner Wahl auf.

Wenn das Papier seinen Glanz verloren hat und eher matt aussieht, trage die Farbe am Rand des Kreises auf. Der mittlere Bereich bleibt vorerst weiß.

Da die Farbe cremig sein sollte, wird sie auf dem feuchten Papier nicht so stark verlaufen, und genau das wollen wir erreichen!

Schritt 2

Spüle anschließend deinen Pinsel aus und entferne überschüssiges Wasser mit einem Stück Küchenpapier. Es soll kein zusätzliches Wasser auf das Papier aufgebracht werden – es würde die trockenere Farbe verdrängen.

Verteile nun mit dem Pinsel konzentriertes Chinacridonrosa in der Mitte des Kreises. Dann verblendest du beide Farben miteinander.

Bewege den Pinsel im Übergangsbereich der Farben leicht hin und her, damit sie sich auf dem Papier mischen. So bekommt der Kreis ein Highlight in dunklem Pink, das von dunklerem Rot umgeben ist.

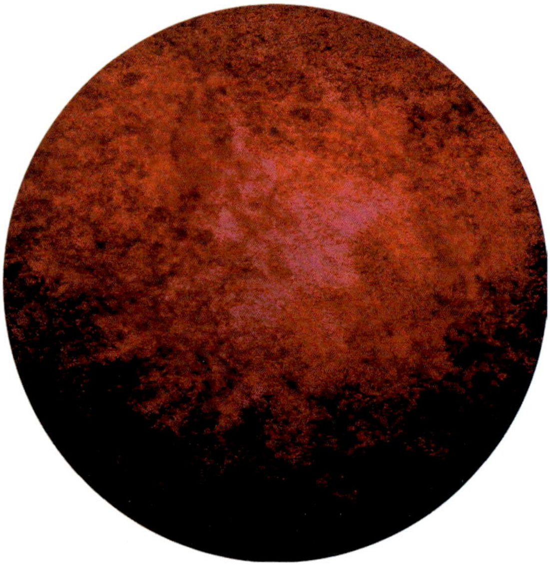

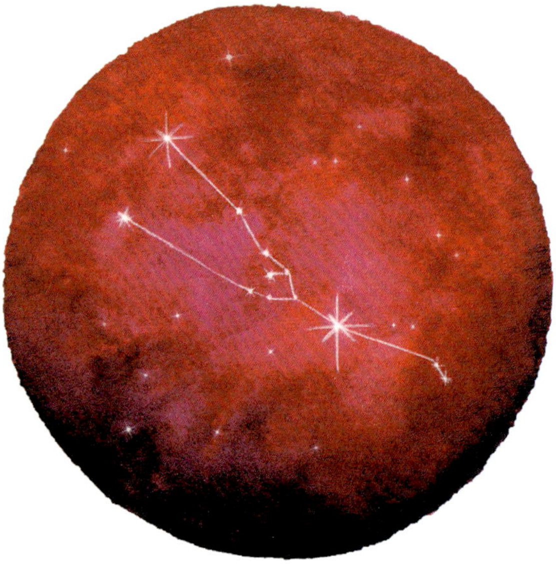

Schritt 3

Solange die Farbe noch nass ist, kannst du die räumliche Wirkung verstärken.

Nimm dafür mit dem Rundpinsel Paynes Grau in cremiger Konsistenz auf und trage es direkt am unteren Rand des Kreises auf. Danach verblendest du den Übergang zwischen dem Grau und dem angrenzenden Rot.

Wenn du Schwarz als Schattenfarbe einsetzt, kann es passieren, dass die Bilder leblos wirken. Gewöhne dir lieber an, die Farben für Schatten selbst zu mischen.

In diesem Fall kannst du aber einfach mit den Farben spielen, um dich mit der Arbeitsweise vertraut zu machen.

Schritt 4

Sobald die Farbe getrocknet ist, kannst du deinen kreisförmigen Hintergrund für viele verschiedene Motive verwenden! In diesem Fall habe ich mit weißer Gouache ein paar kleine Sterne und das Sternbild Stier gemalt. Du kannst natürlich auch andere Tierkreiszeichen oder Symbole wählen. Nutze diese Technik, um dich mit dem Potenzial all deiner Farben vertraut zu machen.

Für die Beispiele gegenüber habe ich mit verschiedenen Farbschemata gespielt – mit monochromen und verwandten Farben.

Du wirst staunen, welche Farben bei dieser Übung entstehen können. Probiere es ruhig aus!

Mach mit beim
#TOPPprojekt
#TOPPprojekt
@frechverlag

Makramee

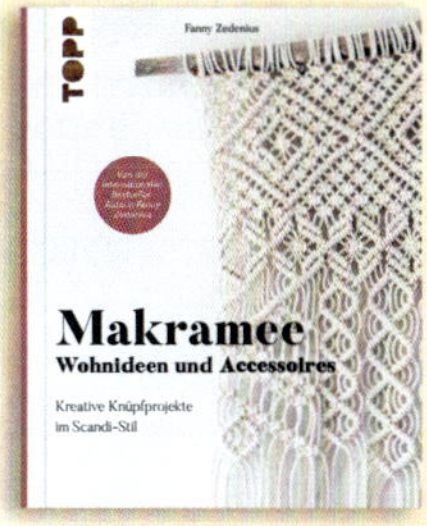

Makramee – Wohnideen und Accessoires
ISBN 978-3-7724-**4594**-1
144 S., SC, € (D) 18,00

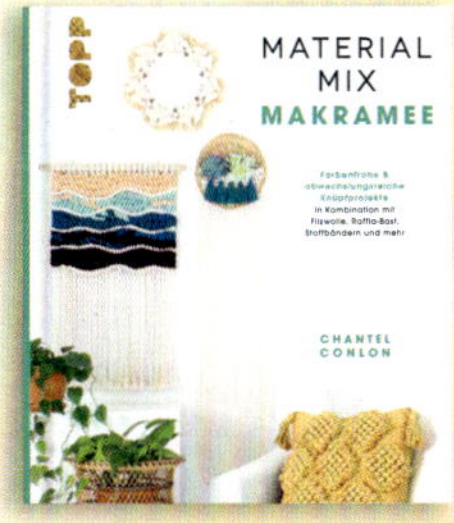

Material-Mix Makramee
ISBN 978-3-7724-**4575**-0
224 S., HC, € (D) 24,00

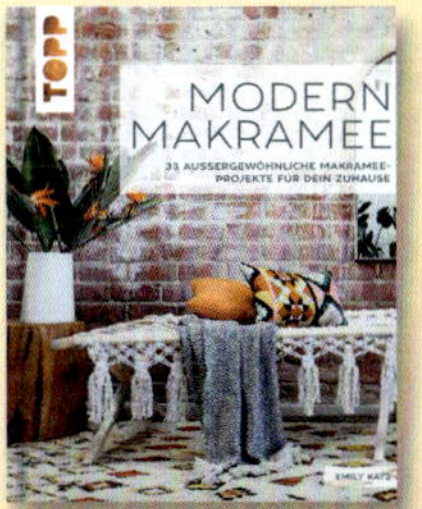

Modern Makramee
ISBN 978-3-7724-**4552**-1
272 S., HC, € (D) 25,00

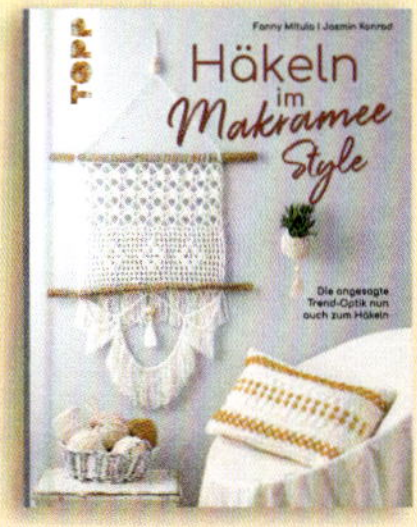

Häkeln im Makramee-Style
ISBN 978-3-7724-**4895**-8
80 S., HC, € (D) 16,00

Cottage Dreams

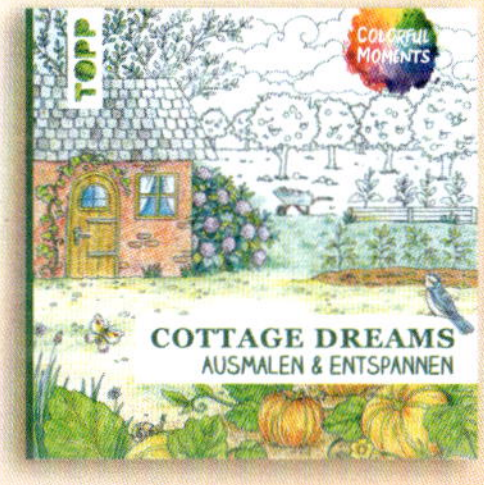

Colorful Moments – Cottage Dreams Ausmalen & entspannen
ISBN 978-3-7724-**4748**-8
96 S., SC, € (D) 8,00

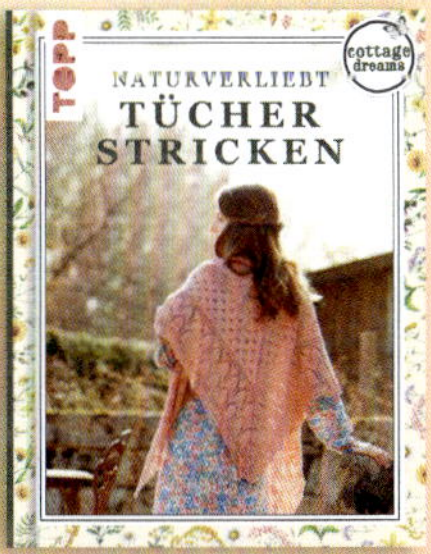

Cottage Dreams - Naturverliebt Tücher stricken
ISBN 978-3-7724-**4883**-6
112 S., HC, € (D) 20,00

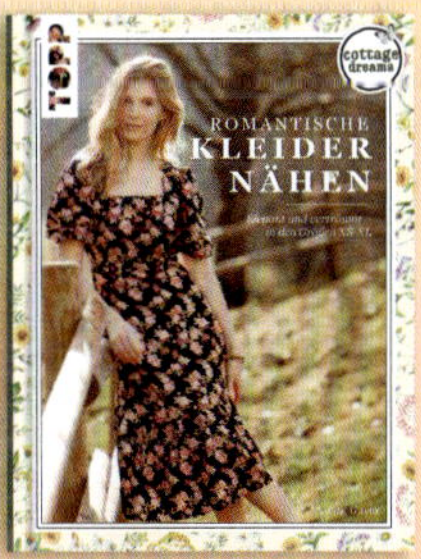

Cottage Dreams - Romantische Kleider nähen
ISBN 978-3-7724-**4882**-9
128 S., HC, € (D) 22,00

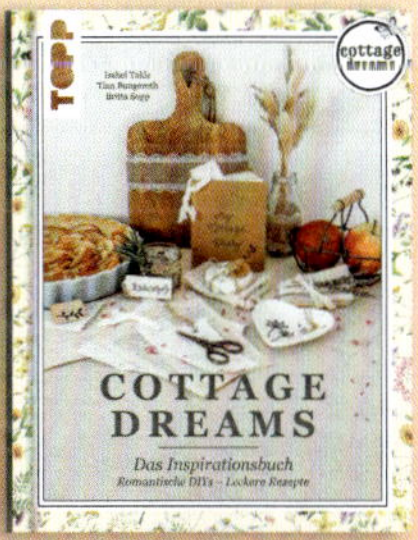

Cottage Dreams - das Inspirationsbuch
ISBN 978-3-7724-**4571**-2
112 S., HC, € (D) 16,00

Kreativ Leben

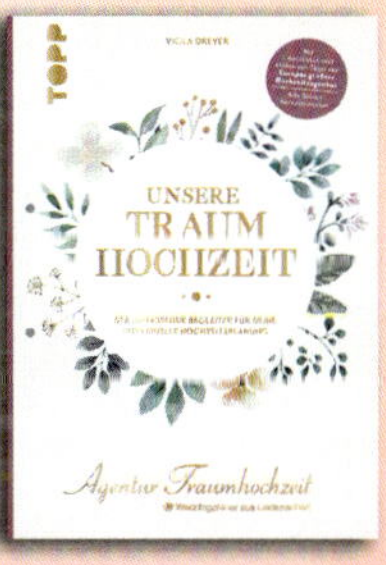

Unsere Traumhochzeit
ISBN 978-3-7724-**4538**-5
210 S., SC, € (D) 25,00

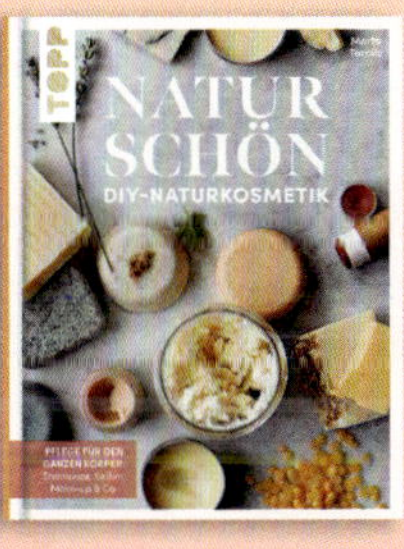

Naturschön. DIY-Naturkosmetik.
ISBN 978-3-7724-**4503**-7
176 S., HC, € (D) 25,00

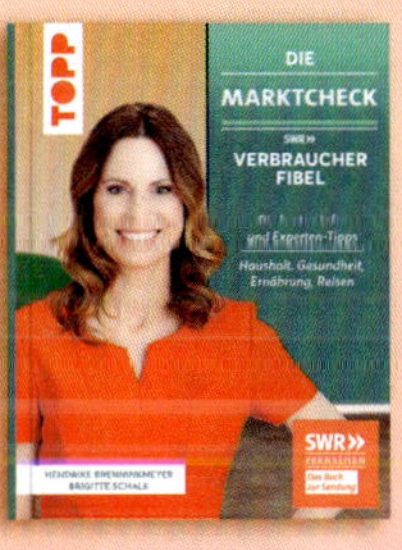

Die Marktcheck-Verbraucherfibel
ISBN 978-3-7724-**4518**-7
192 S., SC, € (D) 16,00

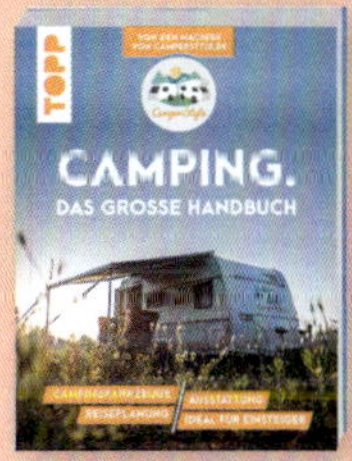

Camping. Das große Handbuch. Von den Machern von CamperStyle.de
ISBN 978-3-7724-**4549**-1
400 S., SC, € (D) 29,00

www.topp-kreativ.de

Handlettering

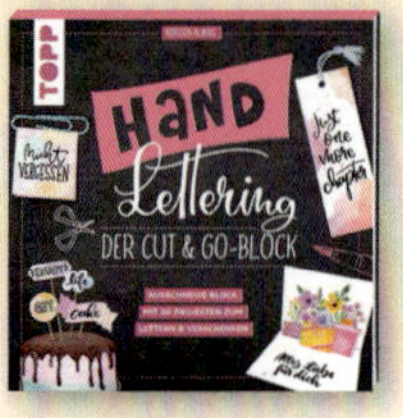

Handlettering.
Der Cut & Go-Block
ISBN 978-3-7724-**4738**-9
96 S., SC, € (D) 10,00

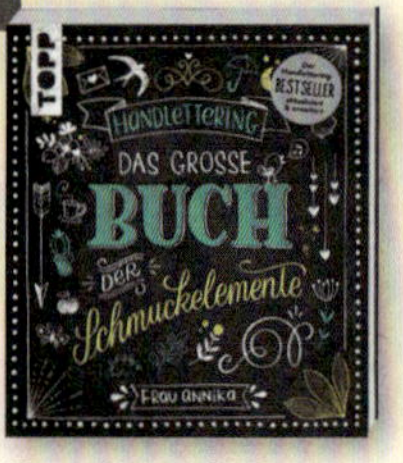

Handlettering.
Das große Buch der Schmuckelemente
ISBN 978-3-7724-**4741**-9
160 S., HC, € (D) 17,00

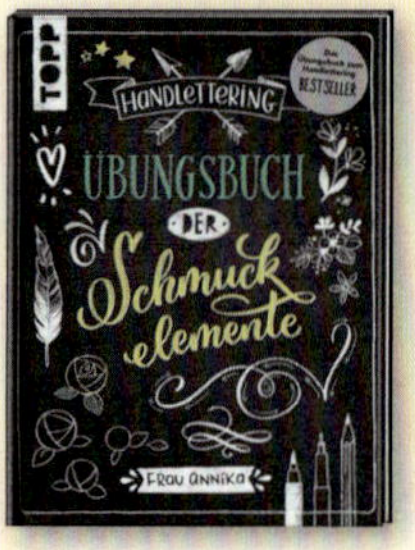

Handlettering.
Übungsbuch der Schmuckelemente
ISBN 978-3-7724-**4742**-6
64 S., SC, € (D) 10,00

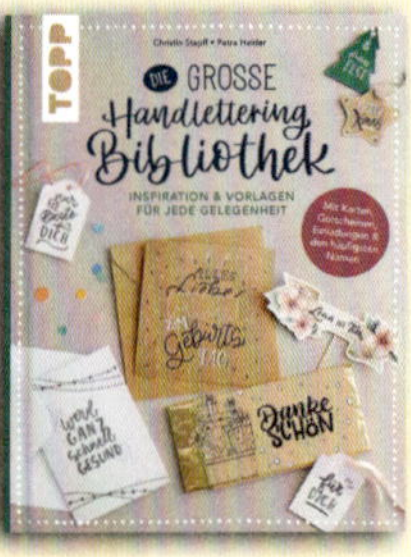

Die große Handlettering-Bibliothek - Inspiration & Vorlagen für jede Gelegen heit
ISBN 978-3-7724-**4786**-0
160 S., HC, € (D) 18,00

Ausmalen

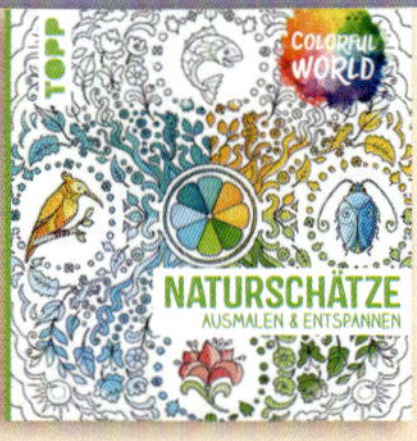

Colorful World - Naturschätze
ISBN 978-3-7724-**4734**-1
144 S., SC, € (D) 10,00

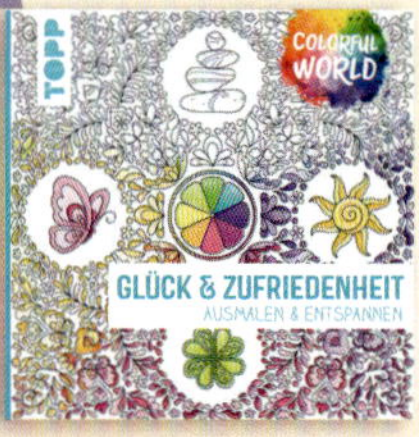

Colorful World - Glück & Zufriedenheit
ISBN 978-3-7724-**4797**-6
144 S., SC, € (D) 10,00

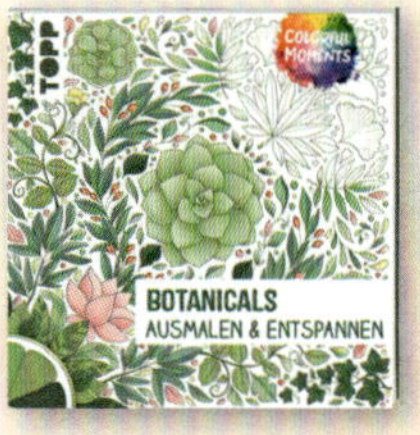

Colorful Moments - Botanicals
ISBN 978-3-7724-**4733**-4
96 S., SC, € (D) 8,00

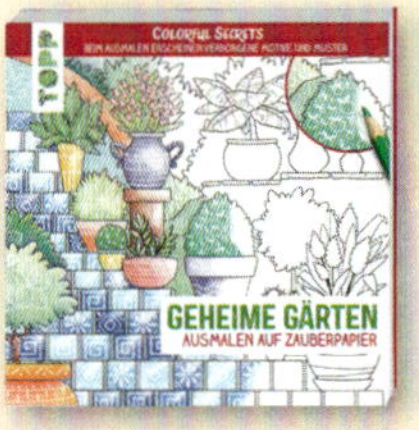

Colorful Secrets - Geheime Gärten (Ausmalen auf Zauberpapier)
ISBN 978-3-7724-**4717**-4
96 S., SC, € (D) 10,00

Malen & Zeichnen

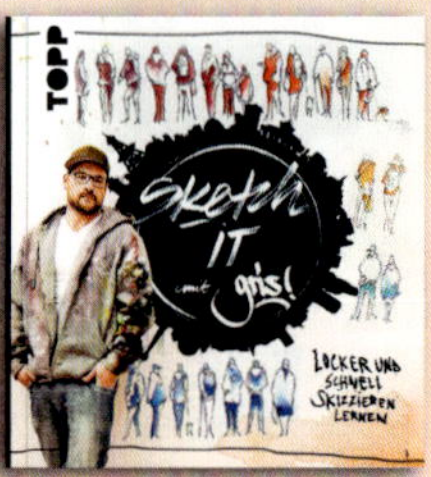

Sketch it!
ISBN 978-3-7724-**4730**-3
128 S., SC, € (D) 18,00

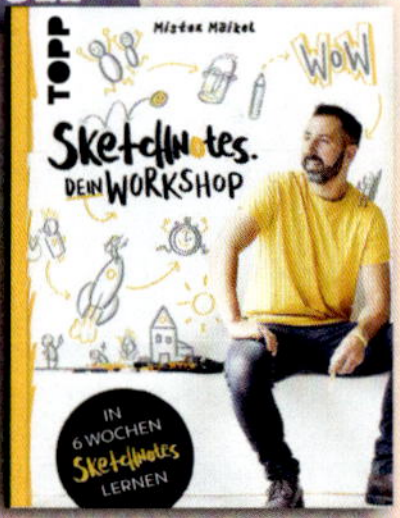

Sketchnotes - Dein Workshop mit Mister Maikel
ISBN 978-3-7724-**4788**-0
128 S., SC, € (D) 17,00

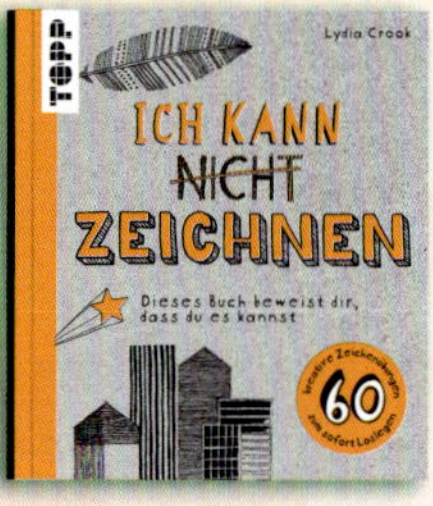

Ich kann nicht zeichnen
ISBN 978-3-7724-**4791**-4
128 S., SC, € (D) 15,00

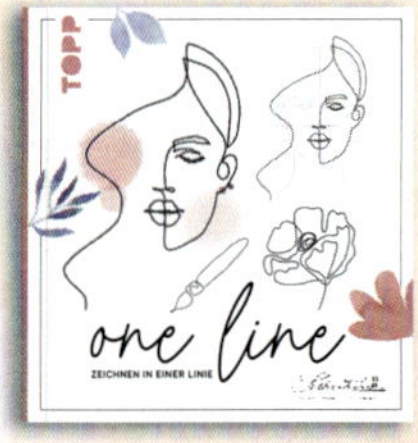

One Line - Zeichnen in einer Linie
ISBN 978-3-7724-**4792**-1
128 S., SC, € (D) 18,00

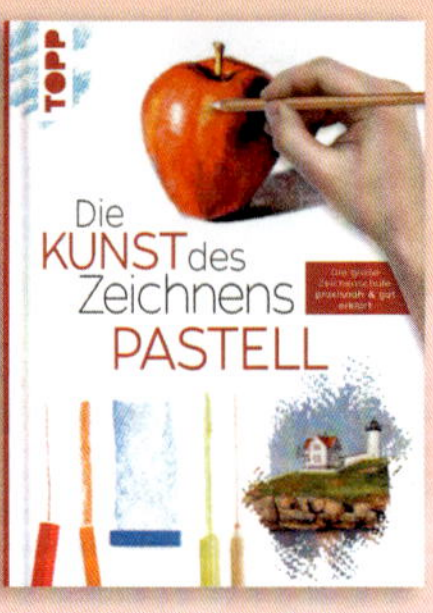

Die Kunst des Zeichnens Pastell
ISBN 978-3-7724-**4790**-7
240 S., HC, € (D) 24,00

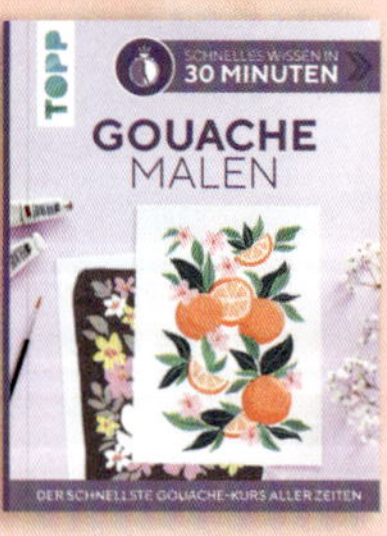

Schnelles Wissen in 30 Minuten - Gouache malen
ISBN 978-3-7724-**4785**-3
64 S., SC, € (D) 11,00

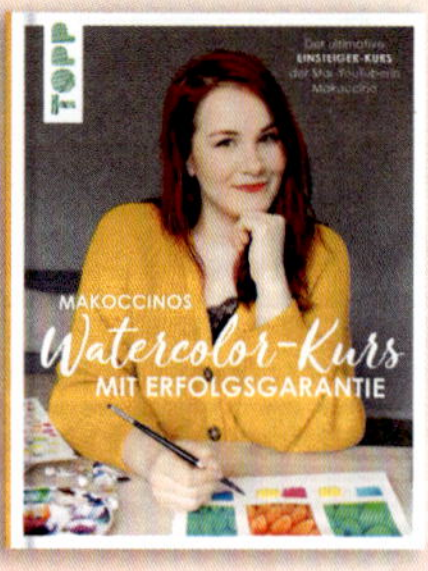

Makoccinos Watercolor-Kurs mit Erfolgsgarantie
ISBN 978-3-7724-**4782**-2
176 S., HC, € (D) 20,00

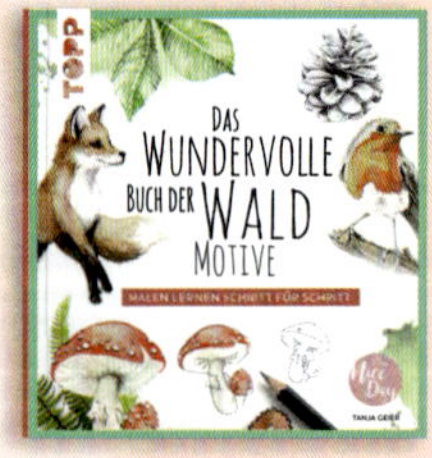

Das wundervolle Buch der Waldmotive
ISBN 978-3-7724-**4787**-7
144 S., SC, € (D) 17,00

Rätseln

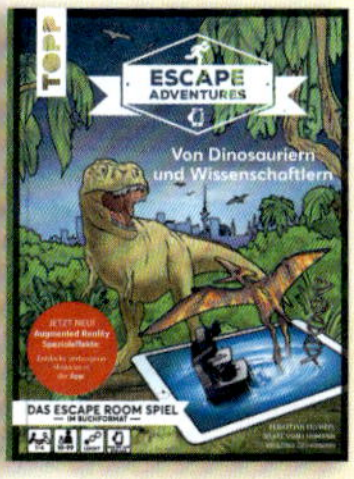

Escape Adventures AR – Augmented Reality. Von Dinosauriern und Wissenschaftlern
ISBN 978-3-7724-**4562**-0
48 S., SC, € (D) 15,00

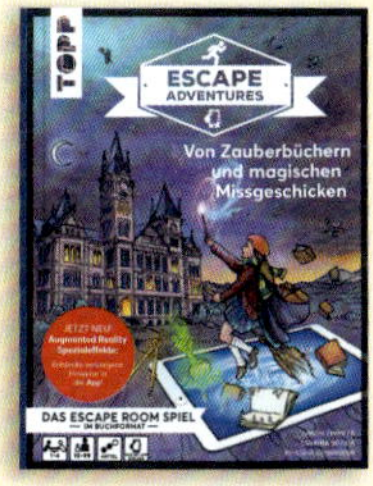

Escape Adventures AR – Augmented Reality. Von Zauberbüchern und magischen Missgeschicken
ISBN 978-3-7724-**4563**-7
48 S., SC, € (D) 15,00

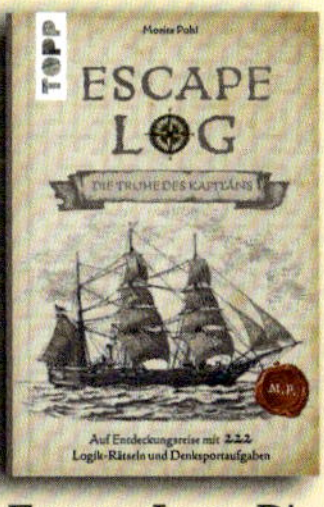

Escape Log - Die Truhe des Kapitäns
ISBN 978-3-7724-**4586**-6
224 S., HC, € (D) 16,00

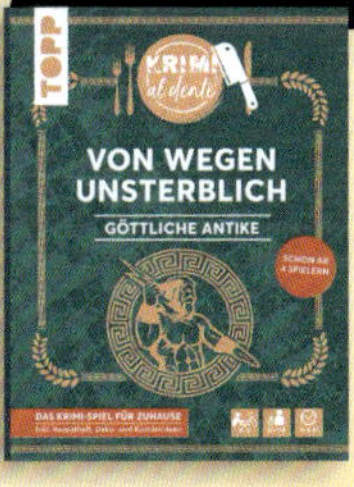

Krimi al dente – Göttliche Antike – Von wegen unsterblich
ISBN 978-3-7724-**4587**-3
202 S., Mappe, € (D) 18,00

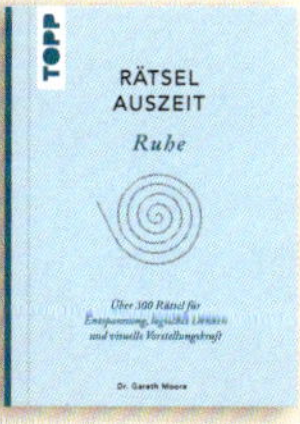

RätselAuszeit Ruhe
ISBN 978-3-7724-**4590**-3
176 S., SC, € (D) 9,00

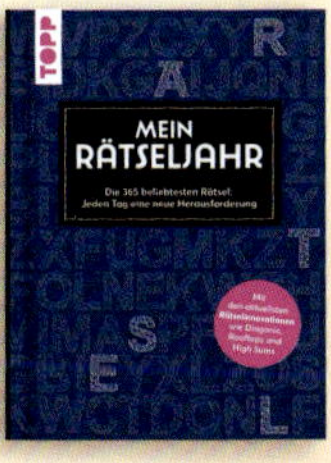

Mein Rätseljahr – Die 365 beliebtesten Rätsel: Jeden Tag eine neue Herausforderung
ISBN 978-3-7724-**4558**-3
144 S., HC, € (D) 14,00

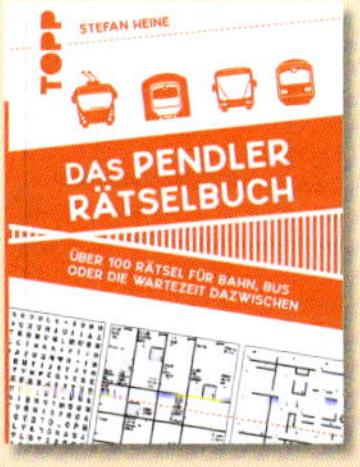

Das Pendler-Rätselbuch
ISBN 978-3-7724-**4989**-5
144 S., SC, € (D) 10,00

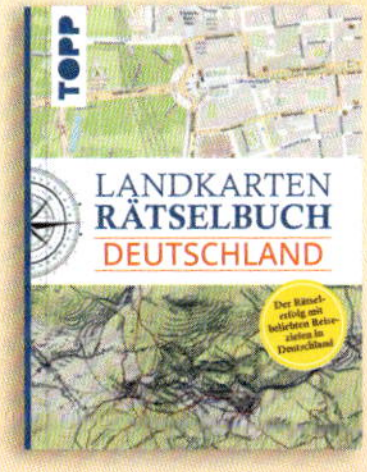

Landkarten Rätselbuch – Deutschland
ISBN 978-3-7724-**4585**-9
224 S., SC, € (D) 15,00

KinderKreativ

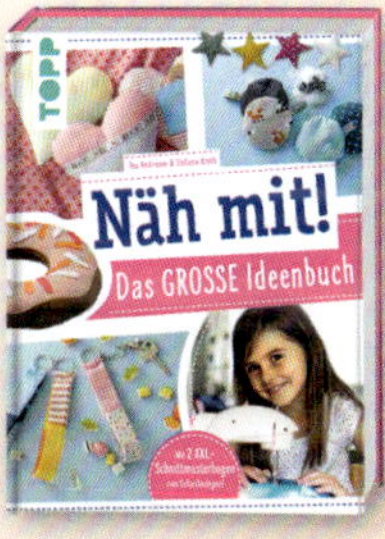

Näh mit! Das große Ideenbuch
ISBN 978-3-7724-**4451**-7
176 S., HC, € (D) 15,00

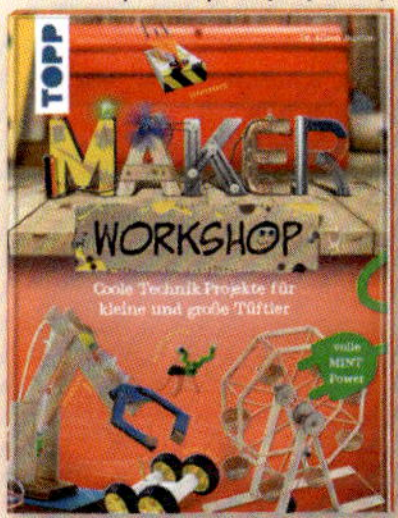

Maker Workshop
ISBN 978-3-7724-**4453**-1
112 S., HC, € (D) 15,00

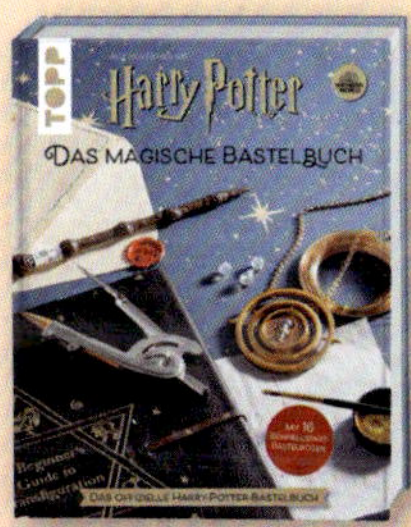

Harry Potter - Das magische Bastelbuch
ISBN 978-3-7724-**4472**-2
196 S., HC, € (D) 20,00

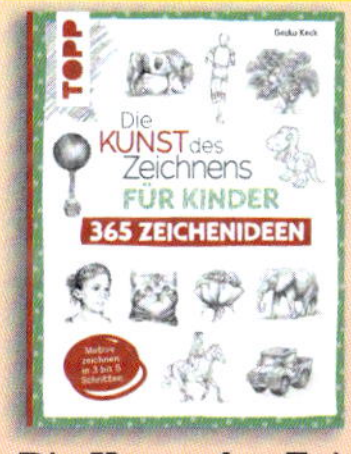

Die Kunst des Zeichnens für Kinder 365 Zeichenideen
ISBN 978-3-7724-**4399**-2
368 S., SC, € (D) 16,00

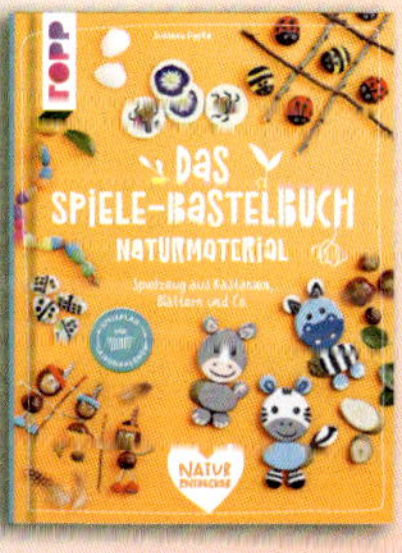

Das Spiele-Bastelbuch Naturmaterial
ISBN 978-3-7724-**4474**-6
128 S., HC, € (D) 15,00

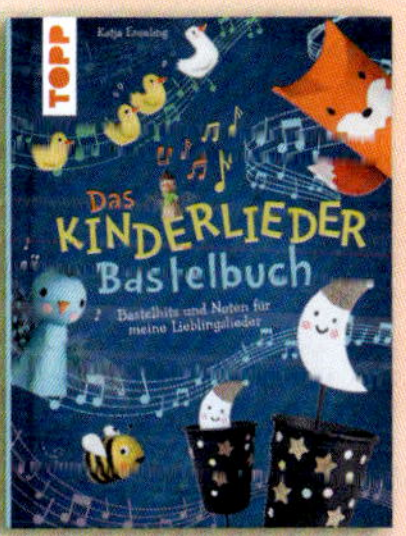

Das Kinderlieder-Bastelbuch
ISBN 978-3-7724-**4398**-5
128 S., HC, € (D) 15,00

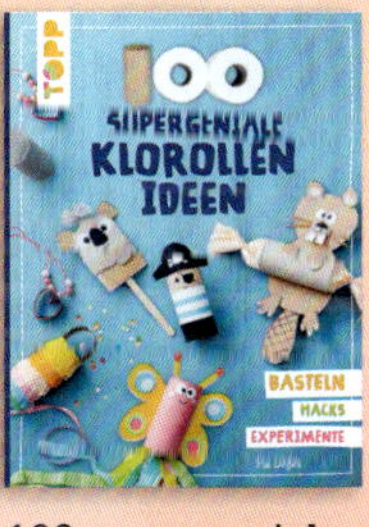

100 supergeniale Klorollenideen
ISBN 978-3-7724-**4391**-6
144 S., SC, € (D) 14,00

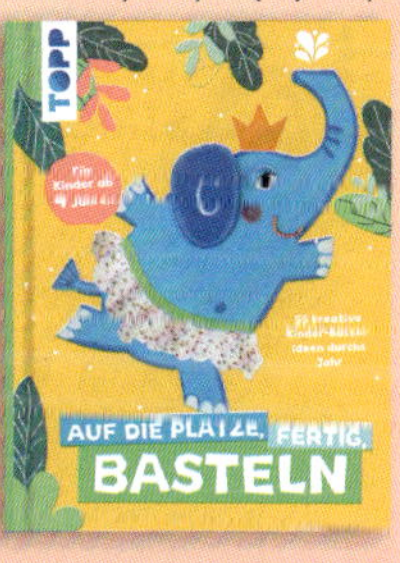

Auf die Plätze, fertig, Basteln
ISBN 978-3-7724-**4473**-9
128 S., HC, € (D) 15,00

DIY / Basteln

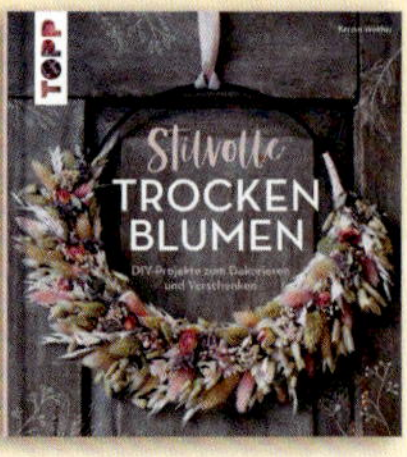

Stilvolle Trockenblumen
ISBN 978-3-7724-**4521**-7
144 S., HC, € (D) 22,00

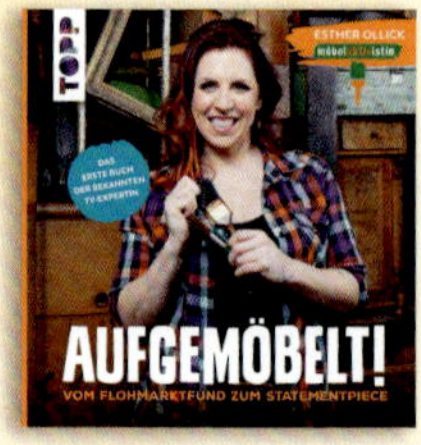

Aufgemöbelt!
ISBN 978-3-7724-**7290**-9
144 S., HC, € (D) 20,00

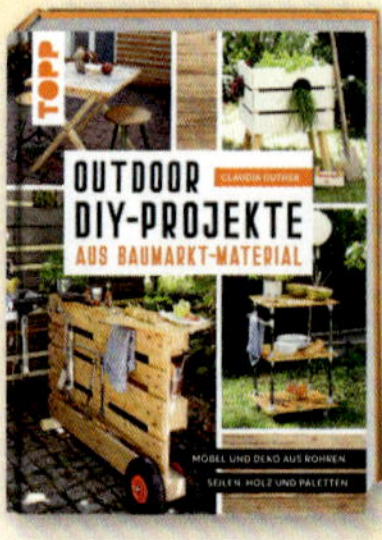

Outdoor-DIY-Projekte
aus Baumarktmaterial
ISBN 978-3-7724-**4520**-0
128 S., HC, € (D) 18,00

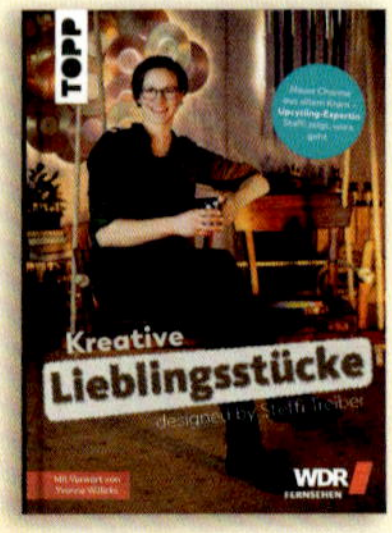

Kreative Lieblingsstücke
designed by Steffi Treiber
ISBN 978-3-7724-**4576**-7
176 S., HC, € (D) 24,00

Handarbeiten

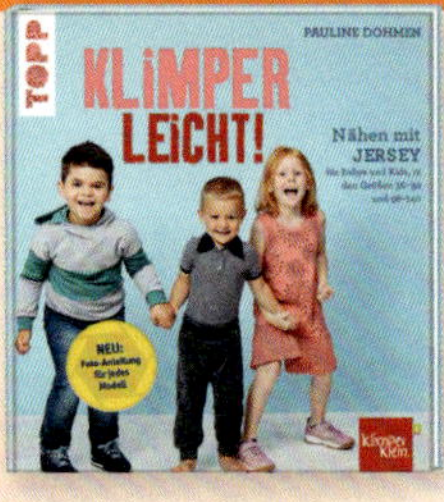

Nähen mit Jersey
KLIMPERLEICHT
ISBN 978-3-7724-**4862**-1
128 S., HC, € (D) 20,00

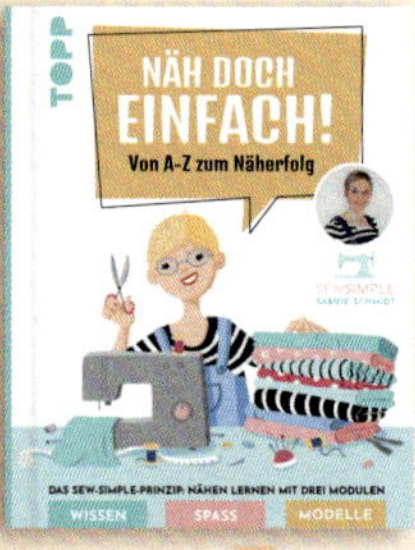

Näh doch einfach!
ISBN 978-3-7724-**4880**-5
192 S., HC, € (D) 22,00

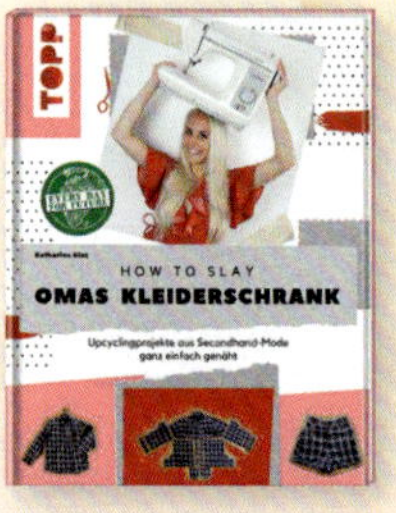

How to slay Omas
Kleiderschrank
ISBN 978-3-7724-**4858**-4
112 S., HC, € (D) 18,00

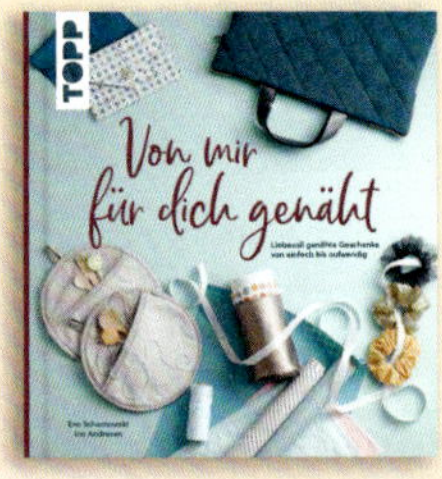

Von mir für dich genäht
ISBN 978-3-7724-**4877**-5
96 S., HC, € (D) 18,00

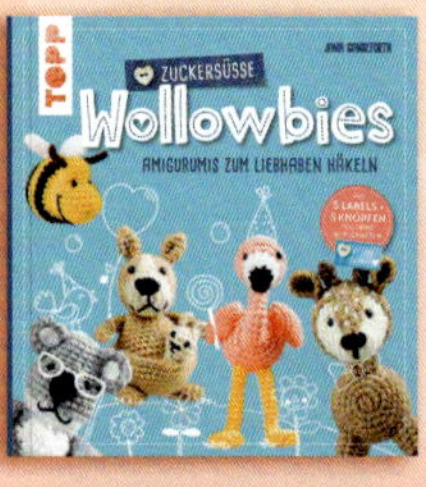

Zuckersüße Wollowbies
ISBN 978-3-7724-**4878**-2
112 S., SC, € (D) 15,00

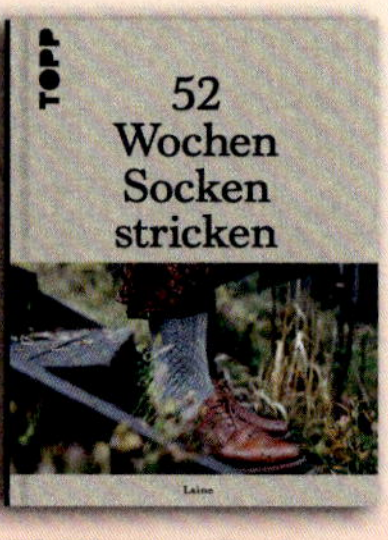

52 Wochen Socken
stricken
ISBN 978-3-7724-**4871**-3
256 S., HC, € (D) 40,00

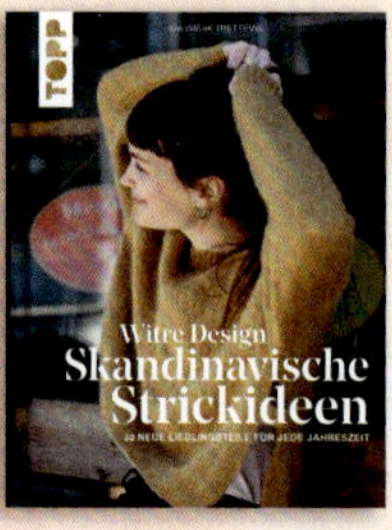

Witre Design - Skandina-
vische Strickideen
ISBN 978-3-7724-**4873**-7
208 S., HC, € (D) 20,00

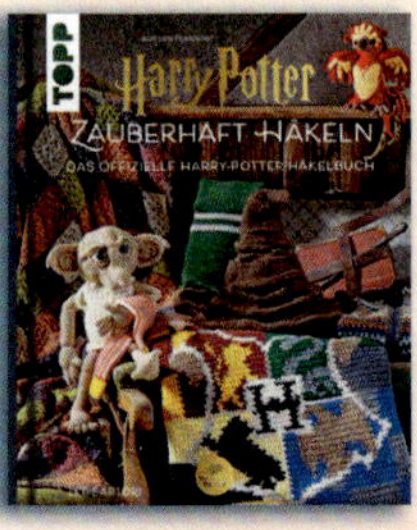

Harry Potter:
Zauberhaft häkeln
ISBN 978-3-7724-**4866**-9
176 S., HC, € (D) 24,00

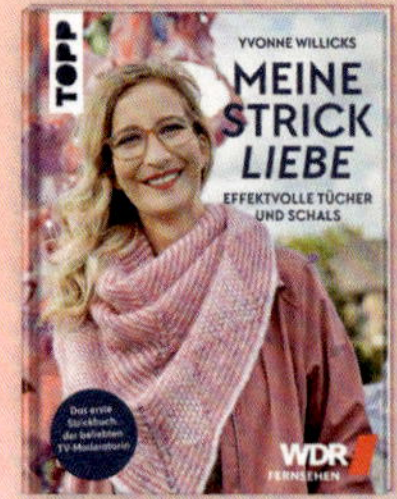

Meine Strickliebe - Effekt-
volle Tücher und Schals
ISBN 978-3-7724-**4855**-3
112 S., HC, € (D) 20,00

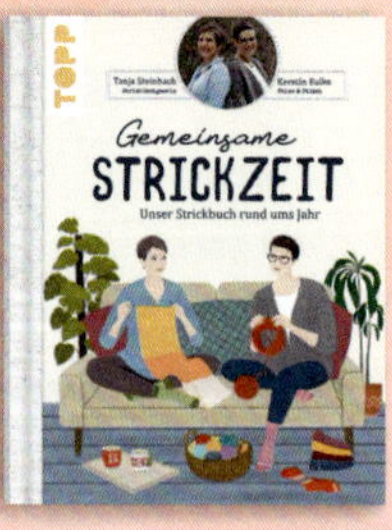

Gemeinsame Strickzeit
ISBN 978-3-7724-**4875**-1
240 S., HC, Leseband
€ (D) 28,00

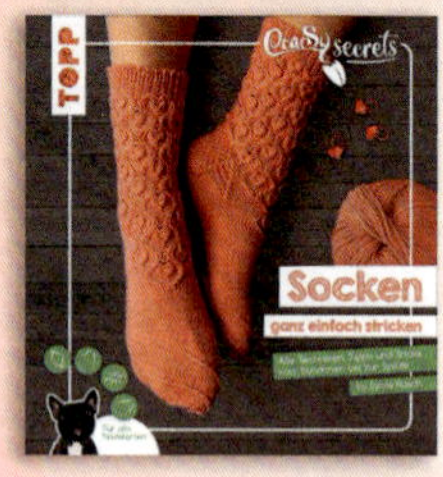

CraSy Secrets - Socken
ganz einfach stricken
ISBN 978-3-7724-**4879**-9
160 S., HC, € (D) 20,00

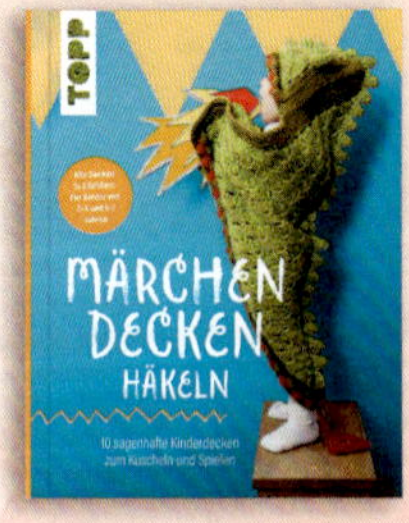

Märchendecken häkeln
ISBN 978-3-7724-**4876**-8
128 S., SC, € (D) 18,00

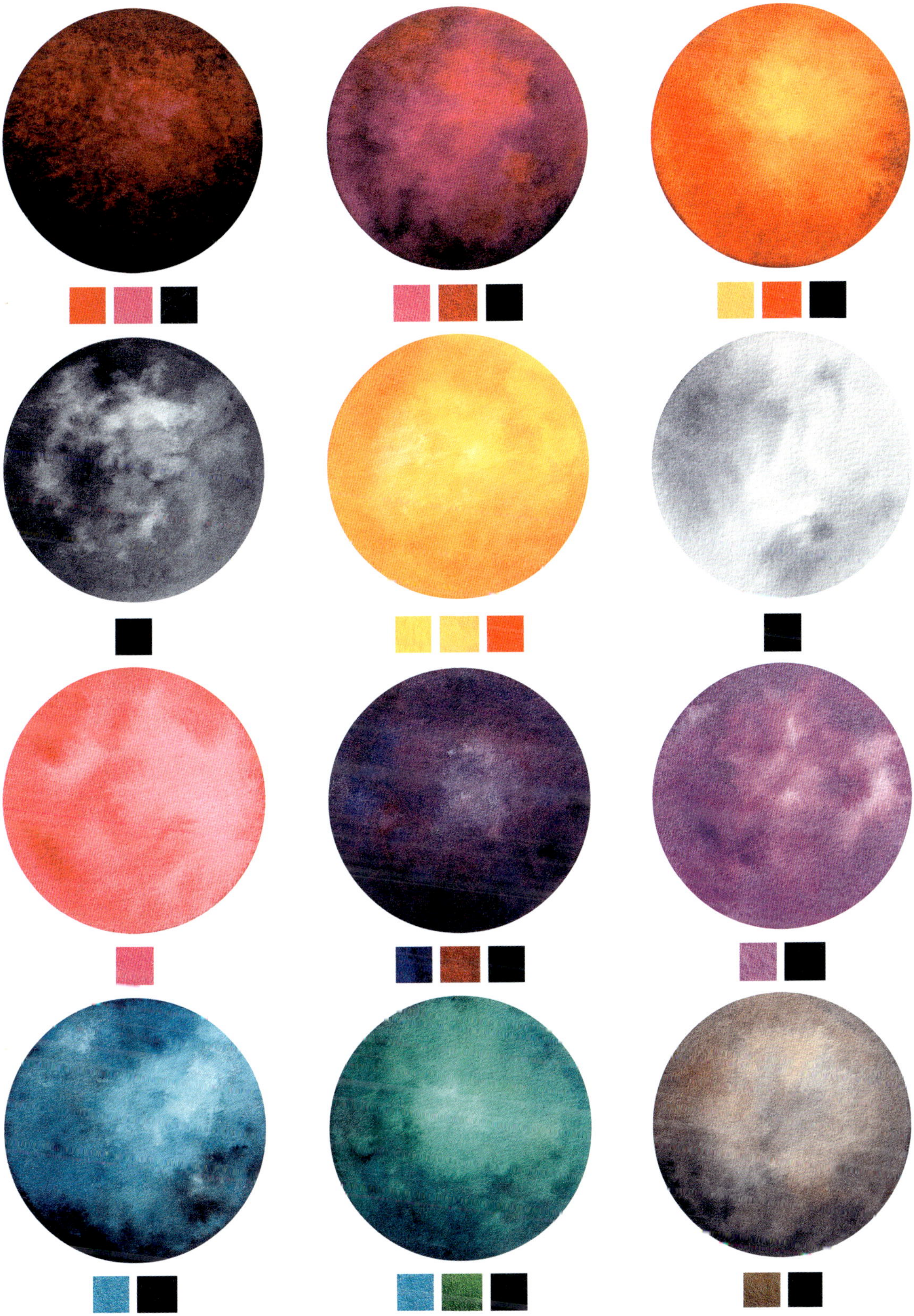

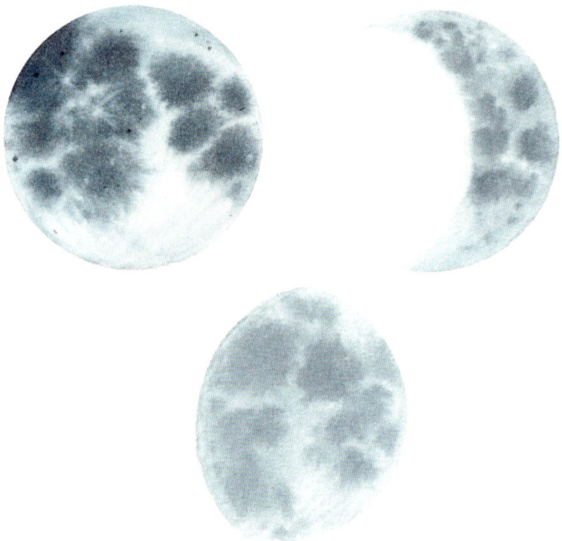

Bis zum Mond und zurück

●●○ FÜR FORTGESCHRITTENE

Bei der Nass-in-nass-Technik kannst du nicht nur Farben ineinander verlaufen lassen und auf dem Papier mischen, sondern durch interessante Texturen auch eine räumliche Tiefenwirkung erzeugen.

Bei diesem Malprojekt wird der Mond in nur wenigen Schritten und mit nur einer Farbe gemalt. Dabei kannst du zusätzliche Erfahrungen mit dem Farb-Wasser-Verhältnis und der Nass-in-nass-Technik sammeln. Denke daran, dass du bei der Nass-in-nass-Technik auf zwei Dinge achten solltest: auf die Wassermenge im Pinsel und auf dem Papier. Damit die Farbe nur leicht verläuft, arbeitest du auf feuchtem Papier mit relativ konzentrierter Farbe. Je wässriger die Farbe ist, desto stärker wird sie verlaufen. Lies am besten zuerst die gesamte Anleitung bis zum Ende, damit du weißt, was dich bei diesem Projekt erwartet.

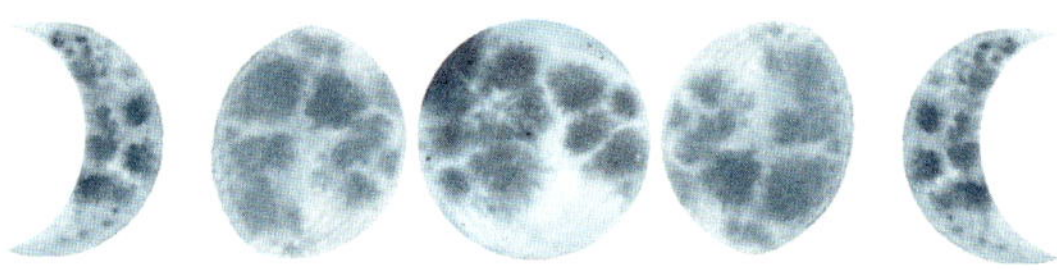

Material

Bleistift HB

Aquarellpapier

Runde Schüssel, Teller oder andere Schablone für einen Kreis

Rundpinsel Größe 8

Küchenpapier

Farben

Paynes Grau

Schritt 1

Zeichne zuerst einen Kreis auf dein Aquarellpapier. Das ist der Bildbereich. Gib etwas Wasser auf die Palette und füge wenig Paynes Grau oder eine andere dunkle Farbe hinzu, sodass ein heller Tonwert entsteht. Vergiss nicht: Je mehr Wasser du im Vergleich zum Pigment verwendest, desto heller werden die Farben und desto wässriger wird ihre Konsistenz.

Teste die Farbe auf einem separaten Blatt Papier, um sicherzustellen, dass sie nicht zu hell oder zu dunkel ist. Denke daran, dass Aquarellfarben nach dem Trocknen heller aussehen. Wähle den Farbton etwas dunkler, als er am Ende aussehen soll.

Nimm die vorbereitete Farbe mit dem Rundpinsel auf und fülle den Kreis aus. Achte darauf, die Farbe gleichmäßig zu verteilen und Pfützen mit einem feuchten Pinsel oder Küchenpapier zu entfernen.

Wenn du bemerkst, dass einige Stellen auf dem Papier bereits trocknen und nicht mehr glänzen, feuchte sie noch einmal mit Wasser an und verteile die Farbe gleichmäßig.

Mit dem nächsten Schritt geht es weiter, solange die Farbe noch feucht ist!

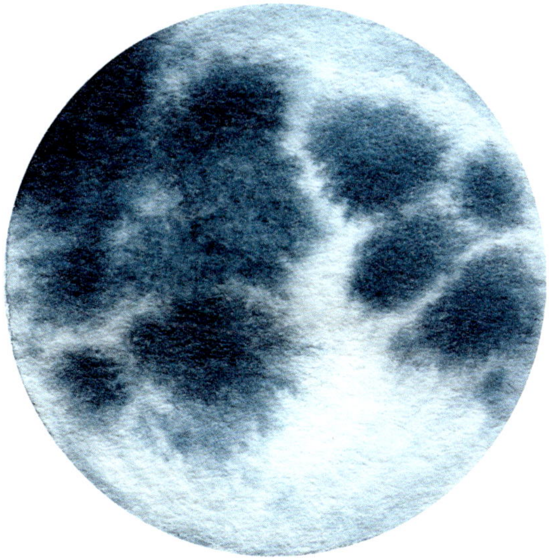

Schritt 2

Töne die vorbereitete Farbe mit Paynes Grau dunkler ein. Wenn du die Farbe schon verbraucht hast, gib Wasser auf die Palette und stelle eine neue Mischung her.

Wenn der Glanz des Papiers nachlässt, nimm mit dem Rundpinsel das konzentrierte Paynes Grau auf. Tupfe überschüssiges Wasser mit Küchenpapier vom Pinsel ab, damit du den Farbverlauf gut steuern kannst.

Drücke den Pinsel auf einzelne Stellen im Kreis und hebe ihn schnell wieder ab, damit er nicht zu viel von seiner Farbe abgibt. Auf diese Weise entstehen einfache, runde Formen, die an die Krater auf dem Mond erinnern. Ich habe die Krater auf beiden Seiten angeordnet, aber den unteren Bereich frei gelassen.

Eine Ähnlichkeit zum echten Mond ist nicht notwendig. Hier geht es darum, die Nass-in-nass-Technik zu üben und im Inneren des Kreises eine Textur zu gestalten.

Male mit der restlichen Farbe einige geschwungene Striche auf die untere Hälfte des Mondes. Beginne bei den großen Kratern und arbeite dich nach unten vor. Wiederhole dies auf beiden Seiten.

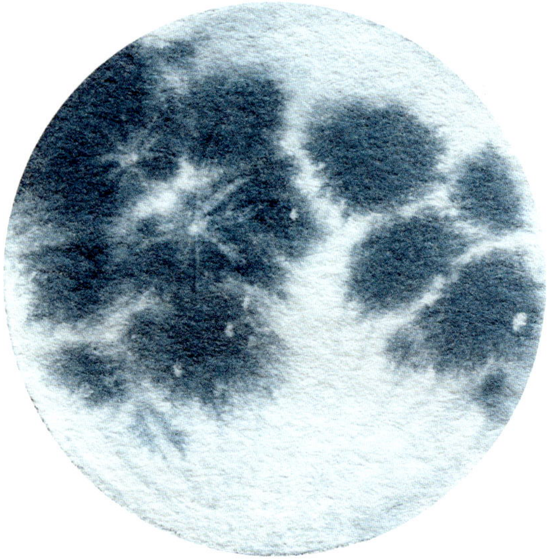

Schritt 3

Spüle den Pinsel aus und tupfe überschüssiges Wasser mit einem Papiertuch ab.

Nimm nun mit dem trockenen Pinsel etwas von der Farbe ab, um das weiße Papier darunter freizulegen. So entstehen zusätzliche Details.

Verwende zum Abnehmen der Farbe die Spitze des Pinsels und versuche, eine Form zu entwickeln, die an eine Explosion erinnert. Ziehe mit dem Pinsel gekrümmte Striche und entferne dann die Farbe mit Küchenpapier aus den Haaren. Der Pinsel zum Abnehmen der Farbe muss immer sauber und darf nur leicht feucht sein.

Wenn sich die Farbe schlecht abnehmen lässt, weil sie zu trocken ist, kannst du sie einfach mit einem feuchten Pinsel wieder reaktivieren. Male nur mit Wasser die Linien, die heller werden sollen, und tupfe sie danach mit dem trockeneren Pinsel oder Küchenpapier ab.

Hier habe ich auf die gleiche Weise auch ein paar weiße Punkte eingefügt, um für mehr Abwechslung zu sorgen.

Lasse nun alles vollständig trocknen.

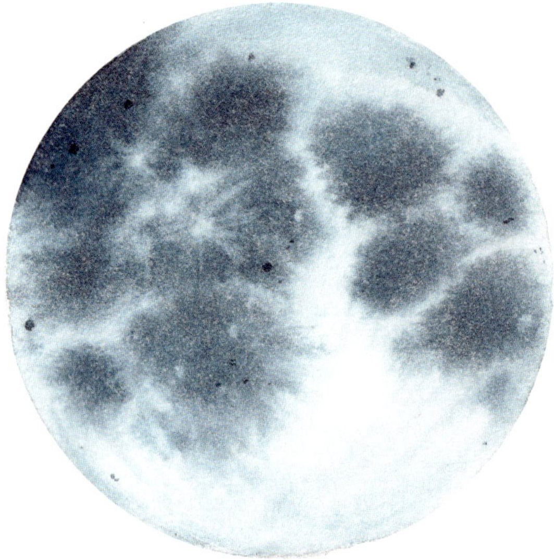

Schritt 4

Nach dem Trocknen kannst du nass auf trocken noch ein paar kleine Extra-Punkte mit Paynes Grau setzen.

Super – schon ist dein Mondbild fertig. Und hat es nicht einen Riesenspaß gemacht, an diesem Motiv die Nass-in-nass-Technik zu üben?

Mit dieser Technik kannst du auch verschiedene Mondphasen darstellen. Auch hier gilt: Dein Bild muss nicht so aussehen wie der „echte" Mond. Lasse dich gern von ihm inspirieren, aber kopiere ihn nicht.

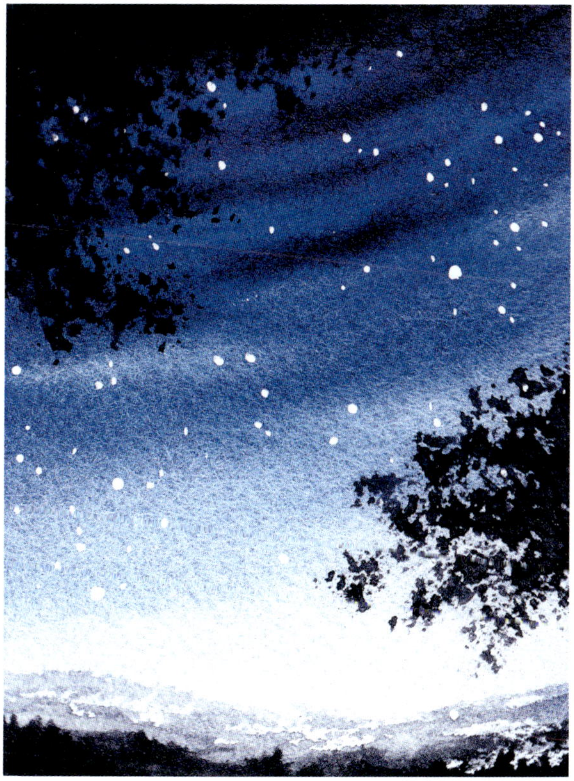

Sternenhimmel mit Wolken

●○○ FÜR EINSTEIGER/INNEN

Der Nachthimmel kann mit seiner ruhigen Ausstrahlung verzaubern. Bei diesem Malprojekt lernst du, ein Bild Schicht für Schicht aufzubauen und immer mehr Details hinzuzufügen, bis ein harmonisches Ganzes entsteht. Eines der Werkzeuge wird ein Schwamm sein. Mit ihm kannst du zügig Farbe auftragen und auch Bäume auf ganz einfache Weise gestalten. An den schneebedeckten Bergen kannst du die Trockenpinseltechnik üben.

Material

Malerkrepp
Aquarellpapier
Rundpinsel Größe 8
Küchenpapier
Kleines Stück Schwamm

Farben

Ultramarinblau
Paynes Grau
Weiße Gouache oder Acrylfarbe

Schritt 1

Lege mit Malerkrepp ein Rechteck auf dem Aquarellpapier fest. Das ist dein Bildbereich. Klebe das Papier auf deine Malplatte oder den Arbeitstisch.

Nimm mit dem Rundpinsel Ultramarinblau auf. Ich habe es direkt aus dem Näpfchen entnommen, damit es sehr konzentriert ist.

Verteile die Farbe im oberen Bereich des Papiers. Führe den Pinsel in waagerechten Strichen hin und her und arbeite dich allmählich abwärts bis zur Bildmitte vor.

Schritt 2

Spüle den Pinsel aus. Tauche ihn in klares Wasser und streife ihn sorgfältig am Rand des Wasserbehälters ab. Setze den Pinsel am unteren Rand des blauen Bereichs auf und verteile die Farbe weiter nach unten, sodass ein weicher Übergang zum Hellblau entsteht.

Danach den Pinsel erneut ausspülen und mit Küchenpapier gut abtupfen. Streiche dann mit schrägen Pinselstrichen über die ganze Bildfläche. Dabei nimmst du mit dem Pinsel im oberen Bereich etwas blaue Farbe auf und gibst sie im unteren Bereich wieder an das Papier ab.

Ziehe im unteren, hellen Bildbereich mit der Farbe, die sich im Pinsel gesammelt hat, einige schräge Striche. Dadurch wirkt der Hintergrund lebendiger.

Bevor die Farbe trocknet, geht es sofort weiter.

Schritt 3

Nimm für die Nachtwolken Paynes Grau auf. Die Farbe muss eine cremige Konsistenz haben. Je höher der Anteil von Pigment im Verhältnis zum Wasser, desto dunkler und konzentrierter ist die Farbe.

Setze mit dem dunklen Grau einige leicht schräge Striche im oberen Bildbereich. Dazwischen muss das Blau sichtbar bleiben.

Ich habe drei Striche vom linken Rand nach rechts geführt und jeweils etwa in der Bildmitte den Pinsel sanft vom Papier abgehoben, sodass der Strich dünn ausläuft.

Drei weitere Striche habe ich ebenso gemalt, jedoch vom rechten Bildrand zur Bildmitte.

Solange die Farbe noch feucht ist, folgt der nächste Schritt.

Schritt 4

Spüle den Pinsel aus und tupfe ihn auf Küchenpapier gut ab.

Ziehe nun mit dem feuchten Pinsel etwas Paynes Grau von den Rändern der Wolken in den blauen Hintergrund. Auf diese Weise erhalten die Wolken leicht verschwommene Konturen.

Wenn du mit einer Wolke fertig bist, spüle den Pinsel gut aus und tupfe ihn wieder auf Küchenpapier ab. Nimm dir erst danach die nächste Wolke vor.

Nach der letzten Wolke den Pinsel nicht ausspülen, sondern die Farbe, die sich im Pinsel gesammelt hat, leicht nach unten verteilen, um das helle Blau etwas abzudunkeln.

Die blaue Farbschicht ist nun in einigen Bereichen dunkler, aber dazwischen schimmern helle Bereiche durch.

Lasse nun alles gut trocknen.

Schritt 5

Wenn die Farben trocken sind, ist es Zeit für die Sterne. Tupfe mit der feinen Spitze deines Rundpinsels mit weißer Gouache locker verteilt kleine Punkte in verschiedenen Größen auf den Nachthimmel.

Falls es einfacher ist, nimm stattdessen gern einen dünnen Pinsel oder einen Zahnstocher. Wichtig ist, die Größen zu variieren, damit der Himmel interessant aussieht.

Lasse wieder alles trocknen.

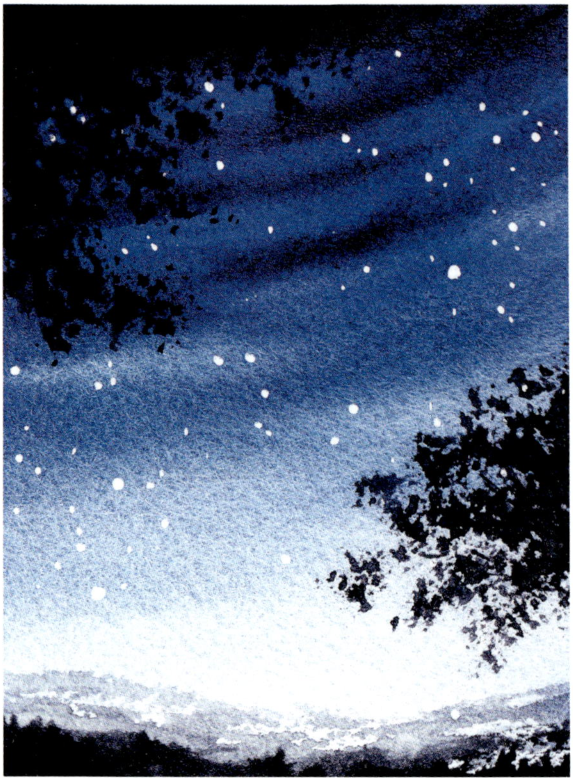

Schritt 6

Damit das Motiv interessanter wirkt, folgen jetzt die dunklen Äste. Sie werden mit einem Schwamm getupft (Seite 37). Tauche den Schwamm in klares Wasser und drücke ihn aus, er darf nur leicht feucht sein. Tunke ihn anschließend leicht in das konzentrierte, dunkle Paynes Grau. Tupfe mit dem Schwamm zur Probe auf ein separates Stück Papier, um sicherzugehen, dass er weder zu nass noch zu trocken ist.

Jetzt kannst du die beiden Bäume links oben und rechts etwas weiter unten in dein Bild tupfen. Gib etwas mehr Farbe in die Mitte jeder Baumkrone und lasse die Textur zu den Rändern hin lockerer werden.

Anschließend kannst du mit der Spitze des Rundpinsels einige dünne Zweige zwischen die Blätter malen.

Lasse alles gut trocknen, bevor du weitermachst.

Schritt 7

Jetzt wird die Bergkette mit den Baumsilhouetten im Hintergrund eingefügt. Auf diese Weise entsteht ein Bildzusammenhang.

Die beste Technik für die Berge ist die Trockenpinseltechnik (Seite 36). Nimm zuerst mit dem nassen Pinsel etwas stark verdünntes Paynes Grau auf. Tupfe den Pinsel gut auf Küchenpapier ab.

Halte den Pinsel leicht schräg und ziehe ihn zügig in einer geschwungenen Linie über den unteren Bildbereich. Das Papier soll teilweise mit Grau bedeckt werden, stellenweise aber auch weiß bleiben. Darum muss der Pinsel relativ trocken sein. Bei der Trockenpinseltechnik trocknet die Farbe besonders schnell.

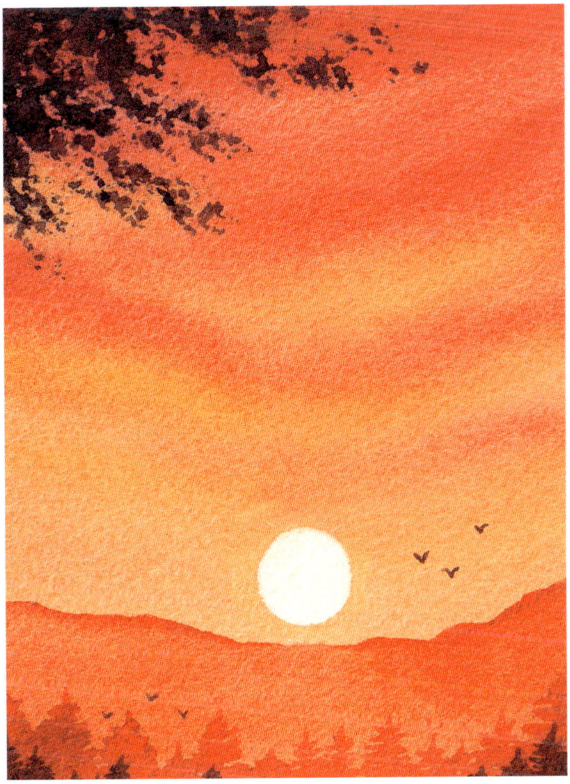

Nimm nun konzentriertes, cremiges Paynes Grau auf, um die dunkle Baumreihe unter den Bergen zu malen. Variiere die Höhe und lasse hier und dort kurze Striche über den dunklen Bereich hinausragen, die wie Baumwipfel aussehen.

Lasse das fertige Bild nochmals trocknen. Geschafft! Diese Malweise kannst du auch bei anderen Motiven einsetzen.

Alternative 1

Füge anstelle der Bergkette im unteren Bildbereich mit einem dünnen Detailpinsel oder einem schwarzen Fineliner Strommasten und Kabel ein.

Alternative 2

Oder wie wäre es mit einem Sonnenuntergang in verschiedenen Orangetönen, die aus Kadmiumgelb und Chinacridonrosa gemischt werden? Für die Sonne wird die Farbe mit einer in Küchenpapier gewickelten Münze vom Papier abgenommen.

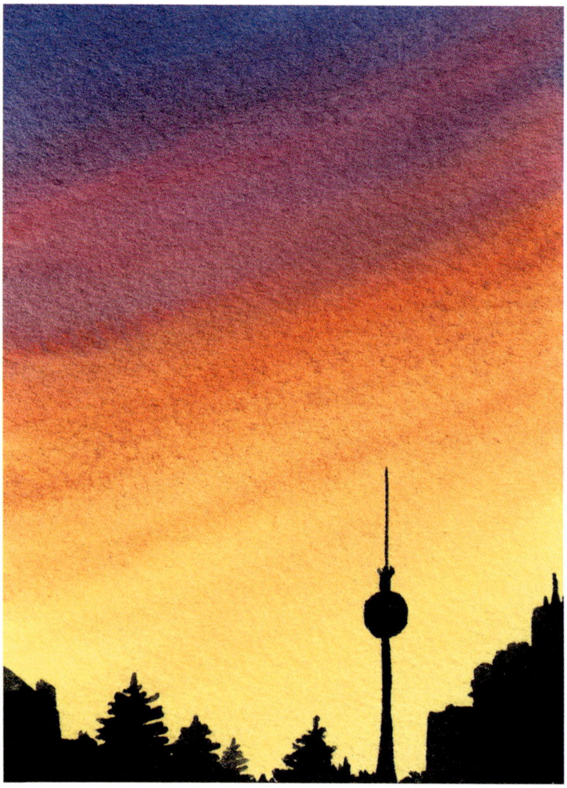

Sonnenuntergang mit Wolken

●○○ FÜR EINSTEIGER/INNEN

Für dieses Malprojekt verwendest du nur die drei Primärfarben Gelb, Rot und Blau. Beim Mischen dieser Grundfarben können allerdings schnell schmuddelig wirkende Farbtöne entstehen. Das lässt sich vermeiden, wenn du nur Varianten der jeweiligen Farben mischst, die klare Ergebnisse erzeugen. In diesem Fall habe ich Ultramarinblau und Chinacridonrosa gewählt, um ein klares Violett zu erhalten.

Chinacridonrosa ergibt in Mischungen mit Zitronengelb oder Cadmiumgelb ein leuchtendes Orange. Achte aber darauf, nicht versehentlich das Blau oder Violett zum Gelb und Orange zu geben.

Material

Malerkrepp

Aquarellpapier

Rundpinsel Größe 8

Küchenpapier

Farben

Zitronengelb

Chinacridonrosa

Ultramarinblau

Paynes Grau

Schritt 1

Lege mit Malerkrepp eine rechteckige oder quadratische Bildfläche auf deinem Aquarellpapier fest. Klebe das Papier auf deine Malplatte oder den Arbeitstisch. Hier habe ich ein Hochformat gewählt, um mehr Platz für den Himmel zu haben.

Bereite zuerst die Farben vor. Für den Himmel brauchst du konzentriertes Zitronengelb – oder ein anderes Gelb aus deinem Aquarellkasten –, Chinacridonrosa oder Karminrot und Ultramarinblau.

Verteile zuerst mit dem Rundpinsel Zitronengelb. Beginne am unteren Bildrand, führe den Pinsel waagerecht hin und her und arbeite dich schräg nach oben vor, bis du das obere Drittel der Bildfläche erreichst.

Nicht trocknen lassen, sondern gleich weitermalen!

Schritt 2

Spüle den Pinsel aus und tupfe ihn auf Küchenpapier gut ab.

Nimm mit dem feuchten Pinsel Chinacridonrosa auf und male einen breiten Strich über dem gelben Bereich. Führe den Pinsel schräg über das Papier und verteile die Farbe abwärts, sodass ein fließender Übergang von Rot über Orange bis Gelb entsteht.

Solange die Farbe nass ist, folgt der nächste Schritt.

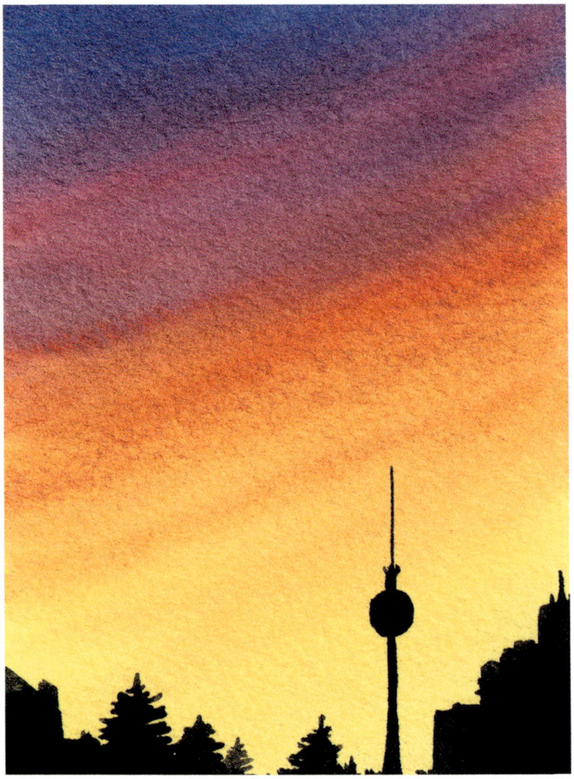

Schritt 3

Spüle den Pinsel sofort aus, streife ihn gut ab und nimm Ultramarinblau auf.

Bedecke damit den noch freien Teil des Himmels. Verteile die Farbe dann wie im vorigen Schritt schräg nach unten, um einen fließenden Farbübergang zu erhalten.

Damit keine unansehnlichen Mischtöne entstehen, dürfen sich das Blau und das auf dem Papier entstandene Violett nicht mit dem feuchten Orange mischen.

Lasse deinen Farbauftrag gut durchtrocknen.

Schritt 4

Ist alles trocken, kommen die Details an die Reihe. Male am unteren Bildrand mit sehr konzentriertem Paynes Grau oder einem schwarzen Fineliner Dreiecke und Vierecke. Damit stellst du die Silhouetten von Häusern und Bäumen dar.

Wenn du möchtest, kannst du im unteren rechten Bildbereich noch einen Fernsehturm als Blickfang hinzufügen.

Geschafft! Wow – du hast einen Sonnenuntergang mit wunderbar leuchtenden Farben kreiert.

Alternative

Diese Technik lässt sich gut variieren. Für dieses Beispiel habe ich dieselben Farben mit waagerechten Strichen aufgetragen.

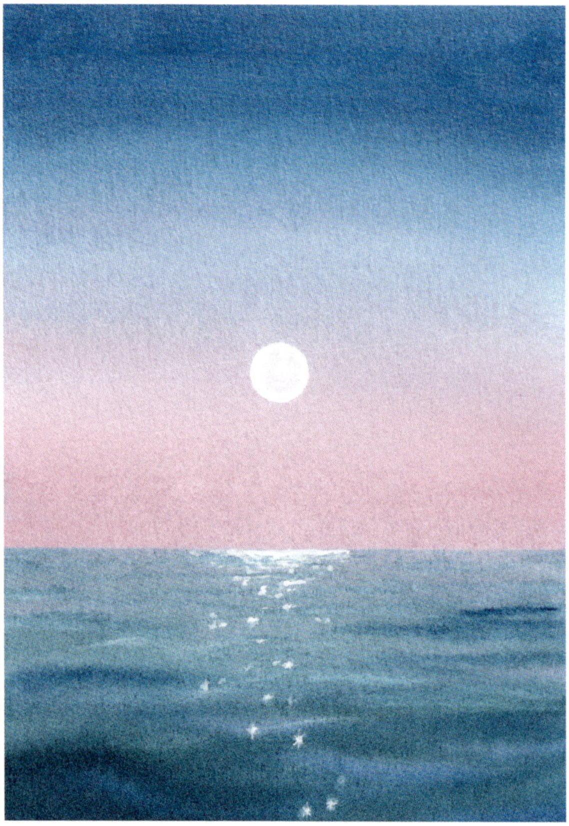

Mond über dem Meer

●●● FÜR GEÜBTE

Bei diesem Projekt zeigt sich das Meer in einer ganz anderen Stimmung. Es wird größtenteils nass in nass gemalt, und du übst dabei, fließende Übergänge zu gestalten. Diese Techniken kannst du besonders gut für Sonnenunter- oder Sonnenaufgänge, vor allem aber für Meeresmotive einsetzen. Hochformate eignen sich dabei prima, denn sie bieten genug Platz für Himmel und Meer.

Für den Mond wird die Farbe vom Papier abgenommen, für seine Lichtspur auf dem Wasser kommt weiße Gouache zum Einsatz. Denke daran, bei der Nass-in-nass-Technik schnell zu arbeiten und das Wasser auf dem Papier und im Pinsel gut zu kontrollieren.

Material

Malerkrepp
Aquarellpapier
Flachpinsel 20 mm
Küchenpapier
Kleine Münze
Rundpinsel Größe 8

Farben

Ultramarinblau
Chinacridonrosa
Zitronengelb
Weiße Gouache

Schritt 1

Lege mit Malerkrepp die hochformatige Bildfläche auf deinem Aquarellpapier fest. Klebe das Papier mit Malerkrepp auf deine Malplatte oder deinen Arbeitstisch.

Für den Himmel benötigst du Ultramarinblau und Chinacridonrosa, beide in recht hoher Sättigung. Bereite außerdem für die Türkistöne des Meeres, die später eingefügt werden, etwas Zitronengelb vor.

Nimm mit dem Flachpinsel klares Wasser auf und verteile es gleichmäßig auf dem Papier. Achte penibel darauf, das ganze Papier anzufeuchten. Falls sich an den Rändern Pfützen bilden, tupfe sie ab.

Nimm nun blaue Farbe auf und male am oberen Bildrand einen breiten Strich. Führe den Pinsel waagerecht hin und her, um einen lavierenden Farbverlauf zu gestalten. Wenn das Blau nicht blasser wird, weil sich zu viel Farbe im Pinsel befindet, tupfe ihn auf Küchenpapier ab und verteile dann die restliche Farbe auf dem Papier, bis du die Bildmitte erreichst. Male anschließend eine zweite Verlaufslavur vom unteren Bildrand aufwärts.

Schritt 2

Solange Farbe und Papier noch nass sind, spüle den Pinsel aus und nimm Chinacridonrosa auf. Vergiss nicht, überschüssiges Wasser aus dem Pinsel abzutupfen, bevor du ihn auf das Papier setzt. Trage das Rosa im hellsten Bildbereich in der Mitte auf und verteile es so nach oben und unten, dass sich im Übergangsbereich zum Blau ein Violett ergibt.

Solange die Farbe noch feucht ist, wird der Mond ausgewaschen.

Schritt 3

Wickle für den Mond ein Stück Küchenpapier um eine kleine Münze. Drehe das überschüssige Papier so über der Münze zusammen, dass du eine glatte, runde Fläche erhältst.

Drücke die eingewickelte Münze in die nasse Farbe. Das Küchenpapier saugt die nasse Farbe auf. Wenn du die Münze abnimmst, kommt ein heller Kreis zum Vorschein.

Es geht sofort weiter, ehe die Farbe trocknet.

Schritt 4

Gib mit dem Rundpinsel etwas Zitronengelb in Ultramarinblau, sodass ein grünliches Blau entsteht. Nimm etwas von diesem Türkis mit dem Pinsel auf und tupfe ihn sorgfältig auf Küchenpapier ab.

Verteile den Türkiston mit waagerechten Strichen um den Horizont herum. Lasse aber hier und dort etwas Rosa durchschimmern.

Falls die Farbe stark verläuft, sauge mit Küchenpapier noch etwas mehr Feuchtigkeit aus deinem Pinsel auf. So gelingt es leichter, den Horizont nicht als scharfe Linie, sondern unscharf darzustellen.

Nimm mit demselben Pinsel konzentriertes, dunkles Ultramarinblau auf und trage es mit leichter Hand im unteren Bildbereich auf. Lasse diesmal das hellere Blau durchschimmern.

Du kannst für die Spiegelungen des Himmels im Wasser noch einige Tupfen Chinacridonrosa auf die blaue Fläche setzen.

Lasse alles gut trocknen.

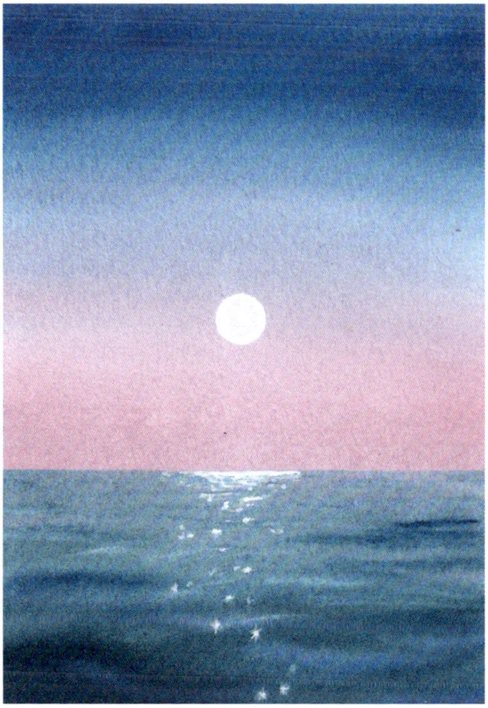

Schritt 5

Ist alles gut getrocknet, ist die Lichtspur des Monds an der Reihe. Male dafür mit weißer Gouache einige feine Striche direkt unter dem Mond.

Am Horizont liegen die Striche dicht zusammen, während sie sich zum Vordergrund hin langsam zu verstreuten Punkten auflösen.

Wenn du möchtest, kannst du das Glitzern durch kleine weiße Kreuze verdeutlichen.

Noch einmal trocknen lassen, dann bist du fertig.

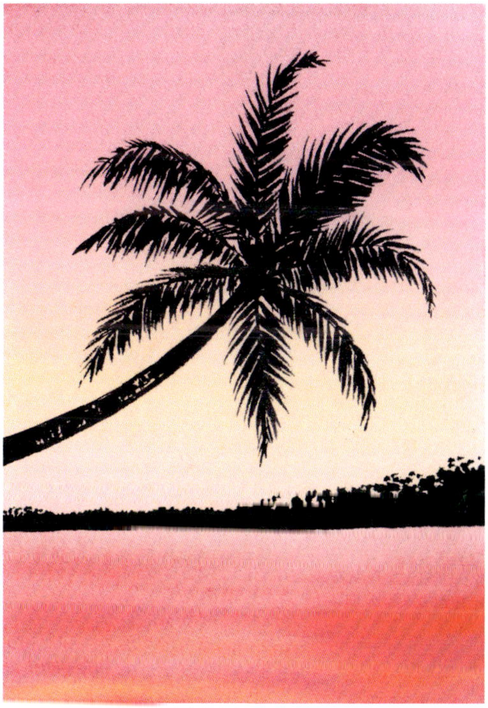

Alternative

Variiere diese Technik mit anderen Farbkombinationen und Details. Für dieses Beispiel habe ich fließende Farbübergänge mit Chinacridonrosa und Kadmiumgelb gewählt. Sie haben im Gegensatz zur kühlen Nachtszene eine viel wärmere und freundlichere Ausstrahlung.

Am Horizont habe ich mit konzentriertem Paynes Grau einfache Silhouetten von Bäumen und Sträuchern eingefügt.

Den Blickfang bildet in diesem Fall eine Palme. Sie besteht aus einem Strich für den Stamm und mehreren gebogenen Wedeln, die strahlenförmig vom Stamm ausgehen. Stelle es dir wie ein Feuerwerk vor.

Zuerst habe ich die Mittelrippen der Palmwedel mit der Spitze meines Rundpinsels und Paynes Grau gemalt. Danach habe ich die einzelnen Blättchen angefügt: jedes mit einem einzigen Strich von der Mittelrippe nach außen. Dadurch entsteht der Eindruck, auf die Unterseite der Palmwedel zu schauen.

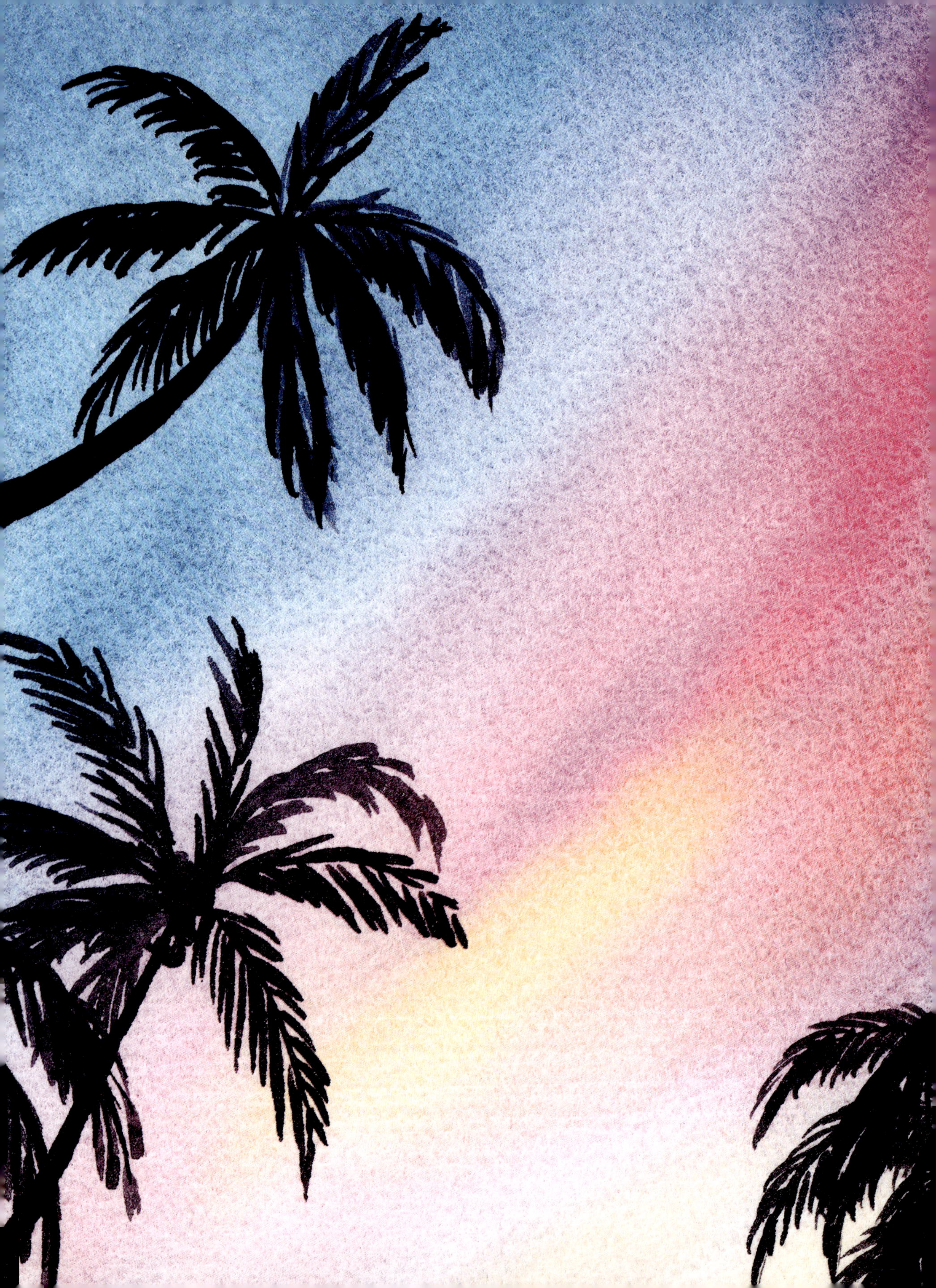

In den Wolken

Es macht großen Spaß, Wolken zu beobachten, weil keine Wolke der anderen gleicht. Die folgenden Projekte werden größtenteils nass in nass gemalt, um die Schönheit des Tageshimmels und den luftigen Charakter der Wolken einzufangen. Zum Warmwerden beginnen wir mit Federn. Du übst dabei den kontrollierten Umgang mit dem Wasser, das Mischen und das Gestalten von Texturen. Außerdem geht es darum, fließende Übergänge zwischen verschiedenen Farben zu schaffen.

Los geht's!

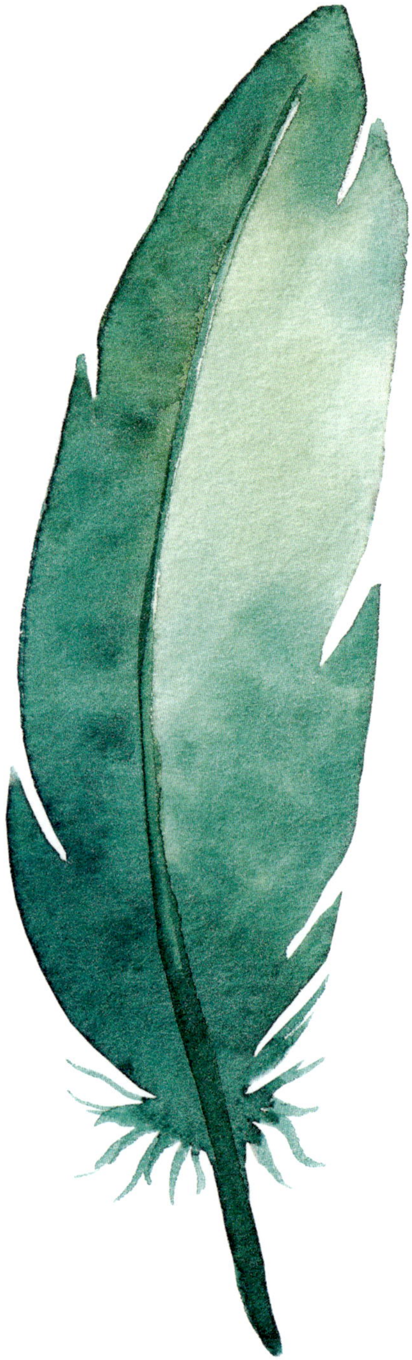

Feder

●○○ FÜR EINSTEIGER/INNEN

Federn sind ein schönes Motiv, an dem du die Nass-in-nass-Technik und das Mischen von Farben üben kannst. Hier geht es auch darum, die Feuchtigkeit auf dem Papier und im Pinsel sorgfältig zu kontrollieren, damit schöne Übergänge zwischen den verwendeten Farben entstehen.

Material

Bleistift HB
Aquarellpapier
Radiergummi
Rundpinsel Größe 8
Küchenpapier

Farben

Coelinblau

Zitronengelb

Schritt 1

Zeichne mit dem Bleistift den Umriss deiner Feder dünn vor. Stelle dir die Feder als langgestrecktes, leicht gekrümmtes Oval mit einem spitzen Ende vor.

Zeichne für den Schaft der Feder eine leicht gebogene Linie. Skizziere dann das längliche Oval, das den Schaft umgibt. Lasse am unteren Ende ein Stück vom Schaft frei.

Um die Form interessanter zu gestalten, zeichnest du noch einige Zacken in die Kontur, die schräg zur Mittellinie stehen. Durch die kleinen Lücken wirkt die Feder natürlicher.

Überflüssige Bleistiftstriche kannst du jetzt ausradieren.

Schritt 2

Bereite nun die Farbe vor. Rühre zunächst Coelinblau in cremiger Konsistenz an. Gib dann etwas Zitronengelb auf die Palette und mische eine kleine Menge davon mit dem Coelinblau, um ein gelbliches Grün zu erhalten. Alternativ kannst du ein fertiges Gelbgrün verwenden.

Die Feder wird nass in nass gemalt, um fließende Übergänge zwischen den Farben zu erhalten. Feuchte zuerst die Fläche der Feder – nicht aber den Federkiel in der Mitte – gleichmäßig mit Wasser an. Falls das Wasser an einigen Stellen zu trocknen anfängt, bestreiche die Fläche noch einmal mit dem Pinsel, um sie gleichmäßig anzufeuchten. Falls sich Pfützen bilden, tupfst du sie mit Küchenpapier oder einem feuchten Pinsel vom Papier ab.

Damit die Farbe schön verläuft, gib dem Papier einen Moment Zeit, bis es einen Teil des Wassers aufgesaugt hat und sein nasser Glanz etwas nachlässt.

Sobald das Papier matter wird, kannst du anfangen.

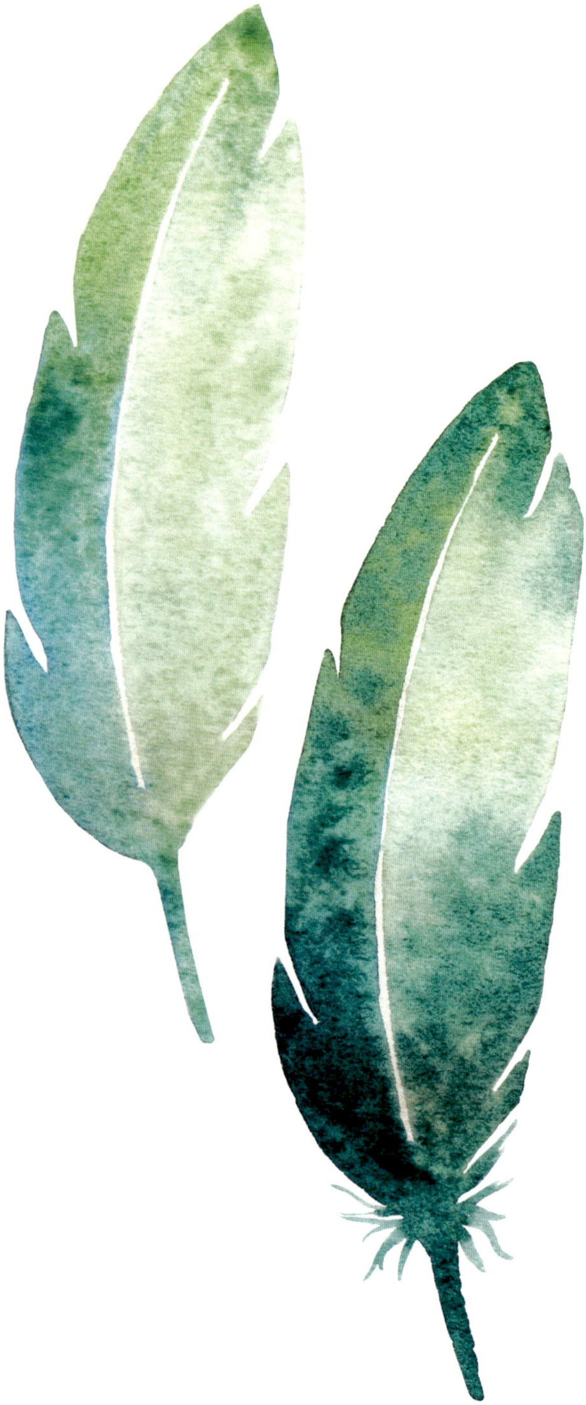

Schritt 3

Tauche deinen Rundpinsel in die gelbgrüne Farbe. Verteile sie auf der rechten und der oberen linken Seite der Feder. Durch das Wasser auf dem Papier wird die Farbe etwas verdünnt und erscheint heller.

Male dann mit demselben Pinsel die noch freien Flächen mit Coelinblau aus. Verteile die beiden Farben anschließend auf dem Papier, sodass verschiedene Blau-, Grün- und Gelbtöne entstehen. Ich habe die blaue Farbe größtenteils im unteren Bereich der Feder belassen und teilweise in die grünliche Farbe verlaufen lassen. Auf diese Weise ist ein dunkles Blaugrün entstanden.

Nicht trocknen lassen! Es geht gleich mit dem nächsten Schritt weiter.

Schritt 4

Jetzt wird, nass in nass, die Textur angedeutet. Dabei solltest du genau darauf achten, wie viel Wasser die nun aufgetragene Farbe enthält.

Wenn du auf eine noch nasse Farbe eine weitere aufträgst, darf die neue Farbe nur Pigment und kein Wasser enthalten. Trägst du eine zu wässrige Farbe auf eine andere auf, die bereits zu trocknen begonnen hat, verdrängt das Wasser die Pigmente und es entstehen Ausblühungen. Die sind in diesem Schritt unerwünscht.

Nimm also mit deinem Pinsel das vorbereitete, konzentrierte Coelinblau auf und tupfe etwas Feuchtigkeit auf Küchenpapier ab.

Male dann mit der Pinselspitze kleine Punkte auf den noch feuchten Untergrund.

Ich habe die Punkte nur im linken und unteren Bereich der Feder aufgetragen, den Rest habe ich unberührt gelassen.

Male mit derselben Farbe die feinen Flaumhaare, die am Schaft abstehen: Setze mit der Pinselspitze am Schaft an und ziehe lockere Wellenlinien weg vom Schaft – mal schräg nach oben, mal nach unten.

Lasse die Farben trocknen. Wenn es schnell gehen soll, nimm einen Föhn zu Hilfe.

Schritt 5

Wenn der Farbauftrag trocken ist, folgen die Details. Nimm mit dem Pinsel grüne Farbe auf und fülle den Schaft in der Mitte der Feder aus. Du kannst entweder ein fertiges Grün aus deinem Aquarellkasten verwenden oder Coelinblau und Zitronengelb mischen.

Die Linie muss nicht perfekt ausgemalt sein. Wenn du etwas über den weißen Streifen hinausmalst, wirkt die Feder sogar plastischer: Die Farbe neben dem Schaft wird nochmals überlasiert und dadurch abgedunkelt, sodass sie wie ein Schatten wirkt.

Jetzt bist du fertig – sieht deine Feder nicht schön aus?

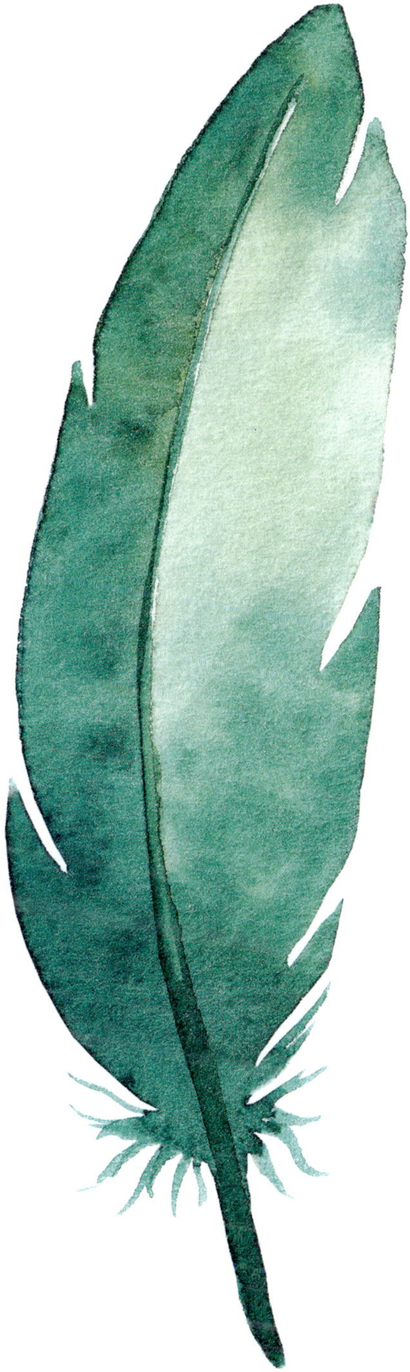

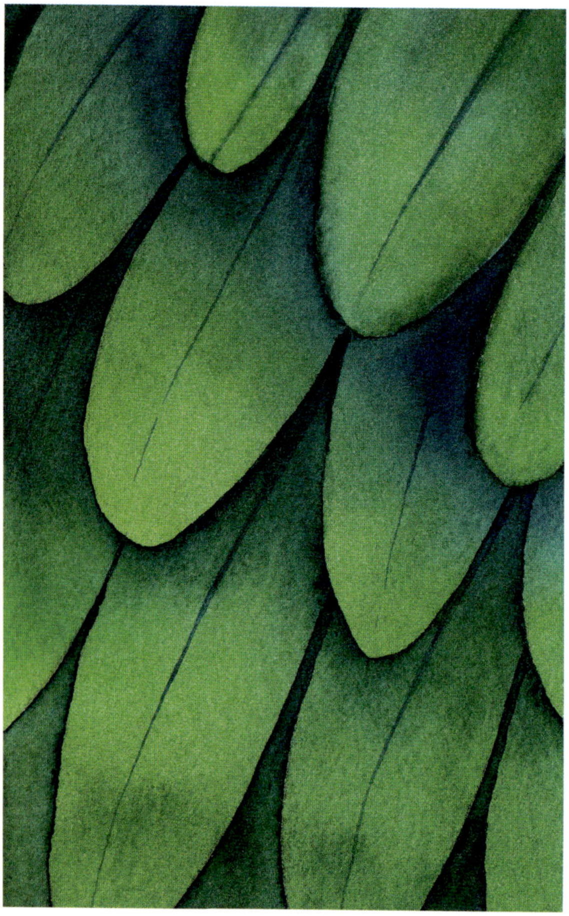

Gefieder aus der Nähe

●○○ FÜR EINSTEIGER/INNEN

Aquarellfarben sind transparent – deshalb kannst du mit der Lasurtechnik Bilder Schicht für Schicht aufbauen und dabei ganz verschiedene Effekte erzielen. Bei diesem Malprojekt kommt eine Technik zum Einsatz, die man Negativmalerei nennt: Bildelemente werden mit einer dunkleren Farbe ummalt, um sie hervorzuheben.

Die Negativmalerei gelingt nur überzeugend, wenn du für das Motiv helle bis mittlere Tonwerte verwendest. Sind die Tonwerte zu dunkel, wird es schwierig, eine Tiefenwirkung zu erzielen. Nutze stattdessen die Transparenz der Aquarellfarben für einen vielschichtigen Farbauftrag, denn auch dadurch werden die Tonwerte allmählich dunkler. Lasiere aber nur Farben, die auf dem Farbkreis nahe beieinanderliegen. Wenn du Komplementärfarben überlagerst, ergeben sich auf dem Papier braune oder graue Mischtöne.

Material

Malerkrepp
Aquarellpapier
Flachpinsel 20 mm
Rundpinsel Größe 8
Bleistift HB
Küchenpapier

Farben

Zitronengelb

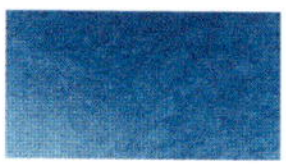
Coelinblau

Schritt 1

Lege mit Malerkrepp eine rechteckige Bildfläche auf dem Aquarellpapier fest. Klebe das Papier dann auf deine Malplatte oder deinen Arbeitstisch.

Bereite zwei Farben mit konzentrierter Konsistenz auf deiner Palette vor: Zitronengelb und Coelinblau. Nimm mit dem Flachpinsel klares Wasser auf und verteile es gleichmäßig auf dem gesamten Papier.

Nimm dann mit dem Rundpinsel Zitronengelb auf und bedecke damit die untere Bildhälfte. Trage mit demselben Pinsel Coelinblau in der oberen Bildhälfte auf und lasse die Farben leicht ineinanderlaufen. Dabei entstehen verschiedene Gelb-, Grün- und Blautöne.

Lasse die Farbe vollständig trocknen. Du kannst den Vorgang mit einem Föhn beschleunigen.

Schritt 2

Skizziere auf der trockenen Farbe mit Bleistift deine Federn. Stelle sie dir wie längliche Ovale vor. In der oberen Reihe sind sie kurz, nach unten hin werden sie immer länger.

Beginne in der oberen rechten Ecke und skizziere drei schräg stehende, längliche Ovale.

Zeichne in der nächsten Reihe vier etwas längere Ovale, jedoch gegenüber der vorherigen Reihe versetzt. Jede bogenförmige Linie beginnt und endet also an der Spitze eines Ovals der vorherigen Reihe.

Fahre auf diese Weise fort, bis der untere Bildrand erreicht ist.

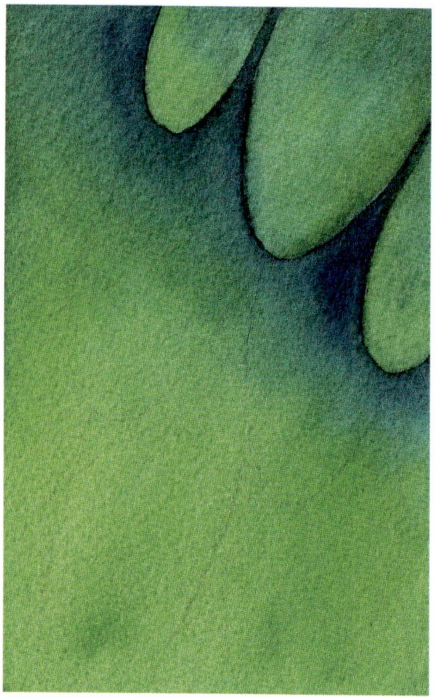 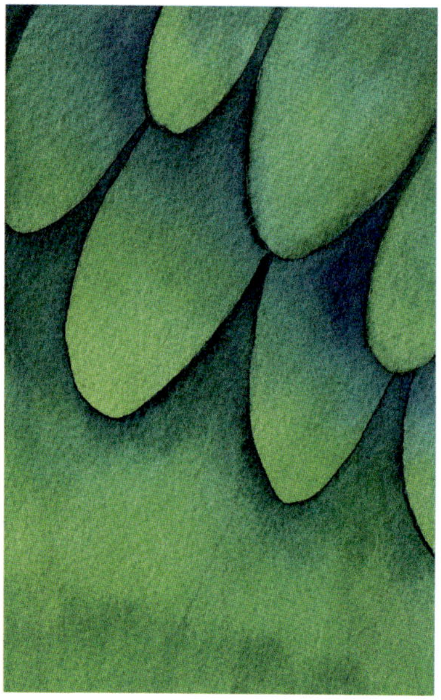 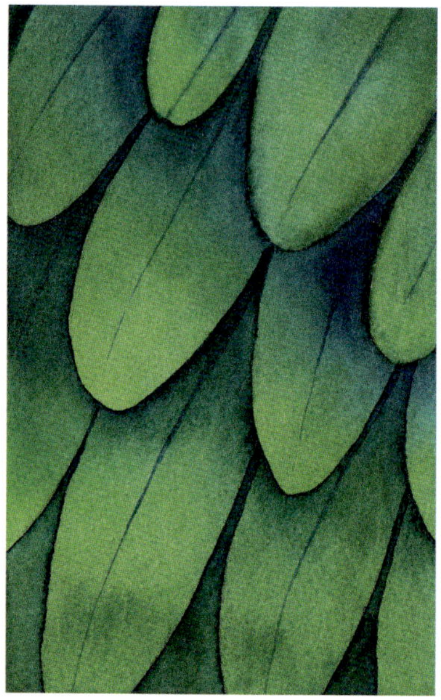

Schritt 3

Jetzt widmest du dich der Negativmalerei. Dabei konzentrierst du dich nicht auf die Federn, sondern auf die Zwischenräume zwischen ihnen.

Nimm mit dem Rundpinsel konzentriertes Coelinblau auf und umrande damit die Federn der ersten Reihe. Male einen dicken, dunklen Umriss. Er stellt den Schatten unter den Federn dar.

Verwische die Farbe mit einem sauberen, feuchten Pinsel nach unten. Achte darauf, dass sie direkt am Umriss der Feder am dunkelsten bleibt. Lasse die Farben gut trocknen.

Schritt 4

Ist die Farbe ganz trocken, wiederhole Schritt 3. Nimm mit dem Rundpinsel Coelinblau und male eine dicke Kontur um die Federn der zweiten Reihe.

Spüle den Pinsel aus, streife überschüssiges Wasser ab und verwische die dunkle Farbe nach unten.

Schritt 5

Sind alle Federkonturen umrandet, kannst du das Bild trocknen lassen oder noch Details einfügen. Ich habe mit etwas Coelinblau und der Spitze des Rundpinsels auf jede Feder einen dünnen Schaft gemalt. Diese Striche sind oben etwas dicker und werden zur Spitze hin dünner.

Geschafft! Jetzt weißt du in Zukunft genau, wie du das Federkleid eines Vogels malen kannst.

Die Technik der Negativmalerei lässt sich auf verschiedene Weise abwandeln.

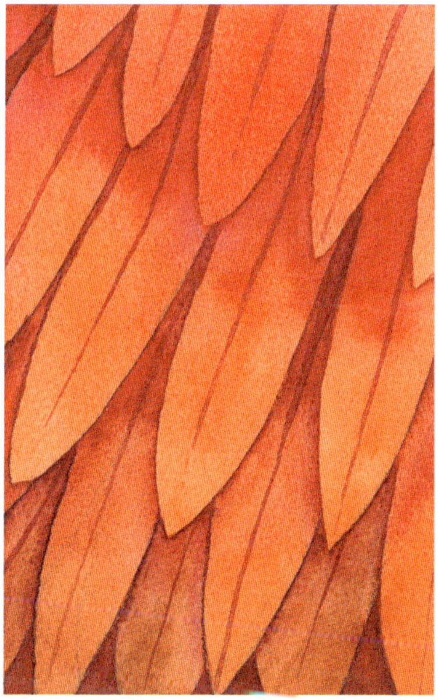

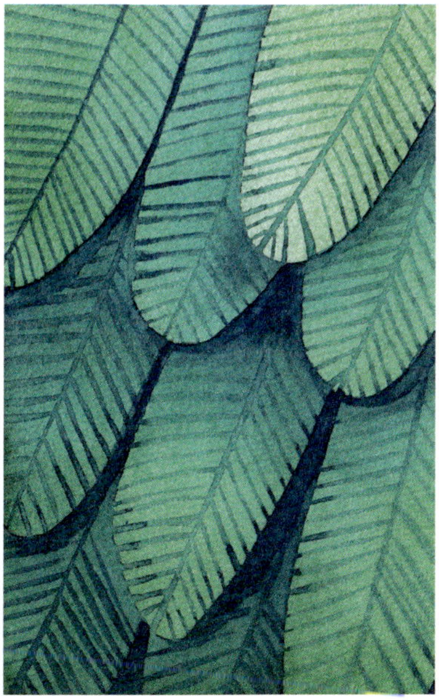

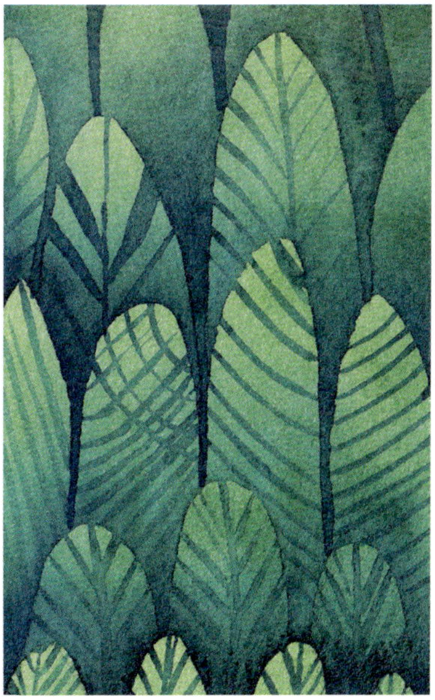

Alternative 1

Wenn du nur Formen und Farben veränderst, sieht das Bild ganz anders aus.

Alternative 2

Anstelle von Federn könntest du auch Blattwerk mit dieser Technik malen.

Alternative 3

Wenn du die Formen umdrehst, erhältst du mehrere Reihen von Bäumen. Es gibt noch viele weitere, spannende Möglichkeiten!

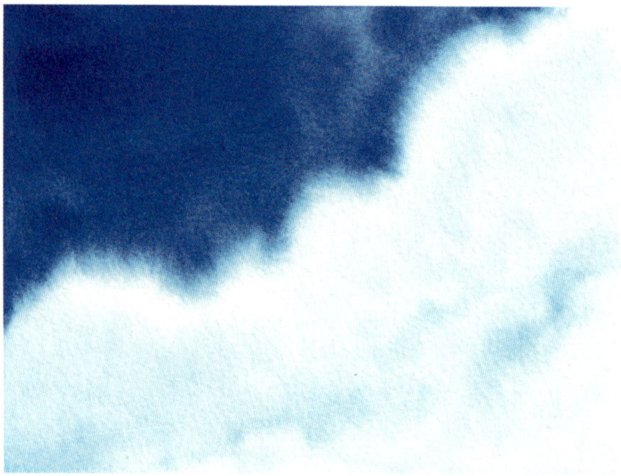

Puschelwolken

●●○ FÜR FORTGESCHRITTENE

Himmel und Wolken haben einen besonderen Zauber. Sie sind ein fester Bestandteil der meisten Landschaftsgemälde und können auf ganz verschiedene Weise dargestellt werden. Ich finde es beruhigend, Himmelsmotive zu malen, denn einerseits übt man, kann andererseits aber auch loslassen. Wichtig ist, die Farben vorher bereitzustellen, zügig zu arbeiten und dem Farbfluss auf dem Papier den Rest zu überlassen, damit er seinen Zauber entfalten kann. All das kannst du an diesem Wolkenmotiv üben.

Material

Malerkrepp

Aquarellpapier

Flachpinsel 20 mm

Küchenpapier

Rundpinsel Größe 8

Farben

 Coelinblau

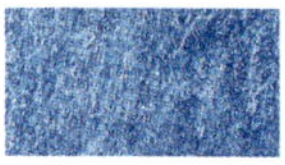 Ultramarinblau

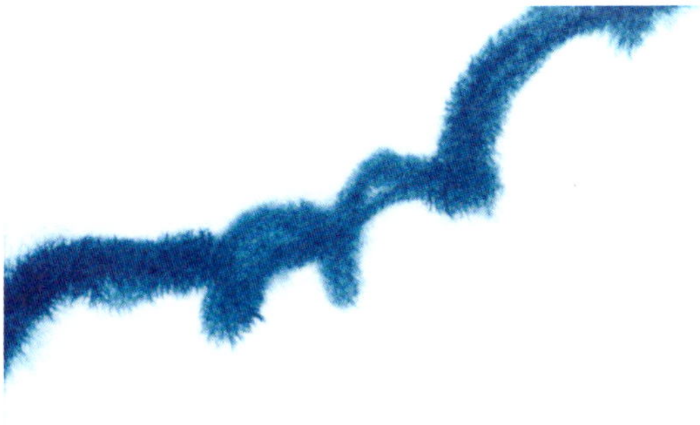

Schritt 1

Lege mit Malerkrepp eine Bildfläche auf deinem Papier fest. Das Querformat ist hilfreich, um die geschwungenen Formen der Wolken und ihre Bewegung darzustellen. Klebe das Papier auf deine Malplatte .

Um das Fließverhalten der Farbe zu steuern, achte auf drei Dinge: die Wassermenge auf dem Papier, die Wassermenge im Pinsel und die Farbmenge im Pinsel.

Um später zügig und ohne Unterbrechung malen zu können, ist es wichtig, die Farbe vorher vorzubereiten.

Für den Himmel benötigst du ein konzentriertes Blau deiner Wahl. Es sollte deutlich mehr Pigment als Wasser enthalten, damit es eine cremige Konsistenz hat. Ich habe mich für eine Mischung aus Coelinblau und Ultramarinblau entschieden.

Verteile mit dem Flachpinsel klares Wasser auf der ganzen Bildfläche. Wenn du Pfützen siehst, tupfe sie mit Küchenpapier oder einem feuchten Pinsel ab.

Beobachte das Papier genau. Direkt nach dem Auftragen des Wassers glänzt seine Oberfläche. Nach einigen Sekunden hat das Papier etwas Wasser aufgesogen und wird matter. Dann ist der Moment gekommen, die konzentrierte Farbe aufzutragen.

Nimm mit deinem Pinsel das vorbereitete Blau auf und male die Umrisse der Wolken in Form einfacher Wellenlinien.

Schritt 2

Arbeite sofort zügig weiter. Nimm mit dem Rundpinsel nochmals Farbe auf, aber kein zusätzliches Wasser. Bedecke damit den Bereich über der Wellenlinie. Das ist der blaue Himmel hinter der weißen Wolke.

Weil das Papier nass ist, verläuft die Umrisslinie und bekommt eine fransige Kontur.

Dieser Effekt gelingt besonders gut auf Papier aus reiner Baumwolle.

Schritt 3

Wenn die untere Hälfte des Papiers inzwischen getrocknet ist, trage noch einmal Wasser auf. Pass aber auf, dass kein Wasser in den bereits bemalten Bildbereich gelangt.

Sobald das Papier einen Teil der Feuchtigkeit aufgesogen hat, wiederhole Schritt 1. Male diesmal den Umriss eine anderen Wolkenreihe, die etwas kleiner ist und sich näher am Betrachter befindet.

Spüle den Pinsel aus und tupfe überschüssige Feuchtigkeit auf Küchenpapier ab. Verblende anschließend die blaue Farbe auf dem Papier leicht nach oben, sodass die Konturen weich werden. Falls sich Farbe im Pinsel sammelt, kannst du damit Striche in die weißen Flächen malen, um Schatten anzudeuten.

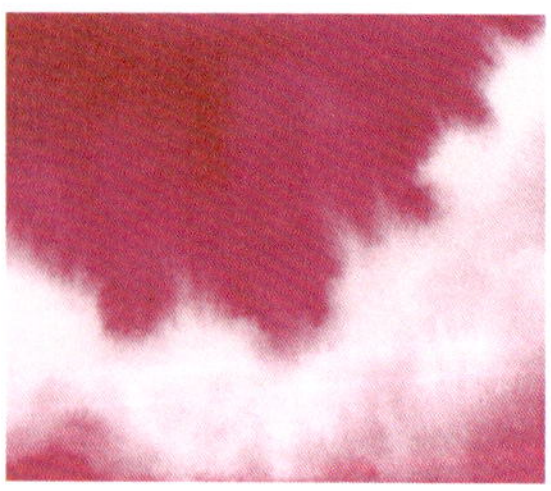

Schritt 4

Lasse jetzt alles gut trocknen.

Bei der Nass-in-nass-Technik ist es besonders wichtig, nicht zu lange an einem Bild zu arbeiten, sondern ein Ende zu finden. Lasse Farbe und Wasser ihre Arbeit tun und beobachte, was passiert.

Die hier angewandte Technik kannst du mit vielen Farben und Formen umsetzen. Versuche, jedes Mal Bilder in einem anderen Stil oder mit einer anderen Atmosphäre zu malen.

Alternative 1

Hier habe ich für die Umrisse der Puschelwolken und für den Himmel Chinacridonrosa verwendet. Denkbar wäre auch, mit weißer Gouache kleine Sterne auf den Himmel zu sprenkeln oder einen geheimnisvollen Mond (wie auf Seite 99) zu kreieren.

Alternative 2

In diesem Beispiel habe ich beide Farben kombiniert. Die Wolken sind wie im Projekt mit Blau umrandet. Für die bläulich-rosa Schatten auf den Wolken habe ich das Blau mit etwas Chinacridonrosa gemischt.

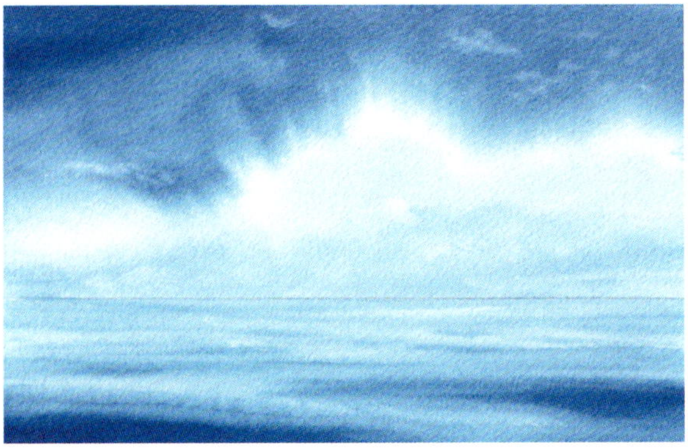

Wolken über dem Meer

FÜR GEÜBTE

Nachdem du gelernt hast, duftige Wolken zu malen, kannst du sie mit dem Meer kombinieren. Dieses verträumte Küstenmotiv mit Meer und Himmel wird nass in nass gemalt.

Material

Malerkrepp
Aquarellpapier
Bleistift HB
Flachpinsel 20 mm
Küchenpapier
Rundpinsel Größe 8

Farben

Coelinblau

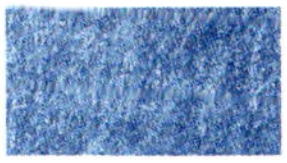

Ultramarinblau

Schritt 1

Umrande mit Malerkrepp die Bildfläche auf deinem Aquarellpapier. Klebe das Papier auf der Malplatte fest. Bereite je eine cremige und eine konzentrierte Version des Blautons vor, den du für den Himmel einsetzen möchtest. In diesem Fall habe ich wieder Coelinblau und Ultramarinblau gemischt.

Teile deine Bildfläche waagerecht in Drittel auf. Wenn es für dich einfacher ist, kannst du auch dünne Hilfslinien mit Bleistift zeichnen. Feuchte die beiden oberen Bilddrittel mit dem Flachpinsel mit klarem Wasser an. Falls sich dabei Pfützen bilden, tupfe sie mit Küchenpapier oder einem feuchten Pinsel ab. Gib dem Papier einige Sekunden Zeit, etwas Feuchtigkeit aufzusaugen und den nassen Glanz zu verlieren.

Tipp: Wenn das Papier zu schnell trocknet, lasse es etwas Feuchtigkeit aufsaugen und bestreiche es danach noch einmal mit Wasser. So hast du mehr Zeit zum Malen der Wolken.

Sobald das Papier etwas matter aussieht, nimmst du mit dem Rundpinsel Farbe auf und malst die Umrisse der Wolke. Fülle anschließend den Himmel im oberen Bildbereich mit derselben Farbe aus.

Schritt 2

Male zügig die Umrisse der kleineren Wolken über dem Horizont. Deine Wolken müssen nicht perfekt aussehen. Verblende dann die Umrisse mit einem sauberen, feuchten Pinsel zur großen Wolke hin. Setze die Farbe, die sich dabei im Pinsel sammelt, dazu ein, zusätzliche Schatten anzudeuten.

Den duftigen Charakter der Wolken arbeitest du heraus, indem du mit dem sauberen, nassen Pinsel an der Wolkenkontur entlangfährst. Das Wasser breitet sich zur Farbe hin aus und verdrängt sie geringfügig. Sei aber vorsichtig: Wenn du zu viel Wasser nimmst, wird das Blau zu stark verdrängt.

Solange die blaue Farbe nass ist, kannst du sie auch stellenweise mit einem feuchten Pinsel auswaschen oder mit Küchenpapier abnehmen, um kleinere Wolken anzudeuten.

Lasse nun alles gut trocknen.

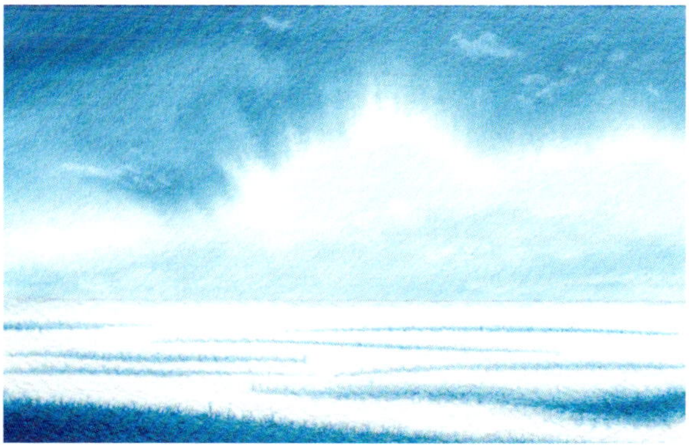

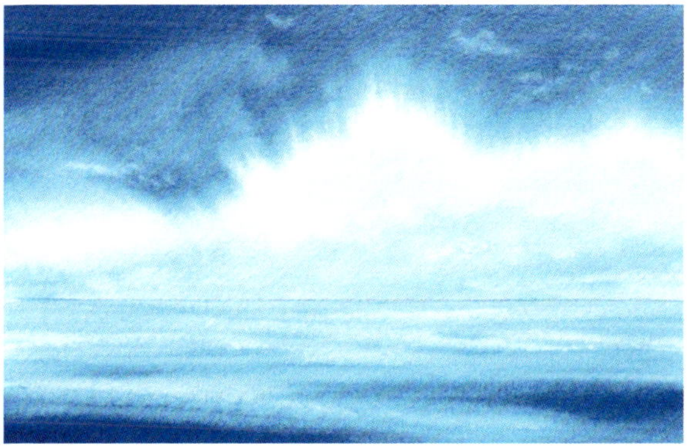

Schritt 3

Ist der Himmel trocken, kommt das Meer an die Reihe. Feuchte wieder zuerst das Papier unter dem Horizont mit klarem Wasser an und lasse es einen Moment eindringen.

Nimm mit dem Rundpinsel das konzentrierte Blau auf, das du auch für den Himmel verwendet hast, und male im Vordergrund mit etwas Abstand breite, leicht schräge Striche.

Lasse die Striche zum Horizont hin schmäler und ihre Abstände kleiner werden. Das gibt dem Bild eine räumliche Tiefenwirkung.

Schritt 4

Spüle den Pinsel aus und tupfe überschüssiges Wasser auf Küchenpapier ab. Verwische die Striche dann mit dem sauberen, feuchten Pinsel.

Lasse das fertige Bild gut trocknen.

Alternative

Mit derselben Technik kannst du einen ruhigen Binnensee malen. Hier habe ich nur Ultramarinblau für den Himmel und Coelinblau für das Wasser verwendet. Die Wolken bilden hier längliche Fahnen, und am Horizont habe ich mit einem Dunkelgrün aus Ultramarinblau und Zitronengelb die Silhouetten von Bäumen angedeutet.

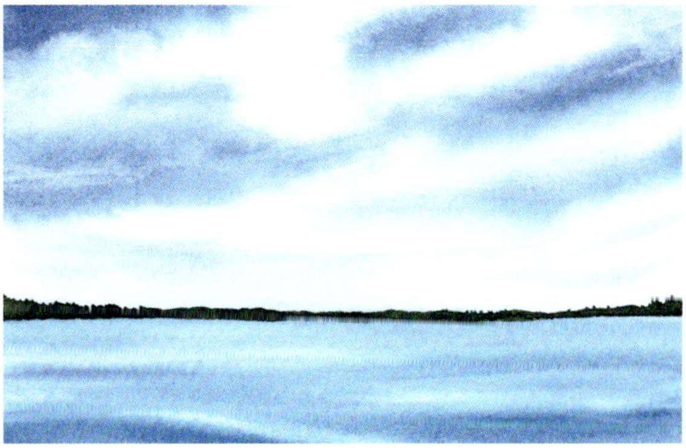

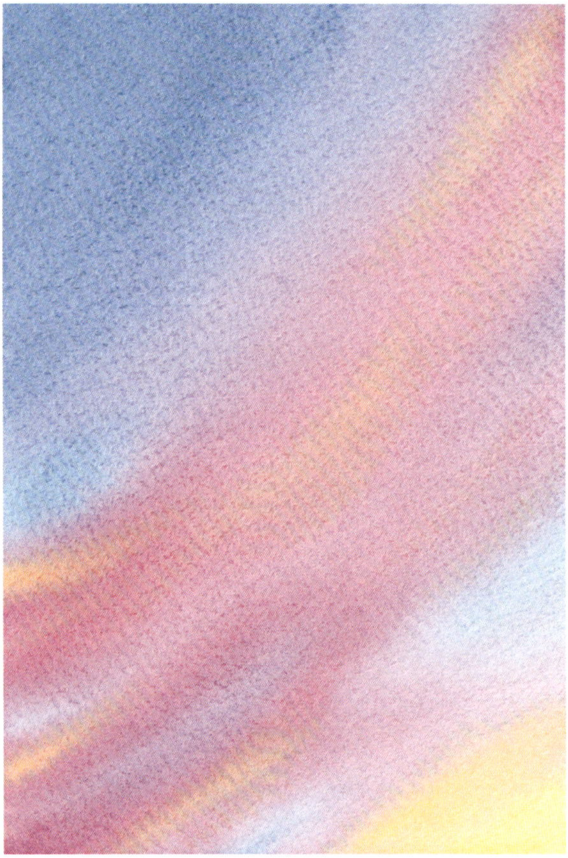

Zuckerwatte-wolken

●●● FÜR GEÜBTE

Nachdem du gelernt hast, Wolken nass in nass mit einer Farbe zu malen, versuchen wir es jetzt mit mehreren Farben. Wie lässt es sich vermeiden, dass dabei schmuddelige Mischtöne entstehen? Ganz einfach: Lasse nur Farben ineinanderlaufen, die auf dem Farbkreis Nachbarn sind. Für ein leuchtendes Violett eignen sich beispielsweise ein Rot mit bläulichem Unterton und ein Blau mit rötlichem Unterton.

An diesem Malprojekt übst du, weiche Wolkenformationen mit mehreren Farben zu malen und den Himmel durch einige einfache Details noch interessanter wirken zu lassen.

Material

Malerkrepp

Aquarellpapier

Flachpinsel 20 mm

Küchenpapier

Rundpinsel Größe 8

Farben

Ultramarinblau

Chinacridonrosa

Zitronengelb

Paynes Grau

Schritt 1

Lege mit Malerkrepp die Bildfläche auf deinem Aquarellpapier fest und klebe das Papier dann auf deine Malplatte oder deinen Arbeitstisch. Zum Malen benötigst du Ultramarinblau, Chinacridonrosa und Zitronengelb – alle drei in hoher Konzentration.

Verteile mit dem Flachpinsel klares Wasser möglichst gleichmäßig auf der ganzen Bildfläche. Falls sich Pfützen bilden, tupfe sie mit einem feuchten Pinsel oder Küchenpapier wieder ab.

Warte, bis der Glanz etwas nachlässt. Nimm mit dem Rundpinsel Ultramarinblau auf. Male jetzt aber nicht die Umrisse der Wolken, sondern trage die Farbe dort auf, wo der Himmel blau sein soll. In meinem Bild habe ich das Blau mit großzügigen, schrägen Strichen in der oberen linken Ecke und stellenweise darunter aufgetragen. Lasse die Striche schmaler auslaufen, indem du den Pinseldruck allmählich verringerst. Dieser Übergang macht es leichter, die Wolken später zu verwischen.

Solange Papier und Farbe noch nass sind, geht es mit dem nächsten Schritt weiter.

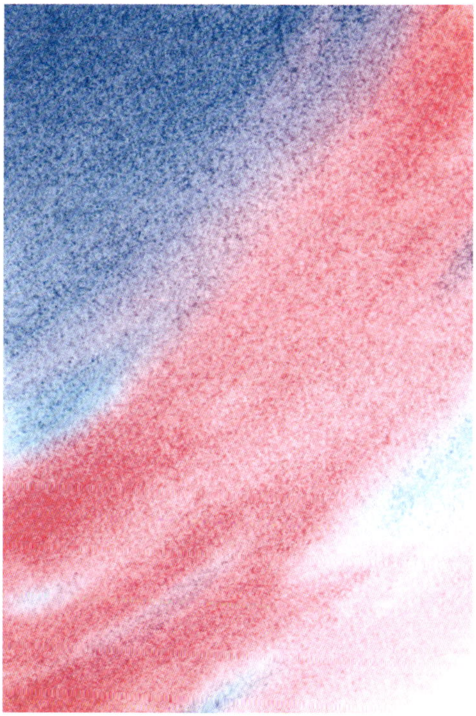

Schritt 2

Spüle den Pinsel aus und tupfe ihn auf Küchenpapier ab, um überschüssige Feuchtigkeit aufzusaugen.

Nimm dann Chinacridonrosa auf und verteile es mit großzügigen, schrägen Strichen – ebenso wie zuvor die blaue Farbe – dort, wo das Papier noch weiß ist. Beginne mit der großen weißen Fläche und verteile die restliche Farbe im Pinsel in den anderen Bereichen, um weiche Farbübergänge zu erhalten. Dabei entstehen einige Violetttöne.

Denke daran, die Farbe rasch aufzutragen und lasse es dann gut sein. Gib den Farben etwas Zeit, ihre Magie zu entfalten.

Es geht sofort weiter mit dem nächsten Schritt.

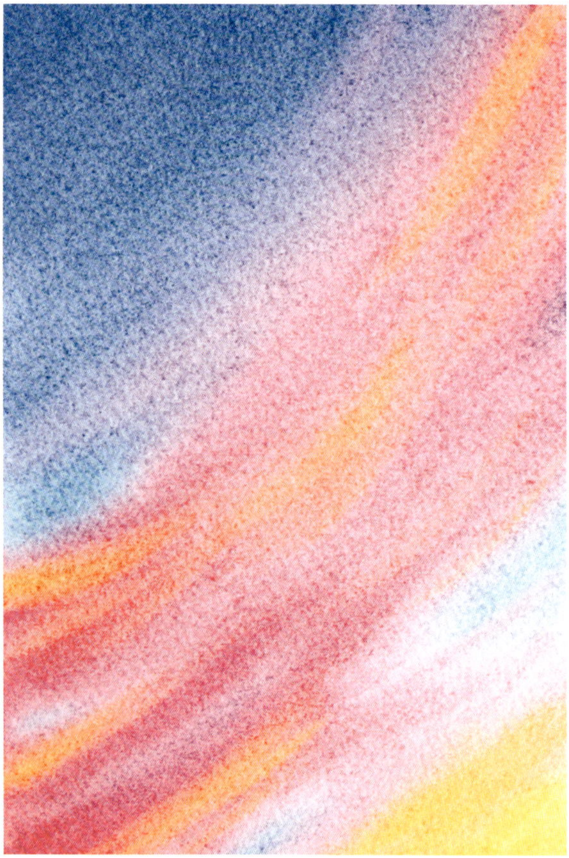

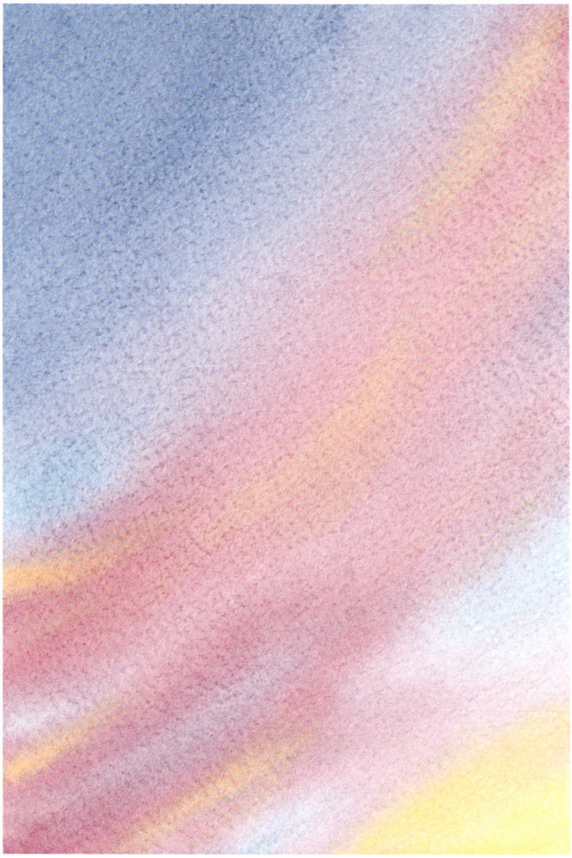

Schritt 3

Spüle den Pinsel aus und tupfe ihn auf Küchenpapier ab. Nimm dann Zitronengelb auf und male einige lockere Striche auf das Chinacridonrosa.

Weil das Rosa noch feucht ist, mischen sich die Farben und es entstehen mehr oder weniger intensive Orangetöne. Stellenweise bleibt das Gelb erkennbar.

Denke daran, auf feuchte Farbe nur Pigment, aber kein zusätzliches Wasser aufzutragen. Gibst du wässrige Farbe auf eine andere, die zu trocknen begonnen hat, verdrängt das Wasser die Pigmente und es kommt zu Ausblühungen.

Lasse alles gut trocknen.

Schritt 4

Beim Trocknen werden die Farben heller und die Pinselstriche sehen aus wie fluffige Zuckerwattewolken.

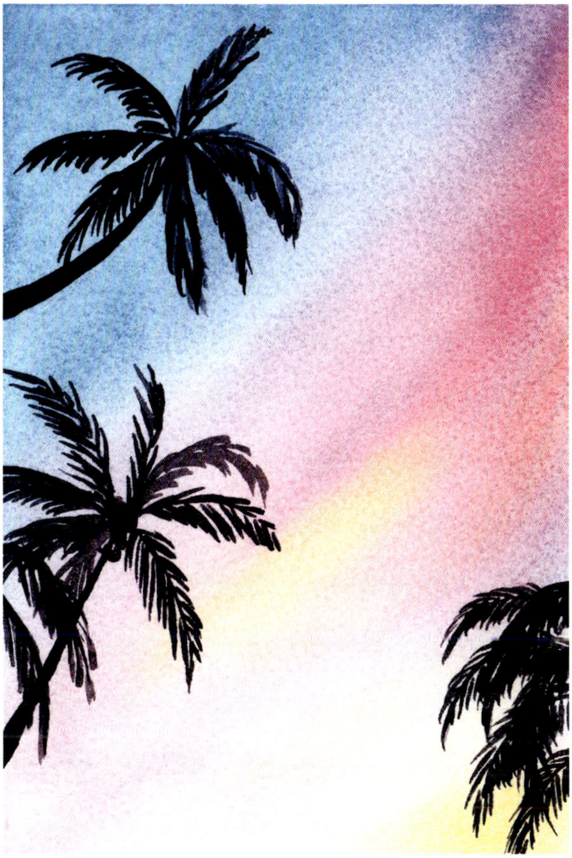

Alternative 1

Diesen Himmel kannst du als Hintergrund für verschiedene Motive verwenden. Du könntest beispielsweise Silhouetten von Häusern, Bäumen oder Telegrafenmasten einfügen. Hier habe ich drei Palmen dazugemalt.

Um den Eindruck zu erwecken, dass man sie von unten sieht, habe ich sie am rechten und linken Bildrand platziert, so, als würden sie sich direkt über den Betrachter neigen.

Stelle dir die Palmen wie explodierende Feuerwerkskörper vor. Sie bestehen aus einem Strich für den Stamm und mehreren gebogenen Wedeln, die strahlenförmig vom Stamm ausgehen.

Zuerst habe ich die Mittelrippen der Palmwedel mit der Spitze meines Rundpinsels und Paynes Grau gemalt. Danach habe ich die einzelnen Blättchen angefügt: jedes mit einem einzigen Strich von der Mittelrippe nach außen. Dadurch entsteht der Eindruck, auf die Unterseite der Palmwedel zu schauen.

Alternative 2

Selbstverständlich kannst du bei deinen Wolkenmotiven auch die Farbverteilung und die Strichrichtung variieren. Zu diesem Himmel könnte eine Stadtsilhouette toll aussehen.

In den Bergen

In der Natur lässt es sich wunderbar entspannen, Energie auftanken und einen neuen Zugang zur eigenen Kreativität finden. Berge und Bäume sind dabei wesentliche Elemente von Landschaften, und es gibt so viele Möglichkeiten, sie zu malen! Mit den folgenden Projekten kannst du verschiedene Grundtechniken vertiefen und üben, auf einfache Weise den Eindruck von Entfernung zu vermitteln.

Du übst außerdem, das Verhältnis von Farbe zu Wasser zu kontrollieren und harmonische Farbmischungen herzustellen. Mit ein paar zusätzlichen Tricks, etwa dem Tupfen mit einem Schwamm oder der Trockenpinseltechnik, entstehen unvergleichlich interessante Bilder.

Bergansicht mit Mond

● ○ ○ FÜR EINSTEIGER/INNEN

An diesem Bild übst du neben dem Malen von Bäumen und Bergen auch das Lasieren, also den mehrschichtigen Farbauftrag nass auf trocken. Außerdem lernst du, wie sich in einem Bergmotiv räumliche Entfernung darstellen lässt.

Material

Malerkrepp

Aquarellpapier

Rundpinsel Größe 8

Flachpinsel 20 mm

Küchenpapier

Kleine Münze

Farben

Paynes Grau

Schritt 1

Lege mit Malerkrepp eine rechteckige Bildfläche auf dem Aquarellpapier fest. Klebe das Papier auf deinen Arbeitstisch oder eine Malplatte.

Gib mit dem Rundpinsel eine große Pfütze Wasser auf die Palette und löse darin etwas Paynes Grau auf. Es soll ein heller Tonwert entstehen.

Je höher der Wasser- und je geringer der Pigmentanteil, desto heller sind Aquarellfarben. Probiere auf einem Stück Papier aus, ob die Farbe nicht zu blass ist.

Vergiss nicht: Aquarellfarben werden beim Trocknen heller.

Nimm die Farbe mit dem Flachpinsel auf und trage sie so gleichmäßig wie möglich auf die gesamte Bildfläche auf. Falls sich dunklere Pfützen aus Wasser und Farbe bilden, sauge sie mit einem feuchten Pinsel oder Küchenpapier auf.

Solange die Farbe nass ist, gestaltest du den Mond.

Schritt 2

Wickle ein Stück Küchenpapier um eine kleine Münze. Drehe das überschüssige Papier über der Münze zusammen, sodass du eine glatte, runde Fläche erhältst. Drücke die eingewickelte Münze in die nasse Farbe. Das Küchenpapier saugt beim Andrücken die nasse Farbe auf. Wenn du die Münze abnimmst, kommt ein weißer Kreis zum Vorschein.

Beachte beim Platzieren des Mondes die Drittelregel: Dabei unterteilst du die Bildfläche waagerecht und senkrecht in Drittel (Seite 45). Ich habe den Mond auf der unteren rechten Kreuzung platziert, du kannst aber auch eine andere Kreuzung wählen.

Lasse die Farbe vollständig trocknen. Je mehr Wasser die Farbe enthält, desto langsamer trocknet sie. Wenn du es eilig hast, hilf mit einem Föhn nach.

Schritt 3

Wenn alles trocken ist, gib etwas mehr Paynes Grau in deine Farbe, um sie leicht abzudunkeln. Probiere die neue Farbe wieder auf einem Papierrest aus, um sicherzustellen, dass sie auch nach dem Trocknen dunkler ist als die erste.

Ziehe mit der neuen Farbe mit dem Flachpinsel einen leicht geschwungenen Strich unter dem Mond. Du kannst den Mond auch etwas übermalen. Fülle dann den Bereich darunter mit der Farbe aus.

Weil die Farbe transparent ist, schimmert der Mond durch die Farbschicht – faszinierend! Trage die Farbe ganz behutsam auf. Wenn du mit dem Pinsel „schrubbst", löst sich die untere Farbschicht und das Ergebnis wird ungleichmäßig.

Tupfe Pfützen wieder mit einem feuchten Pinsel ab, bevor du das Bild trocknen lässt.

Schritt 4

Wenn alles getrocknet ist, wiederhole Schritt 3. Gib mit dem Rundpinsel etwas mehr Paynes Grau in deine Farbe, um sie nochmals abzudunkeln.

Du kommst nun dem Vordergrund näher und malst stark vereinfachte Silhouetten von Bäumen.

Denke daran: Je näher ein Objekt dem Betrachter ist, desto klarer sind seine Konturen und desto gesättigter sind seine Farben. Deshalb wird hier die Farbe zum Vordergrund hin immer dunkler.

Nimm Farbe auf und halte den Pinsel fast parallel zum Papier. Die Pinselspitze zeigt nach oben.

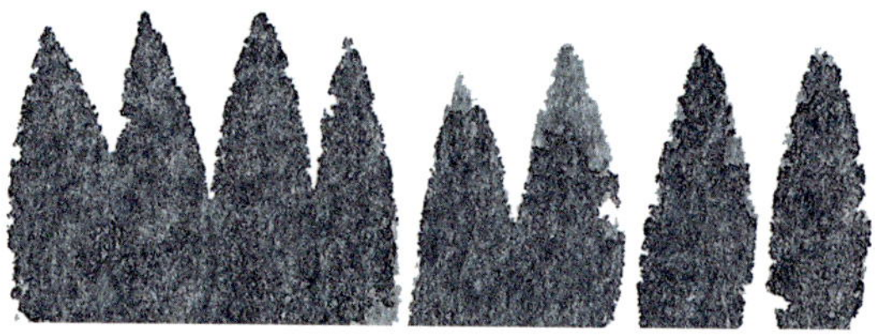

Setze die Pinselspitze direkt unter der Hügelkontur auf und ziehe sie leicht nach unten, sodass ein Dreieck entsteht. Reihe viele solcher kleinen Dreiecke in einem ungleichmäßigen Bogen aneinander und fülle danach das Papier unter ihnen aus. Die dritte Schicht ist also ein mittlerer Grauton mit vielen kleinen Zacken.

Tipp: Es sieht langweilig aus, wenn die Baumwipfel eine gerade Linie bilden. Viel lebendiger wirkt das Bild, wenn sie unterschiedlich hoch sind.

Falls dir die feinen Zacken nur schwer gelingen, hast du vielleicht zu viel Farbe und Wasser im Pinsel. Streife ihn am Rand deiner Palette ab.

Lasse das Bild wieder vollständig trocknen.

Schritt 5

Ist die Farbe trocken, folgen weitere Bäume. Gib zuerst noch mehr Paynes Grau zu deiner Farbe, um sie weiter abzudunkeln.

Male am linken Bildrand mit dem Rundpinsel einen senkrechten Strich. Füge eine Zickzackform an, die von der Spitze nach unten breiter wird. Diese Bäume sind einfach zu malen, sehen aber recht realistisch aus. Super perfekt müssen sie nicht werden. Es geht nur um den Gesamteindruck, verliere dich darum nicht in Einzelheiten.

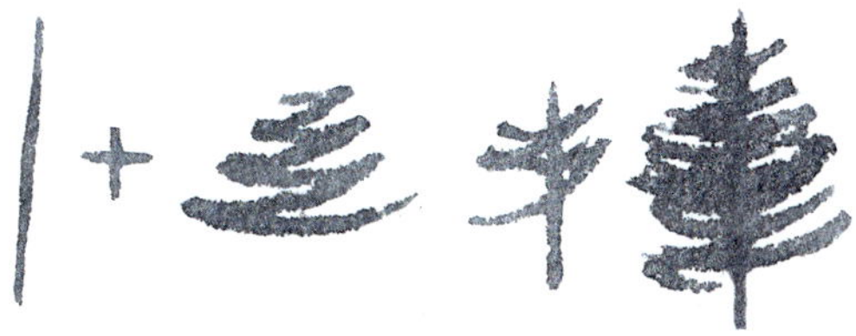

Fülle das Papier unter dem Baum mit Farbe aus und male dann den nächsten Baum. Ordne die Bäume in verschiedenen Höhen an, das wirkt lebendiger.

Wenn du am rechten Rand angekommen bist, lasse wieder alles trocknen.

Schritt 6

Nach dem Trocknen folgt der dunkelste Tonwert. Nimm wieder dein dunkles Grau auf und male unter der letzten Baumreihe eine weitere. Die Bäume sind dem Betrachter noch näher und müssen darum so dunkel sein.

Lasse dein fertiges Bild vollständig trocknen.

Alternative 1

Du kannst ähnliche Motive auch in jeder anderen Farbe malen. Hier habe ich Preußischblau verwendet und die Tonwerte ebenso abgedunkelt wie im Projekt.

Alternative 2

Für dieses Beispiel habe ich Kadmiumgelb und Karminrot gemischt und dann verdünnt, um ein blasses Pfirsich-Orange zu erhalten.

Zum Abdunkeln müssen dann immer beide Ausgangsfarben verwendet werden. Je näher die Bäume dem Betrachter sind, desto dunkler und röter sind sie. Für den Vordergrund muss also der Rotanteil in der Mischung größer sein als der Gelbanteil.

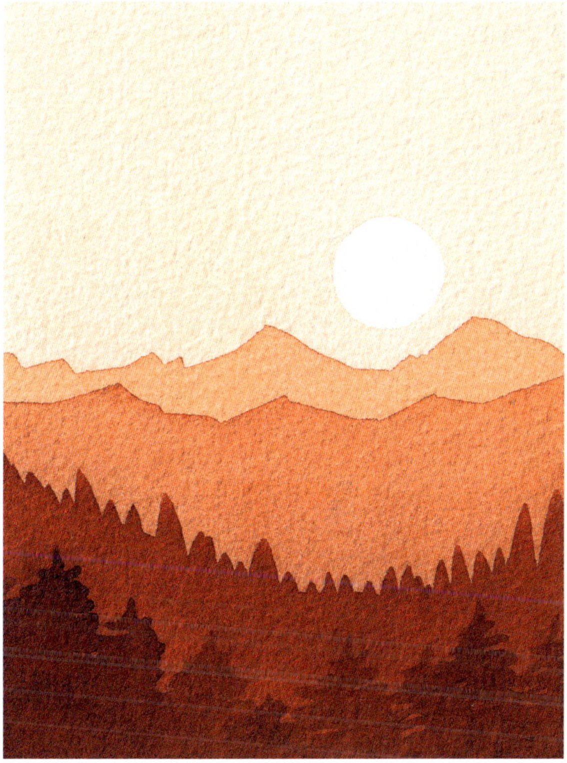

Berge im Nebel

●○○ FÜR EINSTEIGER/INNEN

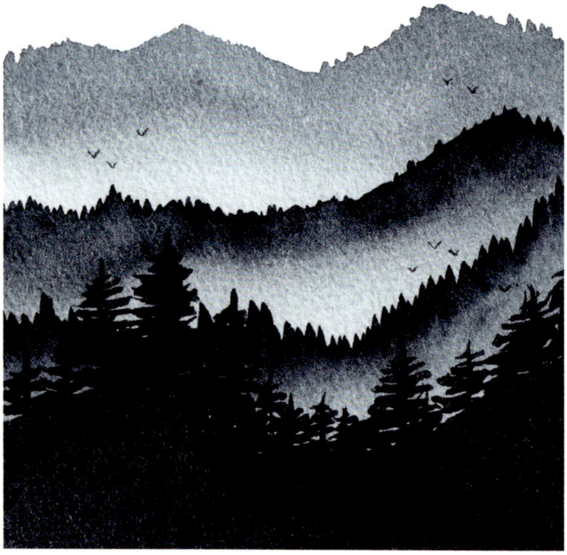

Nachdem du gelernt hast, in Bildern räumliche Entfernung darzustellen, wenden wir uns jetzt einem anderen Bestandteil der Landschaftsmalerei zu: Dunst und Nebel. Um diese Wetterphänomene malerisch zu erfassen, ist die beste Technik das Verwischen oder Verblenden von Farben. Scharfe Konturen werden aufgelöst und scheinen im Nebel zu verschwimmen. Probiere es mit deiner eigenen Berglandschaft aus.

Material

Malerkrepp

Aquarellpapier

Rundpinsel Größe 8

Küchenpapier

Farben

Paynes Grau

Schritt 1

Lege mit Malerkrepp eine rechteckige Bildfläche auf dem Aquarellpapier fest. Klebe das Papier dann auf deinen Arbeitstisch oder deine Malplatte. Es ist vorteilhaft, wenn du deine Malplatte leicht schräg stellen kannst, um bei diesem Bild die Schwerkraft zu nutzen.

Gib eine große Pfütze Wasser auf deine Palette und löse darin eine kleine Menge Paynes Grau auf.

Nimm mit dem Rundpinsel Farbe auf und male für die Bergkette im oberen Bilddrittel einen Strich mit unregelmäßigen Zacken. Der Strich darf weder zu dünn noch zu dick sein, sonst wird es schwierig, später einen schönen Hell-Dunkel-Verlauf zu erreichen. Du kannst entlang der Kontur des Strichs mit der Pinselspitze winzige Zacken für die Bäume anfügen. Spüle den Pinsel aus und tupfe ihn auf Küchenpapier ab.

Arbeite zügig! Je trockener die Farbe wird, desto schwieriger ist es, sie zu verwischen. Fahre sofort mit einem feuchten Pinsel an der Kontur deiner Zackenlinie entlang. Berühre die Kontur nur ganz leicht, sodass die Farbe von selbst in den angefeuchteten Bereich verläuft.

Wenn du am rechten Bildrand angekommen bist, verteilst du die restliche Farbe nach unten. Lasse das Bild vollständig trocknen. Du kannst die Trocknung mit einem Föhn beschleunigen.

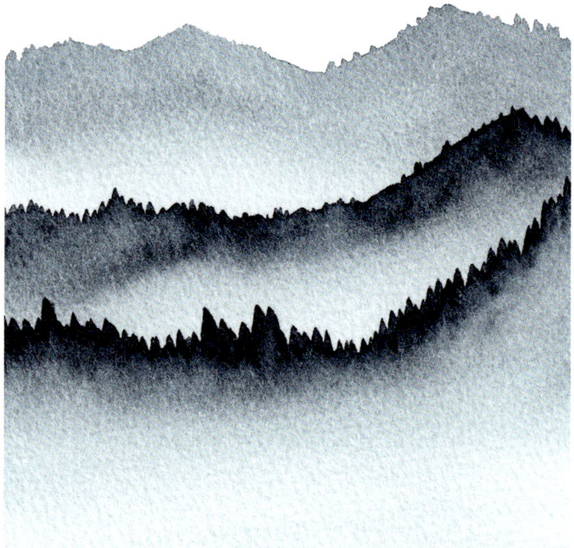

Schritt 2

Sobald alles vollständig getrocknet ist, dunkelst du dein helles Grau etwas ab. Wiederhole den vorherigen Schritt. Die neue Zickzacklinie sollte aber so weit unterhalb der ersten Bergkette liegen, dass ein Übergang von dunkel zu hell gut zu erkennen ist.

Ist die neue Zickzacklinie gemalt, setze einen sauberen, feuchten Pinsel direkt darunter an und folge ihrer Kontur, sodass die Farbe in den feuchten Bereich verläuft.

Der Tonwertverlauf muss nicht perfekt ausfallen. Einige Unregelmäßigkeiten sind sogar erwünscht, denn dadurch wirkt der Berg natürlicher und interessanter! Ist der Verlauf fertig, lasse das Bild wieder gut trocknen.

Schritt 3

Da die Berge dem Betrachter näher kommen, müssen die Silhouetten der Bäume etwas größer und dunkler werden. Dunkle deine Farbe also nochmals ab oder bereite neue Farbe vor, falls die vorherige aufgebraucht ist. Male eine dritte Bergkette etwas unterhalb der vorherigen.

Nutze dann deine Pinselspitze, um die Baumsilhouetten anzudeuten. Halte den Pinsel fast parallel zum Papier, sodass die Spitze nach oben zeigt. Setze den Pinsel unterhalb der Bergkontur an und drücke ihn leicht auf das Papier, damit er sich spreizt. Ziehe den Pinsel dann leicht abwärts.

Auch nach der dritten Bergkette sollte das Bild wieder vollständig trocknen.

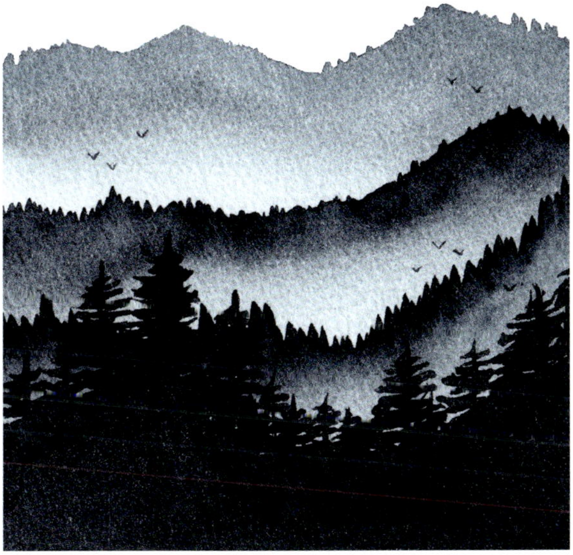

Schritt 4

Nun kommt der Vordergrund des Bilds an die Reihe. Diesmal kommen größere Baumsilhouetten hinzu. Sie sind dem Betrachter viel näher und darum deutlicher zu erkennen.

Dunkle für diese Bäume die Farbe auf deiner Palette noch weiter ab.

Zeichne dann am linken Bildrand mit dem Rundpinsel einen senkrechten Strich.

Setze den Pinsel an der Spitze des Strichs an und male eine Zickzackform, die nach unten breiter wird. So kannst du ganz einfach realistisch wirkende Bäume darstellen.

Die Bäume müssen nicht perfekt werden. Es geht um den Gesamteindruck, darum brauchst du dich nicht in Details zu verlieren. Ordne die Bäume nicht in einer geraden Reihe an, sondern variiere die Höhen, damit das Bild lebendig wirkt.

Noch stimmungsvoller wird dein Bild, wenn du mit einfachen, flachen V-Formen die Silhouetten von Vögeln andeutest.

Wenn du die letzte Baumreihe gemalt hast, lasse das fertige Bild trocknen. Geschafft! Jetzt weißt, du, wie du Dunst und Nebel auf Landschaftsmotiven darstellen kannst.

Alternative

Du konntest über den Bergen auch Sonne oder Mond aufgehen lassen. Nimm für die Darstellung der Himmelskörper wie bei unseren vorherigen Projekten die erste Farbschicht vor dem Trocknen mit einer in Küchenpapier eingewickelten Münze wieder ab.

Düstere Stimmung

●●○ FÜR FORTGESCHRITTENE

Du hast bei früheren Projekten gelernt, dass nass in nass gemalte Motive weiche, verschwommen wirkende Konturen haben. Das gelingt am besten, wenn die Konsistenz der Farbe nicht zu wässrig ist. Enthält die Farbe zu viel Wasser, breitet sie sich nur unkontrolliert aus. Nass in nass gemalte Hintergründe können auch wie Nebel oder Dunst aussehen oder – wie hier – eine düstere Stimmung vermitteln.

Du übst bei diesem Motiv, das Wasser auf dem Papier und im Pinsel zu beherrschen, Distanz und Details darzustellen – und das alles mit nur zwei Farben.

Material

Malerkrepp
Aquarellpapier
Flachpinsel 20 mm
Küchenpapier
Kleines Stück Schwamm
Rundpinsel Größe 8

Farben

Ultramarinblau

Paynes Grau

Schritt 1

Lege mit Malerkrepp eine rechteckige Bildfläche auf dem Aquarellpapier fest. Klebe das Papier auf deinem Arbeitstisch oder deiner Malplatte fest.

Gib etwas Wasser auf deine Palette und löse darin etwas Ultramarinblau auf, um einen hellen Tonwert zu erhalten. Denke daran, dass Aquarellfarben nach dem Trocknen heller aussehen. Die nasse Farbe sollte also etwas dunkler sein als das gewünschte Ergebnis.

Verteile das blasse Blau mit dem Flachpinsel gleichmäßig auf dem ganzen Papier. Streiche hin und her, auf und ab. Falls sich Pfützen bilden, tupfe sie mit Küchenpapier oder einem feuchten Pinsel ab.

Es geht sofort weiter mit dem nächsten Schritt.

Schritt 2

In den noch feuchten Farbauftrag malst du nun nass in nass die Bergkette.

Dunkle dafür dein helles Blau mit etwas Paynes Grau ab. Wenn du den Eindruck hast, dass die Farbe zu wässrig ist, gib einfach eine kleine Menge davon an eine andere Stelle deiner Palette und füge etwas Ultramarinblau und Paynes Grau dazu, sodass sie cremiger wird. Wenn das nasse Papier beginnt, seinen Glanz zu verlieren, nimm die neue Farbe mit dem Flachpinsel auf und streife ihn am Rand der Palette ab, um überschüssiges Wasser zu entfernen.

Male für die hintere Bergkette einen ungefähr waagerechten Strich im oberen Drittel der Bildfläche. Damit er interessanter aussieht, füge an seine Kontur mit der Pinselspitze viele kleine Zacken an.

Fülle anschließend den ganzen unteren Bildbereich mit der Farbe aus.

Danach geht es sofort mit dem nächsten Schritt weiter.

Schritt 3

Der nächste Berg liegt näher zum Betrachter, ist also deutlicher zu erkennen. Darum muss die Sättigung der Farbe nochmals erhöht werden.

Gib noch mehr Paynes Grau zu deiner Mischung, damit der Tonwert dunkler und die Konsistenz cremiger wird. Probiere auf einem Papierrest aus, ob sie auch nach dem Trocknen dunkel genug ist.

Beim Auftragen der Farbe darf das Papier nicht mehr zu stark glänzen. Wenn es zu nass ist, breitet sich die Farbe zu stark aus.

Trage die Farbe wie im vorigen Schritt unterhalb der ersten Bergkette auf.

Lasse das Bild danach vollständig trocknen. Du kannst den Vorgang mit einem Föhn beschleunigen.

Schritt 4

Beim Trocknen kann sich der Grauton verändern. In diesem Fall ist der Blauanteil kaum noch zu ahnen, die Farbe sieht dunkelgrau aus. Das ist in Ordnung.

Jetzt trägst du im Vordergrund die dunklen Bäume mit dem dunkelsten Tonwert auf. Verwende dafür einen Schwamm. Tauche den Schwamm in Wasser und drücke ihn gut aus, damit er nicht zu nass ist. Tunke ihn dann in deine cremige, dunkelste Farbe.

Tupfe die Farbe unten links und oben rechts auf dein Bild. Denke dabei an ein Feuerwerk: In der Mitte der Baumkrone stehen die Tupfen dicht an dicht, nach außen hin werden sie immer lockerer.

Nimm mit dem Rundpinsel das ganz dunkle Grau auf und male mit der Pinselspitze einige Zweige zwischen das Blattwerk.

Lasse dein fertiges Bild trocknen. Super – du hast bei diesem Motiv den kontrollierten Umgang mit Farbe und Wasser geübt.

Alternative 1

Für diese Variante habe ich nur eine einzige Farbe verwendet: Paynes Grau in verschiedenen Tonwerten. Zuletzt habe ich im Vordergrund eine Reihe einfacher Baumsilhouetten gemalt.

Alternative 2

Hier wurden verschiedene Techniken kombiniert. Für die ersten beiden Farbschichten habe ich Ultramarinblau verwendet und die Sonne mit einer Münze abgetupft. Für die Berge kamen verschiedene Tonwerte einer relativ konzentrierten Mischung aus Ultramarinblau und Saftgrün zum Einsatz.

Verschneite Berge am Abend

●●○ FÜR FORTGESCHRITTENE

Verschneite Berge sind gar nicht schwer zu malen. Leicht und überzeugend gelingen sie mit der Trockenpinseltechnik, die auch beim Sternenhimmel auf Seite 102 zum Einsatz kam. In diesem Malprojekt übst du das Lavieren. Außerdem wirst du deinem Motiv Details hinzufügen, um die Szenerie zum Leben zu erwecken.

Material

Malerkrepp

Aquarellpapier

Flachpinsel 20 mm

Küchenpapier

Bleistift HB

Rundpinsel Größe 8

Farben

Ultramarinblau

Chinacridonrosa

Paynes Grau

Schritt 1

Lege mit Malerkrepp eine rechteckige Bildfläche auf dem Aquarellpapier fest. Klebe das Papier auf deinen Arbeitstisch oder eine Malplatte.

Stelle auf der Palette eine konzentrierte Mischung aus Ultramarinblau und Chinacridonrosa her. Nimm mit dem Flachpinsel klares Wasser auf und verteile es gleichmäßig auf der ganzen Papieroberfläche. Falls sich Wasserpfützen bilden, tupfe sie mit Küchenpapier oder einem feuchten Pinsel ab.

Nimm mit dem Flachpinsel violette Farbe auf und beginne am oberen Bildrand einen Farbverlauf zu lavieren. Wenn du feststellst, dass zu viel Farbe im Pinsel ist, spüle ihn aus und verteile die Farbe mit dem feuchten, sauberen Pinsel bis zur Bildmitte. Wiederhole dasselbe, beginne nun aber am unteren Bildrand.

Es geht sofort mit dem nächsten Schritt weiter.

Schritt 2

Nimm mit dem feuchten Pinsel etwas Chinacridonrosa auf und verteile es in der Bildmitte. Bewege den Pinsel hin und her, auf und ab, damit sich das Rosa mit dem Violett mischt.

Wenn später die Berge gemalt werden, bekommen sie durch diese Farbe ein schönes, warmes Leuchten.

Wenn die Farben gut ineinander verblendet sind, lässt du das Bild vollständig trocknen.

Schritt 3

Weiter geht es mit den Bergen. Lege zuerst ihre Position fest. Zeichne mit Bleistift auf der getrockneten Farbe eine schräge Linie von links nach rechts durch die Mitte des Papiers und dann eine weitere Linie von rechts zur Mitte der ersten Linie.

Anders als bei den vorigen Bildern werden die Berge nicht nur mit einfachen Farbverläufen gestaltet. Stattdessen setzt du die Trockenpinseltechnik ein, um ihnen Textur zu verleihen und den Schnee überzeugend darzustellen.

Verdünne dein Violett, um einen helleren Tonwert zu erhalten. Trockne den Pinsel gut auf Küchenpapier und nimm dann etwas Farbe auf. Halte den Pinsel leicht schräg und streiche zügig über einen Papierrest (Seite 36). Schimmern weiße Stellen durch die Farbe, ist der Pinsel trocken genug. Es ist wichtig, schnell über das Papier zu streichen, damit die Farbe keine Zeit hat, in die Strukturtäler zu sinken. Sind keine weißen Stellen zu sehen, sauge noch mehr Feuchtigkeit mit Küchenpapier aus dem Pinsel.

Streiche nun mit dem Pinsel leicht von links nach rechts über die rechte Kontur des Berges.

Einige Bereiche sollen mit Farbe bedeckt werden, andere weiß bleiben.

Schritt 4

Male nun den linken Berg ebenso. Dunkle zuerst deine Farbe mit Chinacridonrosa etwas ab, denn dieser Berg liegt dem Betrachter näher. Darum müssen die Kontraste stärker sein.

Bewege den Pinsel von der oberen Ecke des Umrisses nach unten rechts, damit es so aussieht, als hätte der Berg mehrere Gipfel.

Es ist auch möglich, mit der Pinselspitze leicht über das Papier zu streichen, um dickere Schrägstriche zu erzeugen. Auf diese Weise deutest du Bereiche auf den Bergen an, auf denen kein Schnee liegt.

Lasse das Bild wieder vollständig trocknen.

Schritt 5

Um die Tiefenwirkung zu verstärken, trägst du eine zweite Farbschicht auf. Dadurch werden auch die Tonwerte dunkler.

Schritt 6

Jetzt sind die Bäume im Vordergrund an der Reihe. Nimm mit dem Rundpinsel Wasser und Paynes Grau auf. Streife den Pinsel am Rand der Palette so ab, dass die Spitze ganz fein wird.

Beginne dann an der unteren linken Seite des Bilds und ziehe mit dem Rundpinsel eine dünne vertikale Linie. Setze den Pinsel am oberen Ende der Linie an und male eine Zickzackform, die nach unten breiter wird.

Achte wieder darauf, die Bäume nicht auf einer Linie zu platzieren, sonst sieht das Motiv langweilig aus. Sorge für Abwechslung! Ist deine Baumreihe fertig, lasse das fertige Bild vollständig trocknen.

Geschafft! Du hast in diesem Motiv das Anlegen von Farbverläufen in Kombination mit der Trockenpinseltechnik geübt – eine spannende Kombi!

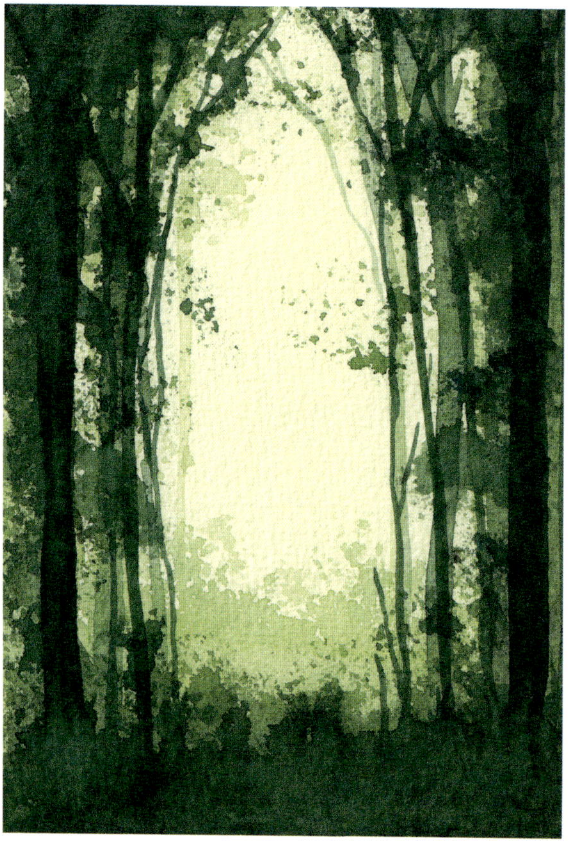

Im Märchenwald

●●○ FÜR FORTGESCHRITTENE

Erinnerst du dich an die Unterwasserhöhle im Meer (Seite 57)? Dort haben wir mit überlappenden Formen und verschiedenen Tonwerten gespielt, um eine geheimnisvolle Atmosphäre zu erzeugen. Die sich überlagernden Farbschichten geben dem Betrachter das Gefühl, etwas Interessantes zu entdecken, das tief in der Höhle verborgen ist. Mit der gleichen Technik wird hier die Transparenz der Aquarellfarben für eine verzauberte Waldszene genutzt. Los geht's!

Material

Malerkrepp
Aquarellpapier
Flachpinsel 20 mm
Küchenpapier
Rundpinsel Größe 8
Kleines Stück Schwamm

Farben

Zitronengelb
Ultramarinblau

Schritt 1

Lege mit Malerkrepp eine rechteckige Bildfläche auf dem Aquarellpapier fest. Klebe das Papier auf deinen Arbeitstisch oder eine Malplatte.

Jetzt ist es an der Zeit, die Farbe vorzubereiten. Gib zuerst eine große Pfütze Wasser auf deine Mischpalette.

Für das Licht im Hintergrund brauchst du ein blasses Gelb. Gib dafür eine kleine Menge Zitronengelb in das Wasser.

Teste die Mischung, um zu sehen, ob sie zu hell oder zu dunkel ist. Vergiss auch nicht, dass Aquarellfarben nach dem Trocknen heller aussehen. Töne die erste Farbe etwas dunkler ein, als sie letztendlich erscheinen soll.

Nimm nun die Farbe mit dem Flachpinsel auf und verteile sie auf der ganzen Bildfläche. Bewege den Pinsel von links nach rechts, hin und her, auf und ab. Wenn das Papier bedeckt ist, entferne überschüssige Farbpfützen, indem du sie mit Küchenpapier oder einem feuchten Pinsel aufsaugst.

Lasse das Bild anschließend vollständig trocknen. Ein Föhn beschleunigt den Trocknungsprozess.

Schritt 2

Nun folgen die ersten Baumreihen. Gib etwas Ultramarinblau zum Zitronengelb, um ein gedämpftes Grün zu erhalten. Nimm etwas Farbe mit dem Rundpinsel auf. Entferne überschüssige Feuchtigkeit, indem du ihn am Rand deiner Mischpalette abstreifst.

Male beiderseits der Mitte einige senkrechte Striche – nicht zu viele, denn später fügst du noch weitere Bäume hinzu. Die Striche sollten sehr dünn sein, weil sie in der Ferne liegen.

Tauche danach den Schwamm in die Farbmischung und drücke ihn gut aus. Jetzt kannst du mit der Kante des Schwamms die Blätter „stempeln". Verändere den Druck und die Auflagefläche des Schwamms, um verschiedene Arten von lockeren Texturen zu erzeugen. Du kannst auch in den unteren Bildbereich Blätter tupfen, um junge Büsche zwischen den Bäumen anzudeuten.

Wenn du fertig bist, lasse das Bild vollständig trocknen.

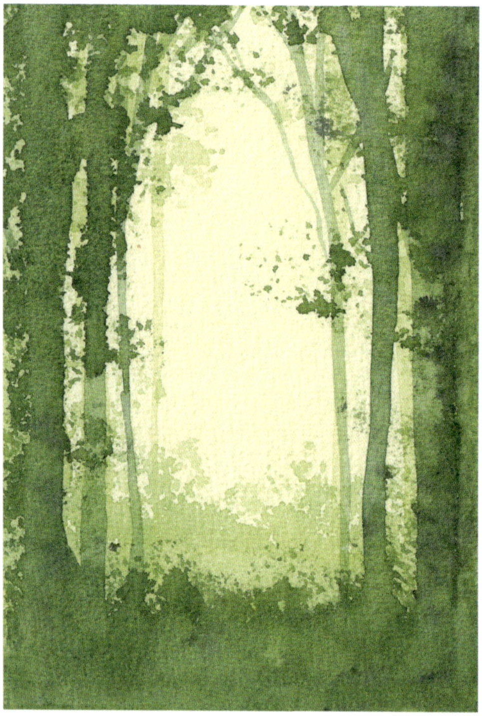

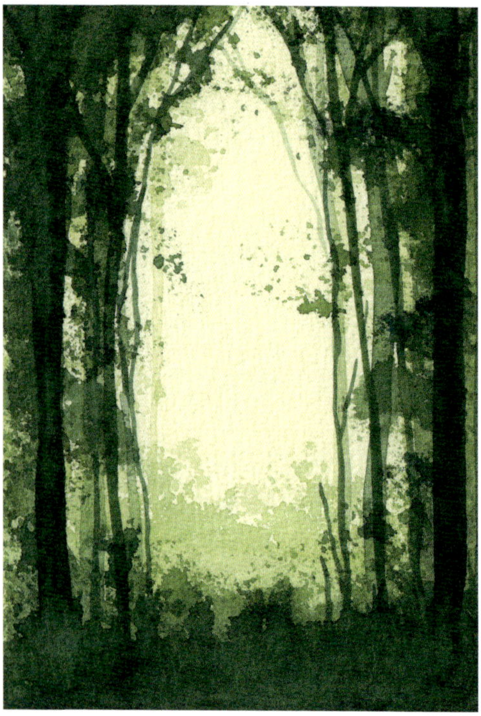

Schritt 3

Ist alles komplett getrocknet, wiederhole die vorherigen Schritte. Dunkle zuerst deine Farbmischung mit Ultramarinblau weiter ab. Wenn dir nach einer Baumreihe die Farbe ausgeht, ist das kein Problem. Du kannst jederzeit neue Farbe auf deiner Palette mischen.

Nimm dann mit dem Rundpinsel Farbe auf und male eine weitere Baumreihe.

Die Formen im Hintergrund sind klein und ohne scharfen Umriss, um die Illusion von Ferne zu erzeugen. Im Vordergrund kannst du mit verschiedenen Größen spielen!

In diesem Fall habe ich eine dickere, dunklere Linie für die zweite Baumreihe gemalt und ein paar dünnere Linien dazwischengesetzt.

Als Nächstes malst du mit dem Rundpinsel und der gleichen Farbe einige leicht gekrümmte Linien, um zusätzlich glatte Äste anzudeuten.

Tupfe danach wieder mit dem Schwamm ein paar lose Blätter um die Äste herum und am unteren Rand des Bilds auf.

Wie du siehst, ist mein Papier hier sehr schnell getrocknet und die Farbe ist etwas fleckig geworden. Das ist aber gar kein Problem, im Gegenteil. Die Textur wird dadurch umso abwechslungsreicher und interessanter.

Schritt 4

Sobald die vorherige Farbschicht getrocknet ist, fügst du die letzte Reihe von Bäumen hinzu.

Gib zuerst noch etwas mehr Ultramarinblau zu deiner Mischung, um sie weiter abzudunkeln.

Setze die zusätzlichen Bäume zwischen die davor gemalten, damit auch alle anderen Stämme sichtbar sind.

Zum Schluss noch einige Äste und Blätter einfügen – dann ist das Bild fertig.

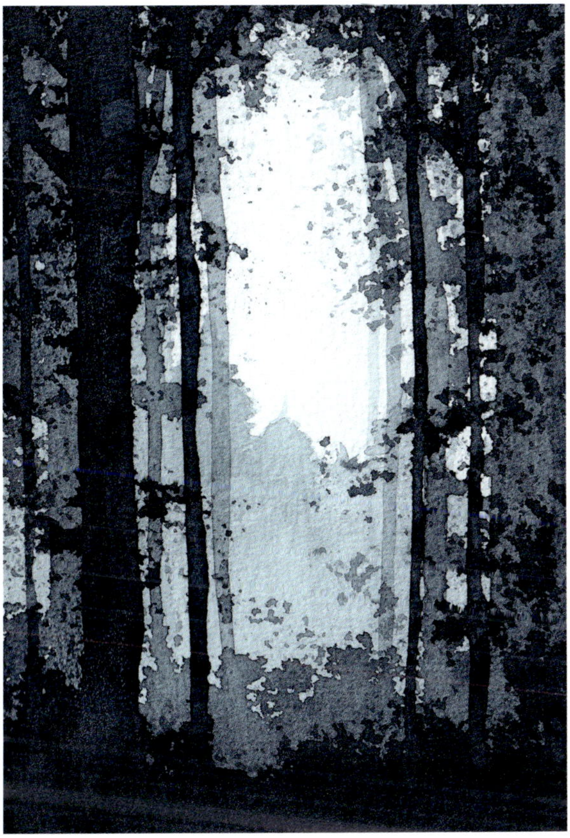

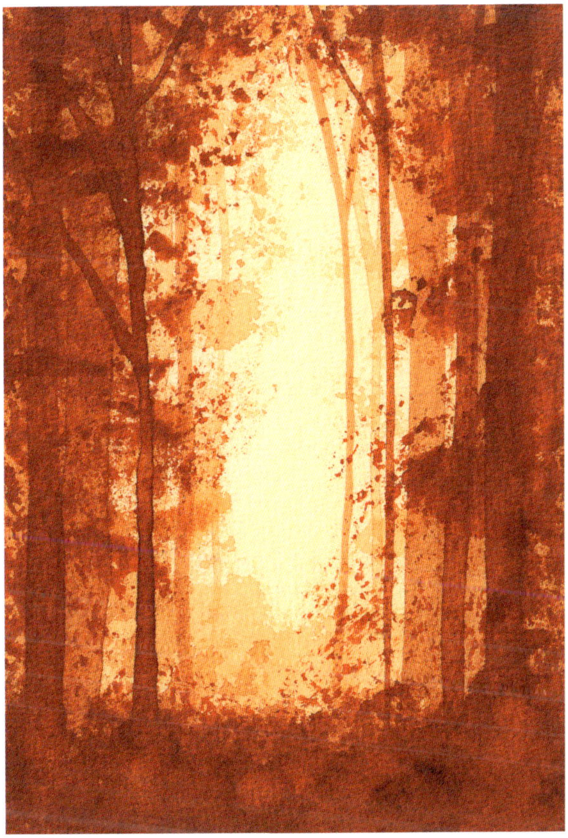

Alternative 1

Hier habe ich nur Paynes Grau in verschiedenen Tonwerten verwendet und auch in den Hintergrund einige zusätzliche Baumsilhouetten gemalt.

Alternative 2

Für diese Variante habe ich Kadmiumgelb und Karminrot verwendet. Wie du siehst, ändert sich durch die andere Farbwahl die ganze Atmosphäre – düster und bedrohlich wird zu warm und herbstlich.

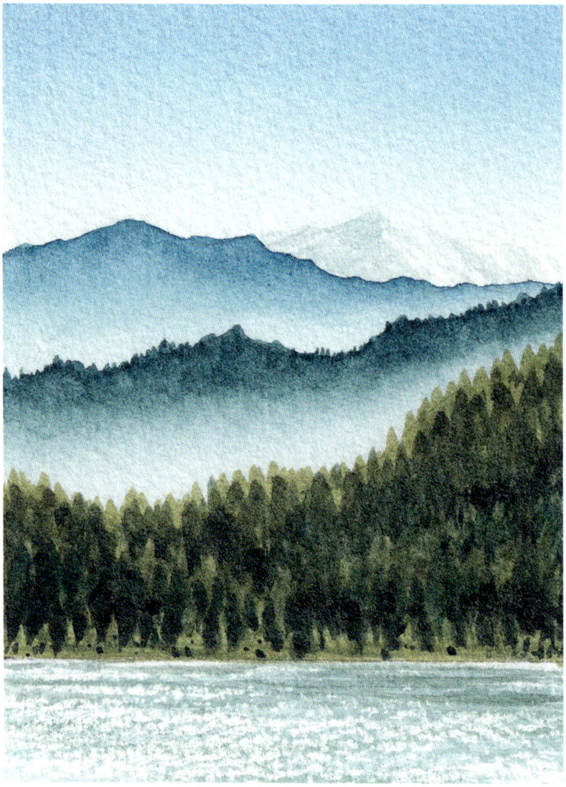

Bergsee im Sonnenlicht

●●● FÜR GEÜBTE

Bei diesem Motiv geht es nicht um Realismus, sondern darum, verschiedene Aquarellmaltechniken zu üben und dein Können weiterzuentwickeln.

Material

Malerkrepp
Aquarellpapier
Bleistift HB
Flachpinsel 20 mm
Rundpinsel Größe 8
Küchenpapier

Farben

Coelinblau
Ultramarinblau
Gelber Ocker
Paynes Grau

Schritt 1

Lege mit Malerkrepp eine rechteckige Bildfläche auf dem Aquarellpapier fest. Klebe das Papier auf deinen Arbeitstisch oder eine Malplatte.

Skizziere die Berge dünn mit einem HB-Bleistift. Orientiere dich gern an der Abbildung.

Der Drittelregel folgend liegt der Himmel im oberen Drittel, die dunstigen Berge im mittleren und der mit Bäumen bewachsene Berg im unteren Drittel.

Doch bevor es im nächsten Schritt ans Malen geht, bereiten wir erst einmal die Farbe vor.

Stelle auf deiner Palette eine konzentrierte Mischung aus Coelinblau und Ultramarinblau her. Du benötigst sie für den Himmel. Da auch ein wolkenloser Himmel selten nur blau ist, soll er etwas sonnige Wärme bekommen. Verdünne dafür eine kleine Menge Gelben Ocker mit Wasser. Der Tonwert sollte sehr hell sein.

Schritt 2

Nimm mit dem Flachpinsel klares Wasser auf und befeuchte den oberen Bildbereich gleichmäßig. Nimm Pfützen mit einem feuchten Pinsel oder Küchenpapier vom Papier ab.

Trage dann mit deiner Farbe einen breiten Strich am oberen Bildrand auf und laviere sie, blasser werdend, nach unten. Bewege den Pinsel dabei nur hin und her.

Wenn du feststellst, dass die Farbe nach unten nicht heller wird, spüle den Pinsel aus, tupfe überschüssige Feuchtigkeit ab und verteile die Farbe mit dem sauberen, feuchten Pinsel.

Nimm mit einem sauberen Pinsel stark verdünnten Gelben Ocker auf und verteile ihn direkt oberhalb der Berggipfel nach oben. Bewege den Pinsel hin und her und arbeite dich langsam nach oben vor, sodass sich der Ocker leicht mit dem Blau des Himmels mischt.

Falls der Ockerton eine harte Kontur bekommt, verblende sie weich (Seite 34). Spüle den Pinsel aus, tupfe überschüssiges Wasser ab und verwische die harte Kontur nach unten hin mit dem feuchten Pinsel.

Lasse das Bild vollständig trocknen.

Schritt 3

Als nächstes folgt der verschneite Berg im Hintergrund. Um den Eindruck von Schnee zu erzeugen, verwendest du wieder die Trockenpinseltechnik (Seite 36).

Nimm mit dem trockenen Rundpinsel etwas blaue Farbe auf und sauge überschüssige Feuchtigkeit mit einem Küchentuch aus dem Pinsel. Teste auf einem separaten Blatt Papier, ob der Pinsel nicht zu nass oder zu trocken ist.

Gib zuerst Farbe auf die linke, dunklere Seite des Bergs. Beginne an der linken Seite und führe den Pinsel aufwärts zum Gipfel. Dies ist die dunklere Seite des Bergs.

Wiederhole dasselbe, bewege aber diesmal den Pinsel von der Spitze des Bergs ausgehend schräg abwärts zum zweiten Berg weiter unten.

Durch die verschiedenen, schrägen Linien tritt die Form des Bergs hervor.

Lasse das Bild nun trocknen!

Schritt 4

Die Berge weiter vorn liegen näher beim Betrachter, deshalb müssen die Farben intensiver und die Kontraste stärker werden. Der zweite, im Dunst liegende Berg wird mit einer konzentrierten Mischung aus Coelinblau und Ultramarinblau gemalt.

Nimm mit dem Rundpinsel Farbe auf und verteile sie entlang der vorgezeichneten Kontur. Der Strich darf nicht zu dünn sein, weil er später verwischt wird, um den Dunst anzudeuten.

Wenn du die andere Seite des Papiers erreicht hast, spülst du den Pinsel aus und tupfst etwas vom überschüssigen Wasser ab. Fahre dann mit dem feuchten Pinsel direkt an der unteren Kontur des zuvor gemalten Strichs entlang, sodass die Farbe verläuft. Die Technik ist dieselbe wie bei den Bergen im Nebel (Seite 140).

Um sicherzustellen, dass beim Trocknen keine harte Kontur entsteht, verblendest du die sehr blasse Farbe mit einem feuchten Pinsel weiter nach unten.

Lasse das Bild wieder vollständig trocknen.

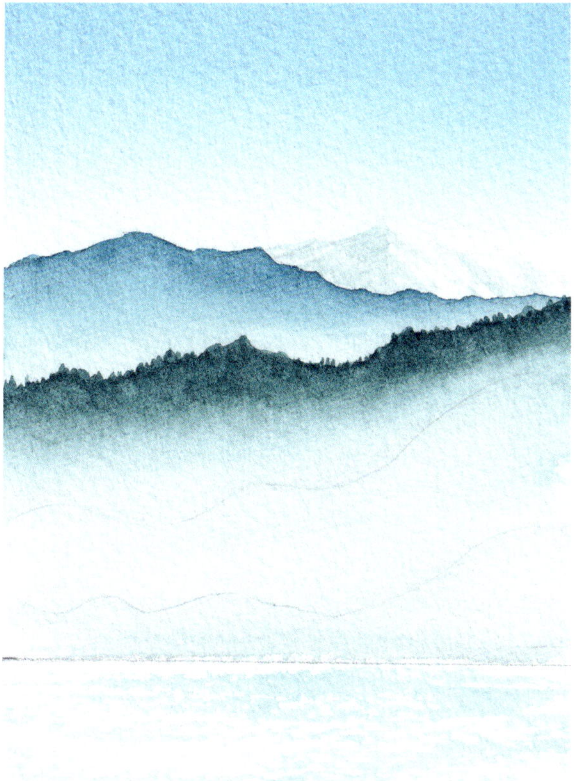

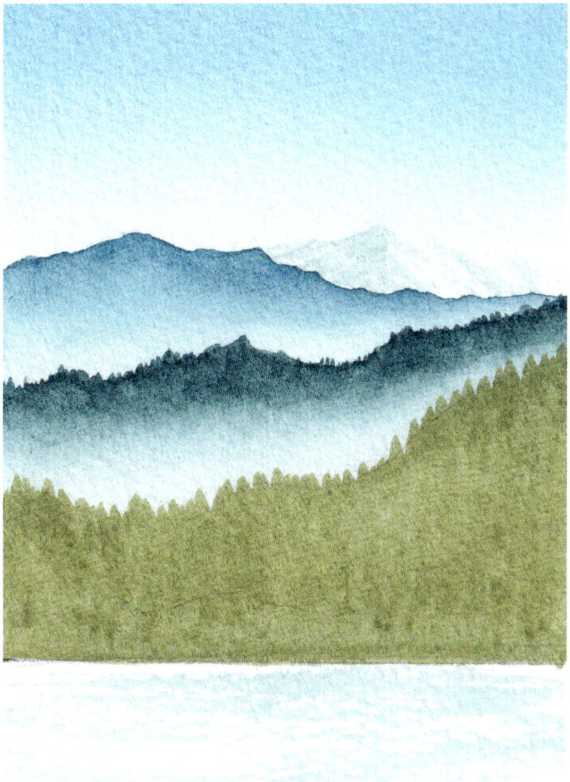

Schritt 5

Der nächste Berg liegt noch näher zum Betrachter. Damit er etwas wärmer wirkt, bringst du nun langsam Grüntöne ein. Gib zu deiner Mischung aus Coelinblau und Ultramarinblau ein wenig Gelben Ocker hinzu, sodass ein warmes Grün entsteht.

Gehe dann so vor wie beim vorherigen blauen Berg und lasse den Farbauftrag wieder vollständig trocknen.

In der Zwischenzeit trägst du dieselbe Farbe mit der Trockenpinseltechnik im unteren Bildbereich auf. Damit deutest du Wasser mit Lichtreflexen an.

Nimm dafür nur wenig Farbe auf und sauge möglichst viel Wasser aus dem Pinsel mit Küchenpapier auf. Streiche dann unter der Hilfslinie mit dem Pinsel mit sehr wenig Druck von links nach rechts, sodass ein durchbrochener Farbauftrag entsteht.

Schritt 6

Sind die Farben trocken, folgt der vordere, bewaldete Hügel. Gib zur vorherigen Mischung eine größere Menge Gelben Ocker, sodass ein warmes, gelbliches Grün entsteht.

Die Farbe muss eine cremige Konsistenz haben. Fülle zuerst mit dem Rundpinsel die gesamte Fläche innerhalb der Hilfslinien aus, um die Basis für die Bäume zu schaffen.

Dies werden die helleren Bereiche sein, auf die das Sonnenlicht scheint.

Lasse wieder alles trocknen!

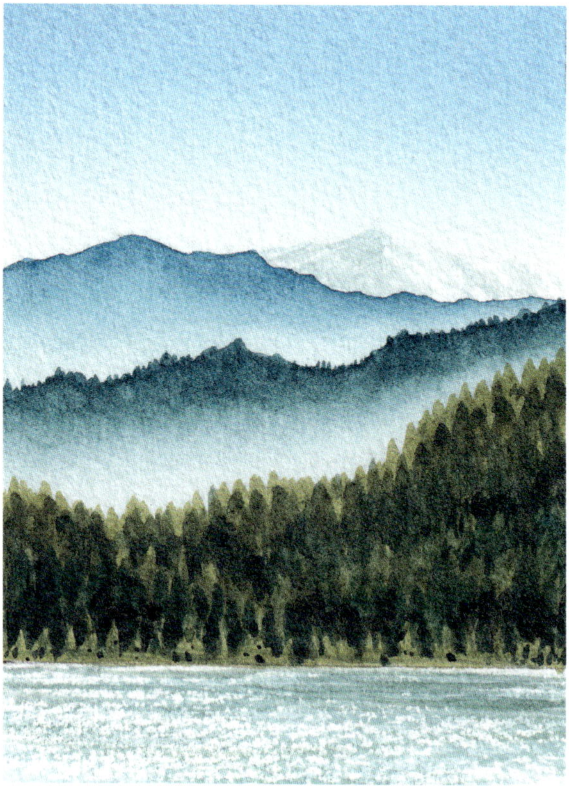

Schritt 7

Ganz zuletzt malst du die einzelnen Bäume auf dem Hügel.

Mische dafür aus den gleichen Ausgangsfarben verschiedene Grüntöne. Das kannst du auch während des Malens tun.

Nimm mit dem Rundpinsel einen etwas dunkleren Grünton auf und male die Bäume wie in der Bergansicht mit Mond (Seite 134) oder den Bergen im Nebel (Seite 140).

Lege die Pinselspitze flach auf das Papier und drücke leicht auf, um die Silhouette eines Baumes anzudeuten. Male die Bäume diesmal nicht dicht an dicht, sondern lasse dazwischen Platz. Jede Pinselabdruck sollte gut zu erkennen sein.

Wiederhole dasselbe mit einem dunkleren Grünton. Durch die neuen Bäume entstehen Schatten und die Tiefenwirkung nimmt zu.

Wenn dein Pinsel immer trockener wird, verwende die letzte verbleibende Farbe, um noch einmal über einen Teil des Wassers zu streichen und so die Spiegelung des bewaldeten Hügels anzudeuten.

Danach kannst du mit einem sehr dunklen Grünton noch hier und da einige Punkte und kleinere Bäume hinzufügen.

Ich habe die dunkelsten Bäume entlang der Hügelkontur und am Seeufer platziert.

Lasse das fertige Bild nun vollständig trocknen. Geschafft! Hier hast du verschiedene Techniken geübt, die dich in deinem Können weiterbringen.

Super, bleib dran!

Wie geht es weiter?

Und, hast du alle Malprojekte im Buch einmal ausprobiert? Manche waren vielleicht super einfach, andere eher schwierig. Das ist in Ordnung! Es bedeutet, dass du lernst und dich entwickelst. Je mehr du übst, desto besser wirst du werden! Sei geduldig mit dir selbst.

Ein Problem besteht darin, dass wir alle dazu neigen, unsere Werke mit der Kunst anderer Menschen zu vergleichen. Wir stöbern im Internet und sehen all die schönen Kunstwerke – aber wir sehen ihnen nicht an, wie lange jemand gebraucht hat, um sie zu erschaffen. Automatisch nehmen wir an, dass diese Person nur ein paar Minuten gebraucht hat und mit einem besonderen Talent geboren sein muss, während sie in Wirklichkeit jahrelange Erfahrung und hunderte von Versuchen brauchte, bevor sie in der Lage war, so beeindruckende Werke zu schaffen.

Denke daran, dass die Aquarellmalerei kein Wettbewerb ist. Es geht auch nicht darum, ein vorher festgelegtes Ergebnis zu erreichen oder ein „perfektes" Bild zu malen. Es geht darum, sich auf den gegenwärtigen Moment zu konzentrieren, den Prozess zu genießen und vor allem Freude an der eigenen Kreativität zu entwickeln.

Je mehr du übst und dich traust, mit diesem Medium zu spielen, desto spannender wird das Abenteuer Aquarell für dich werden. Du bist genau da, wo du sein solltest.

Jetzt fragst du dich vielleicht: Was soll ich als nächstes malen?

Du hast viele Techniken, Tipps und Tricks kennen gelernt. Baue auf dieser Grundlage auf, um dein Abenteuer voller Zuversicht fortzusetzen.

Da nur eine begrenzte Menge an Platz zur Verfügung steht, war es unmöglich, alles in diesem Buch abzudecken. Deshalb habe ich zusätzliche Projekte und Ressourcen zusammengestellt, die du auf deinem weiteren Weg nutzen kannst.

Du findest sie zum Nulltarif auf

makoccino.com/watercolorwithconfidence

Dank

Zuerst möchte ich mich bei meiner Familie bedanken. Zwar haben sie anfangs versucht, mich zu motivieren, endlich einen „richtigen" Job anzunehmen, doch inzwischen lassen sie mich meinen Weg gehen, ohne je an mir zu zweifeln.

Danke an alle meine engen Freunde. Danke, dass ihr an mich geglaubt habt, mich gepusht und angefeuert habt, wenn bei mir alles drunter und drüber ging. Danke an alle im Team von Page Street Publishing, die mir geholfen haben, aus einer Idee ein richtiges Buch werden zu lassen.

Mein besonderer Dank gilt Lauren Knowles, die den ganzen Prozess mit Hilfsbereitschaft und Humor begleitet hat. Dank an Meghan Baskis, die dafür gesorgt hat, dass wir das perfekte Cover gefunden haben!

Vielen Dank an Jon Acuff, der das Buch „Bring es zu Ende" geschrieben hat. Wann immer mich übermäßiger Perfektionismus und Selbstzweifel beschlichen, hat es geholfen, wieder auf den richtigen Weg zu finden.

Und nicht zuletzt ein riesiges Dankeschön an alle meine Follower. Dieses Buch wäre ohne eure Fragen, Geschichten und ständige Unterstützung nicht entstanden.

Die Autorin

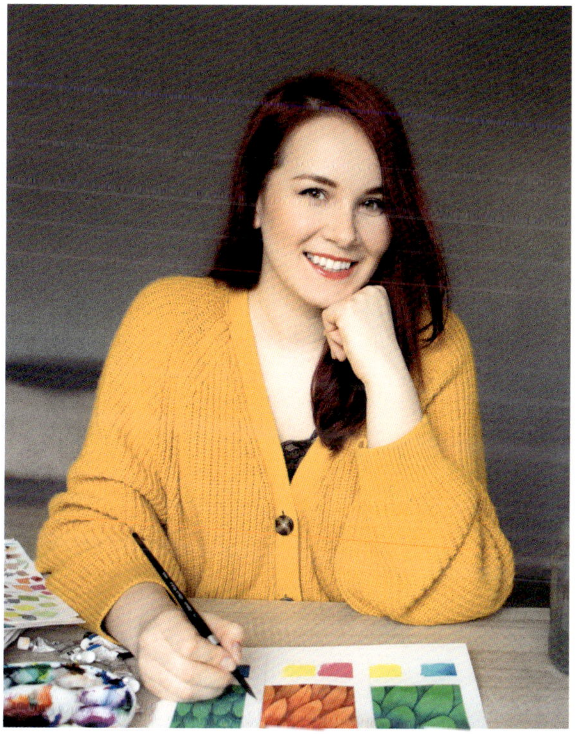

Mako ist eine vielseitige Künstlerin, die sich dafür einsetzt, dass Menschen durch Kunst Freude und ihr volles Potenzial im Leben entdecken. Mit großer Leidenschaft teilt sie seit 2011 Malanleitungen, Inspirationen, Tipps und Tricks auf ihrem YouTube-Kanal, der heute von fast zwei Millionen Menschen in über 186 Ländern gesehen wird.

Sie besitzt die Fähigkeit, selbst komplexe theoretische Zusammenhänge so darzustellen, dass jeder sie leicht verstehen kann. Ihre Follower schätzen ihre Schritt-für-Schritt-Anleitungen, mit denen Menschen nicht nur das Malen lernen können, sondern auch Selbstvertrauen gewinnen – in ihre eigenen Malfähigkeiten und im ganzheitlichen Sinn.

Mako liebt Katzen, trinkt viel zu viel Kaffee und möchte ständig dazulernen, um als Person zu wachsen. Angst vor dem Scheitern hat sie nicht. Ihr Motto ist: Du verlierst nie. Entweder du gewinnst oder du lernst. Gelegentlich liebt sie es auch, ihre innere Beyoncé herauszulassen.

Register

F

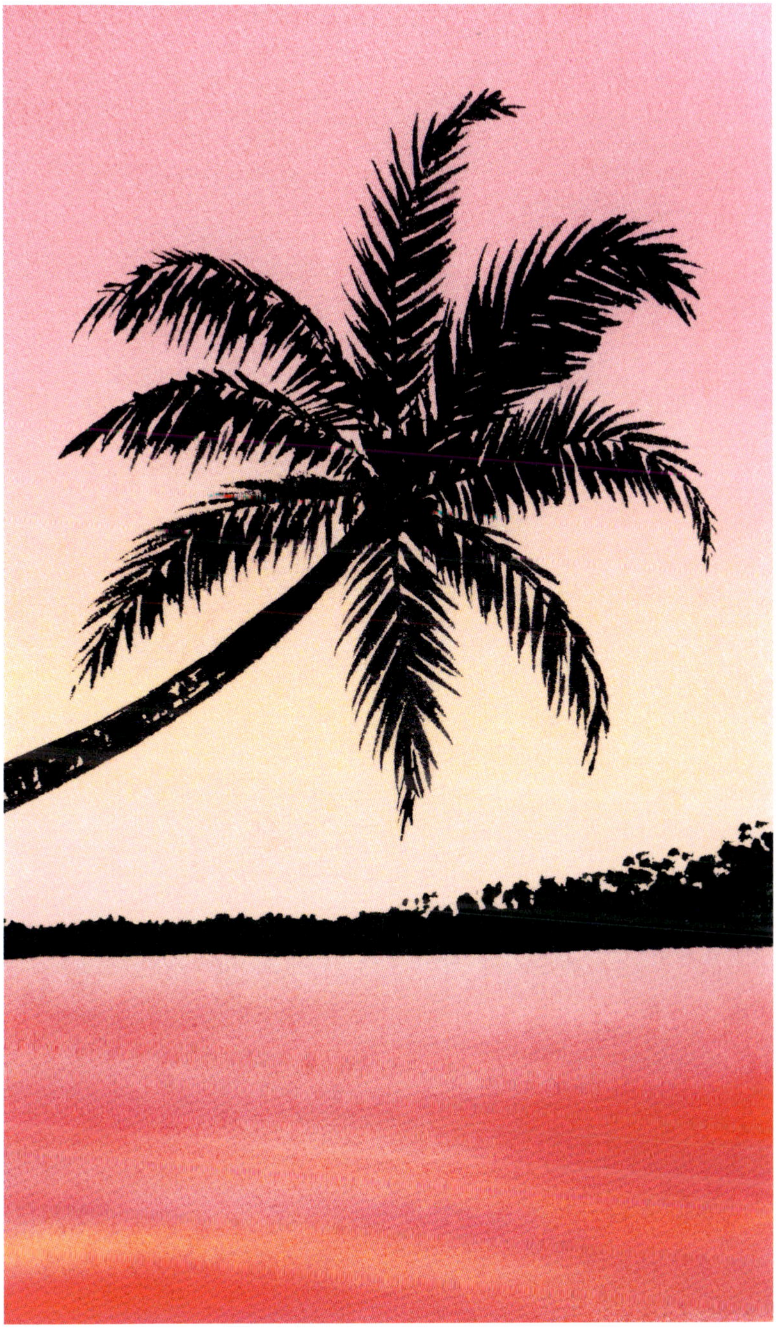

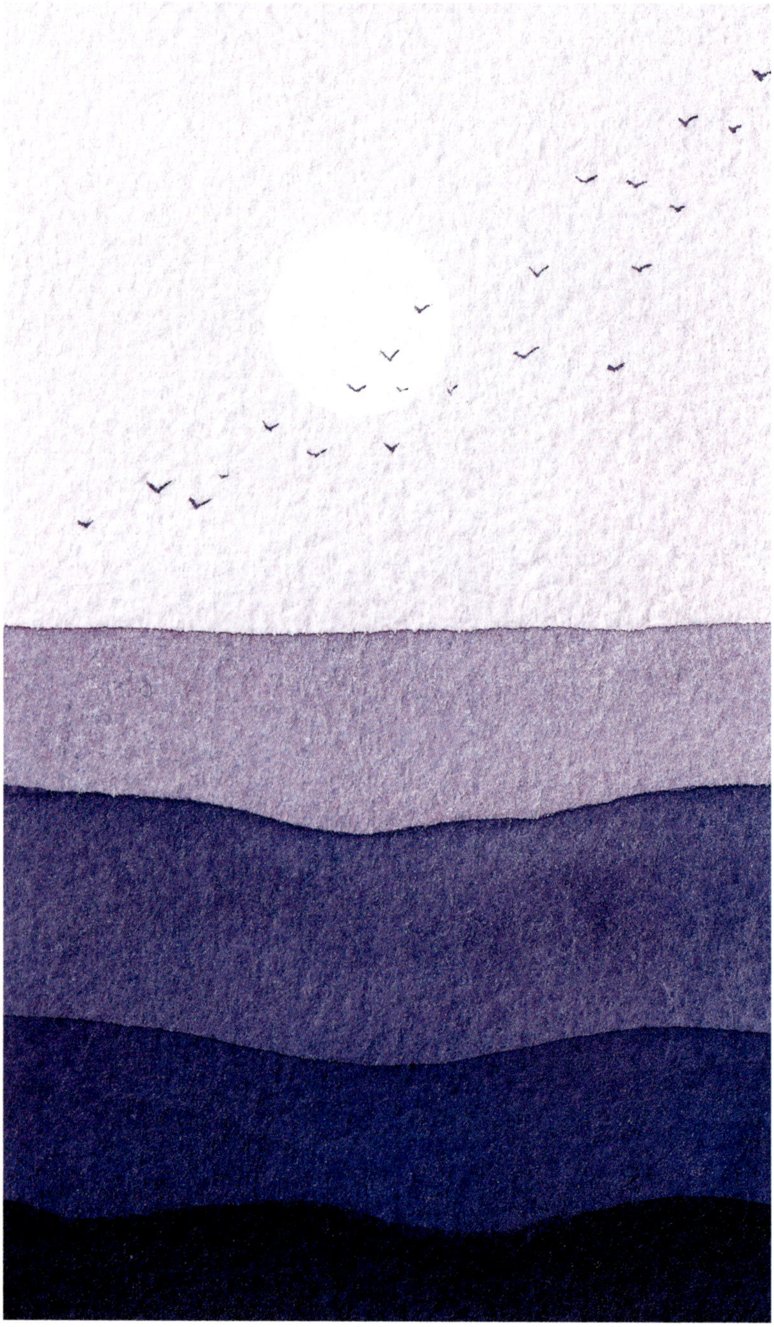

G

P

R

S

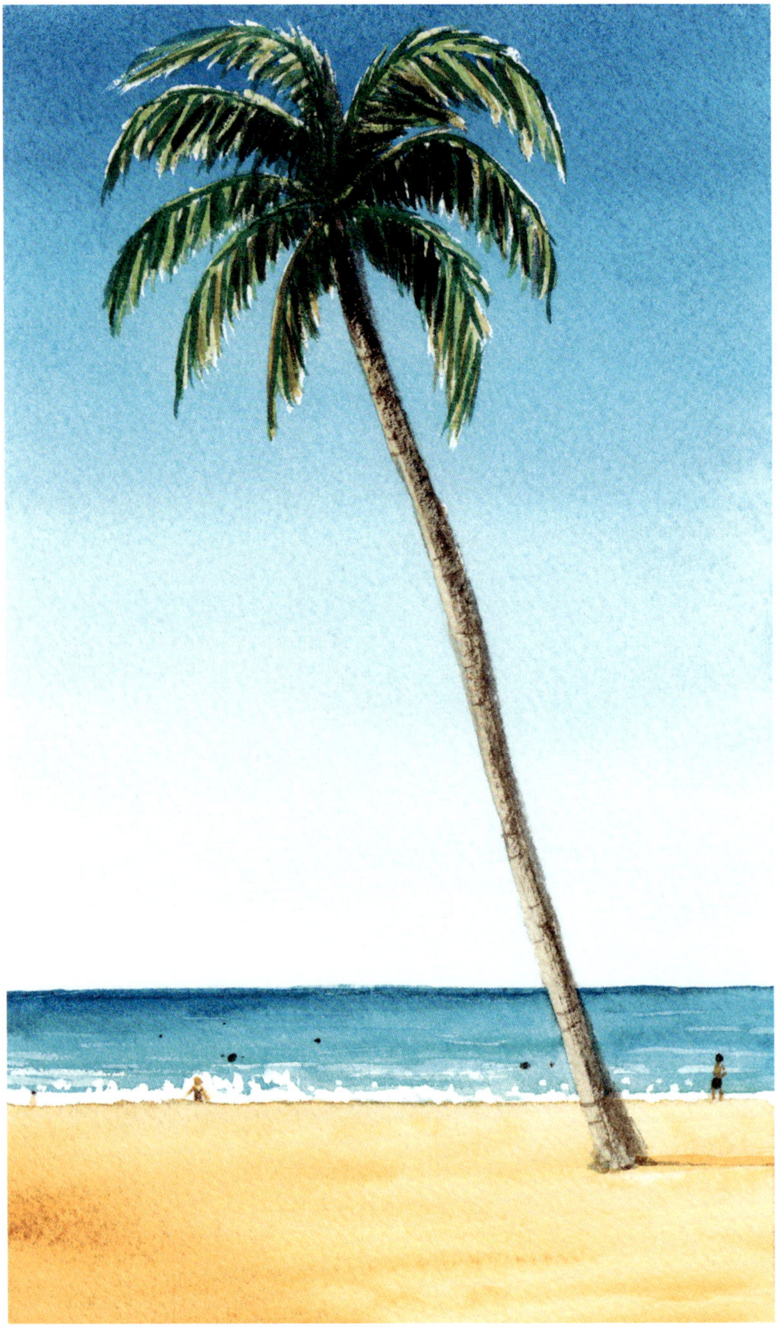

U

Buchempfehlungen für Dich

Aquarell ist genau Deine Technik und Du möchtest noch mehr darüber lernen?

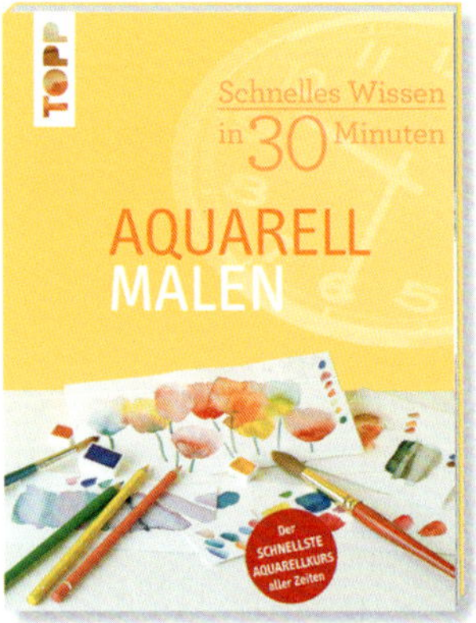

ISBN 978-3-7724-6985-5

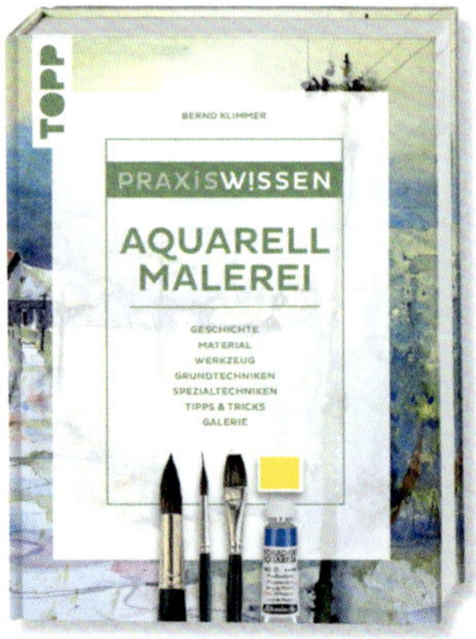

ISBN 978-3-7724-4719-8

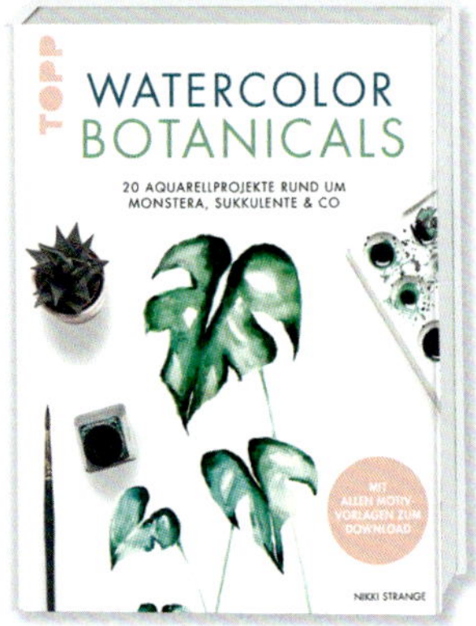

ISBN 978-3-7724-8368-4

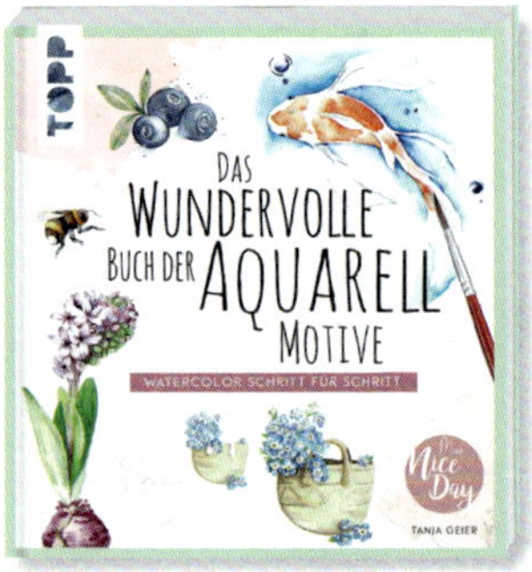

ISBN 978-3-7724-4737-2

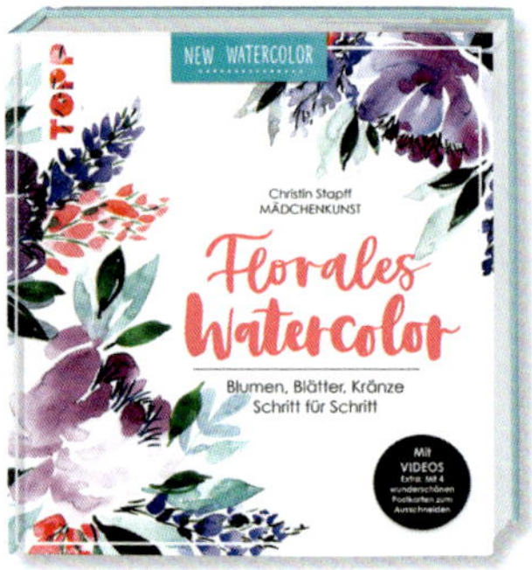

ISBN 978-3-7724-8343-1

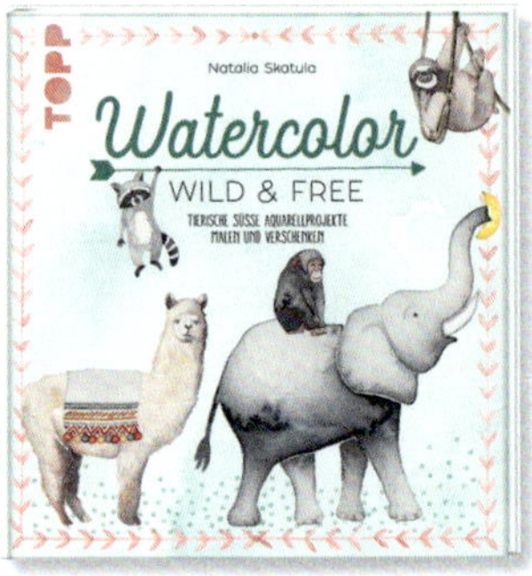

ISBN 978-3-7724-8378-3

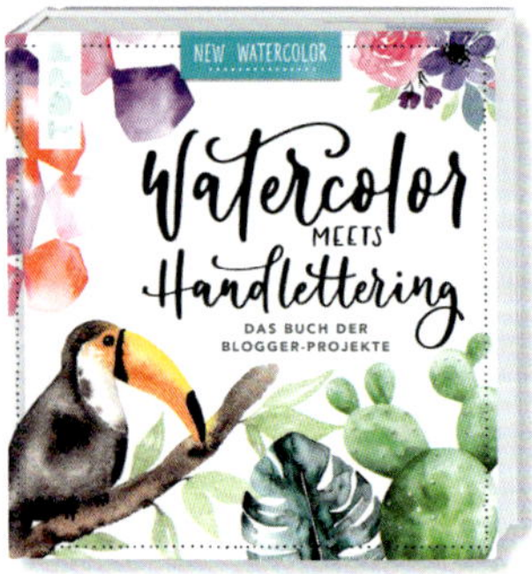

ISBN 978-3-7724-8363-9

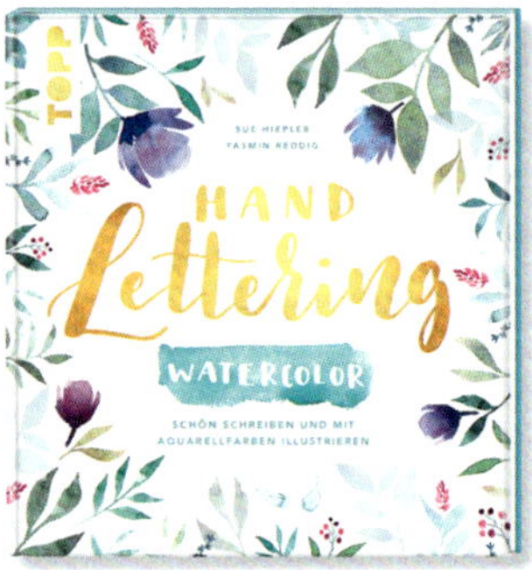

ISBN 978-3-7724-8318-9

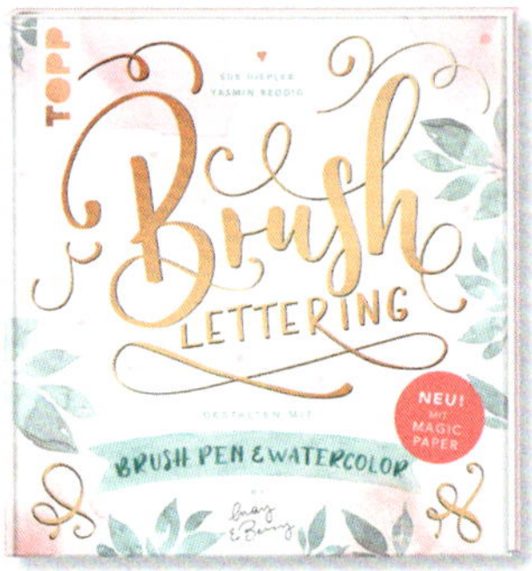

ISBN 978-3-7724-8336-3

Viele weitere Kreativ-Bücher findest du auf www.TOPP-kreativ.de

Sofort loslegen und spielend lernen –
unsere Quick-Start-Reihe bietet den perfekten Einstieg in Deine neue Lieblingstechnik.

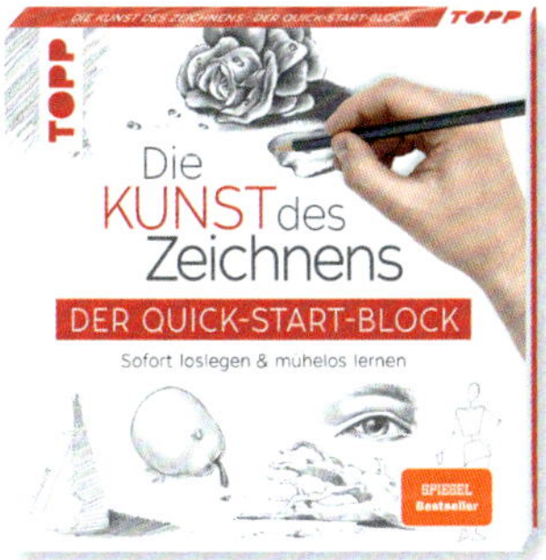

ISBN 978-3-7724-8264-9

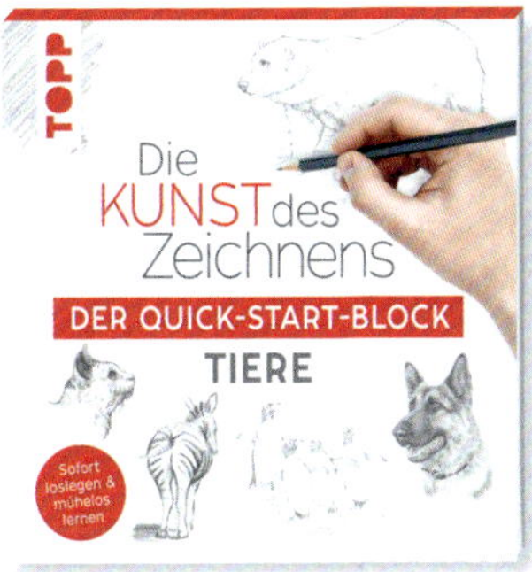

ISBN 978-3-7724-4764-8

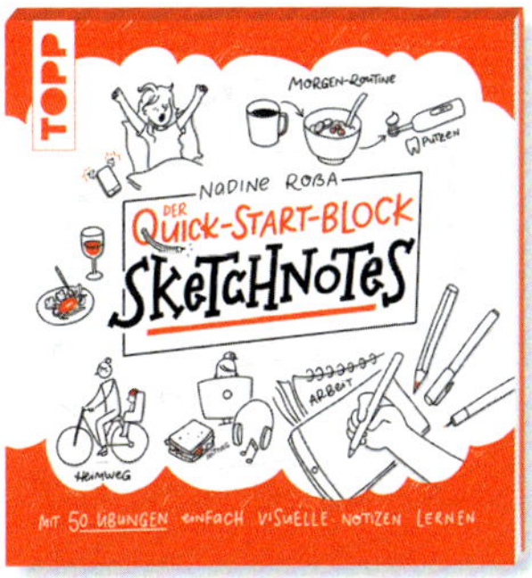

ISBN 978-3-7724-8358-5

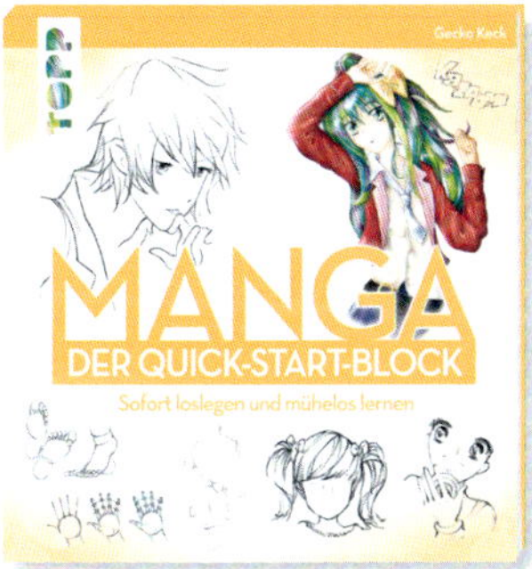

ISBN 978-3-7724-4784-6

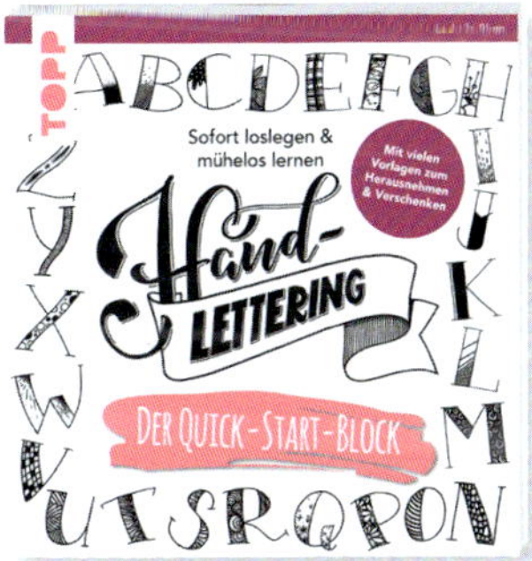

ISBN 978-3-7724-8335-6

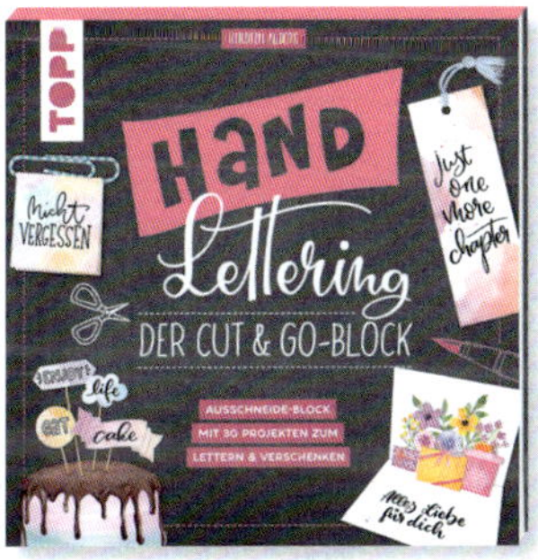

ISBN 978-3-7724-4738-9

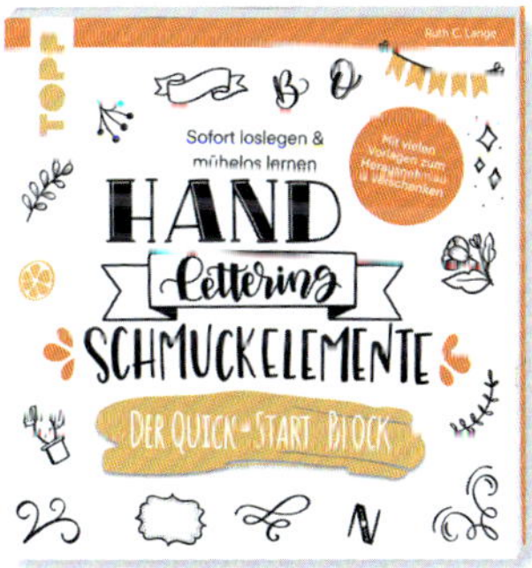

ISBN 978-3-7724-8397-4

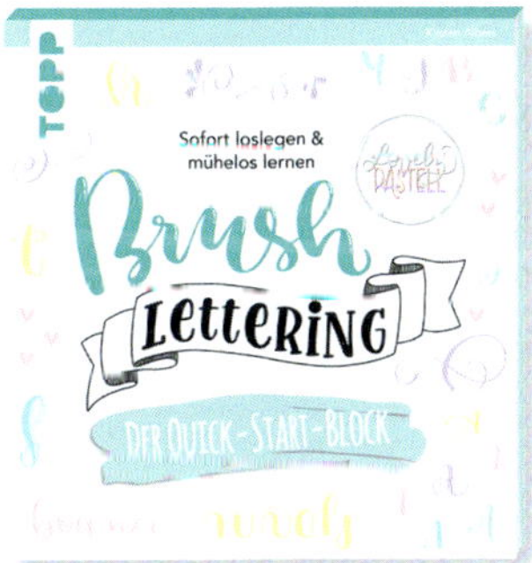

ISBN 978-3-7724-8361-5

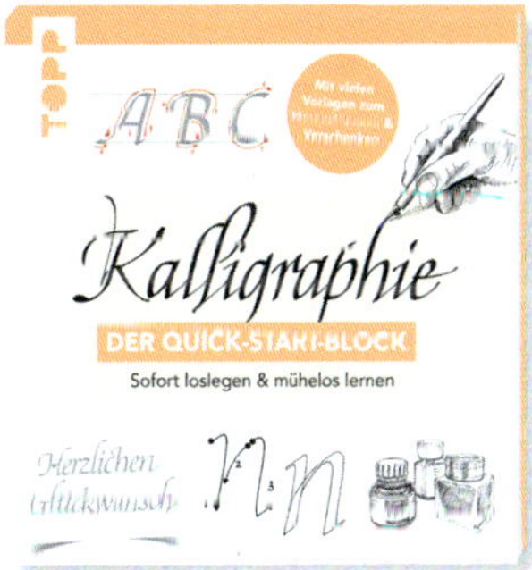

ISBN 978-3-7724-4799-0

#TOPPPROJEKT

Die eigene Kreativität zeigen: TOPPprojekt mit anderen Kreativen teilen und Teil der Gemeinschaft werden.

DIY-begeistert und auf Instagram? Dann unbedingt mitmachen! Hier gibt's Tipps und Feedback zu den eigenen Projekten. Außerdem verlosen wir jeden Monat ein Überraschungspaket. Um am Gewinnspiel teilzunehmen, einfach ein Bild vom Kreativ-Projekt aus unseren Büchern mit #TOPPprojekt posten und unserem Account @frechverlag folgen. Mehr Infos auf TOPP-kreativ.de/TOPPprojekt

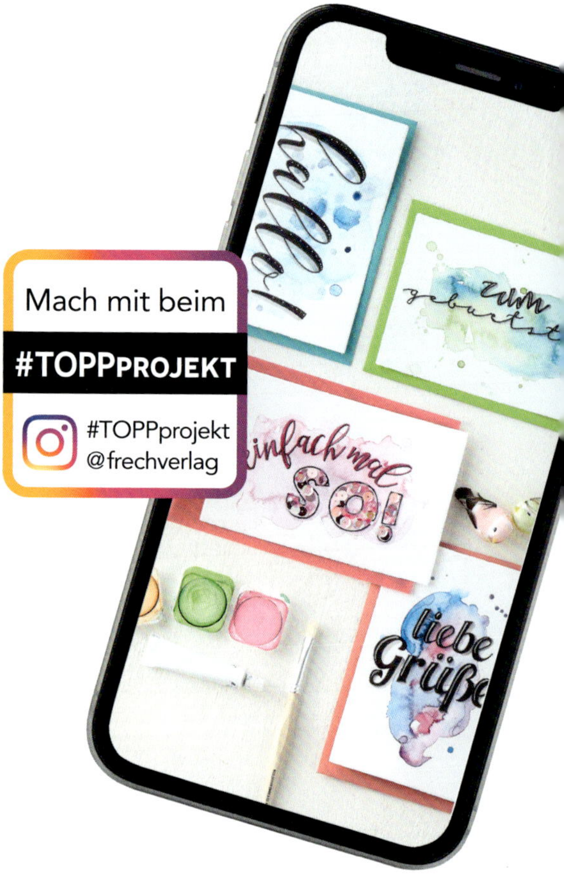

Website
Auf TOPP-kreativ.de kannst du ein riesiges Angebot von über 1.000 Kreativbüchern, Sets & mehr entdecken.

Newsletter
Gleich anmelden unter: TOPP-kreativ.de/newsletter und immer als Erstes von unseren Neuheiten und Sonderaktionen erfahren.

Instagram
@frechverlag

Pinterest
pinterest.com/frechverlag

Facebook
facebook.com/frechverlag

DigiBib
Hier findest du zusätzlich zu vielen unserer Bücher digitale Extras, wie Video-Tutorials, Plotter-Dateien, Vorlagen, Übungsblätter & vieles mehr. Einfach im Impressum deines TOPP-Buchs den Freischalte-Code nachschlagen und exklusive Inhalte freischalten. TOPP-kreativ.de/digibib

Youtube
youtube.com/frechverlag

Wer wir sind, wie wir arbeiten, was wir lieben ...

Auf Instagram, Facebook und Pinterest findest du mehr über uns und unsere Arbeit und wirst immer schnell und einfach mit den neuesten Infos versorgt.

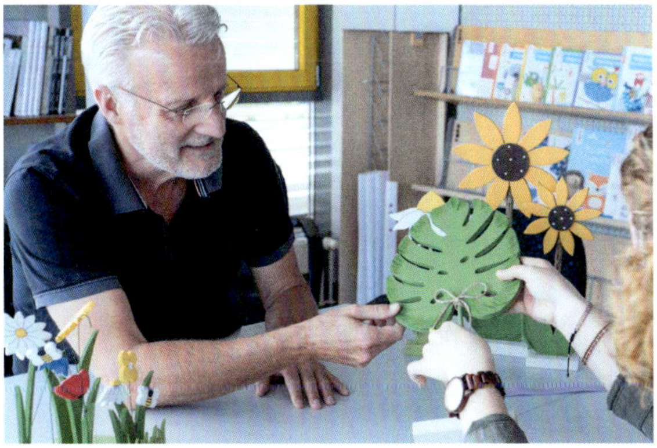

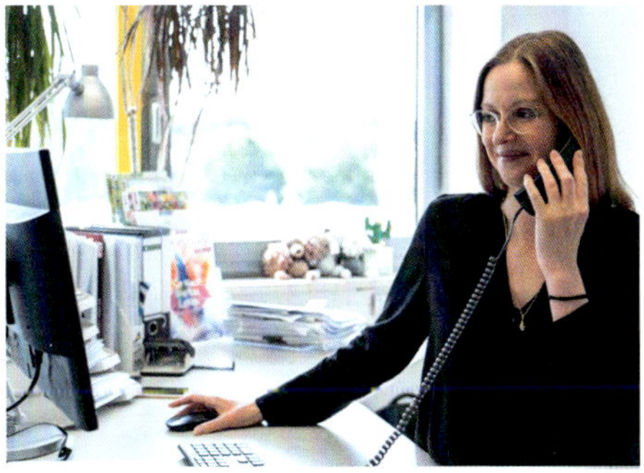

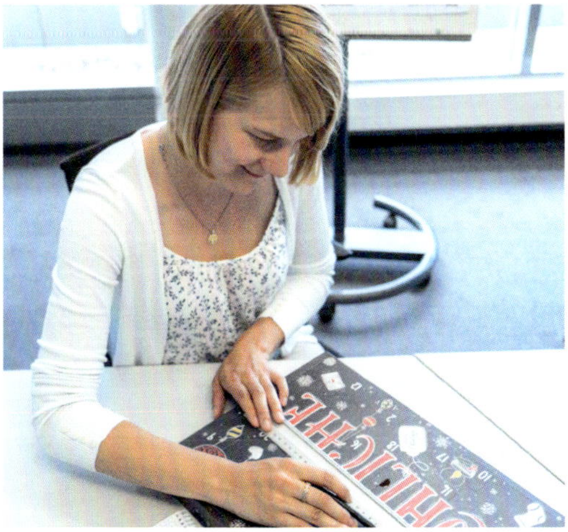

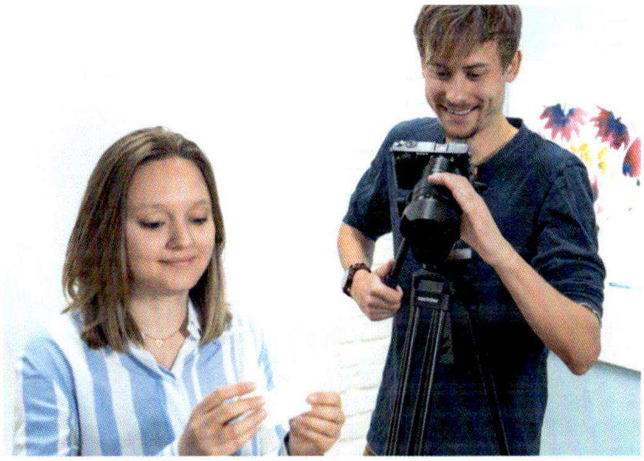

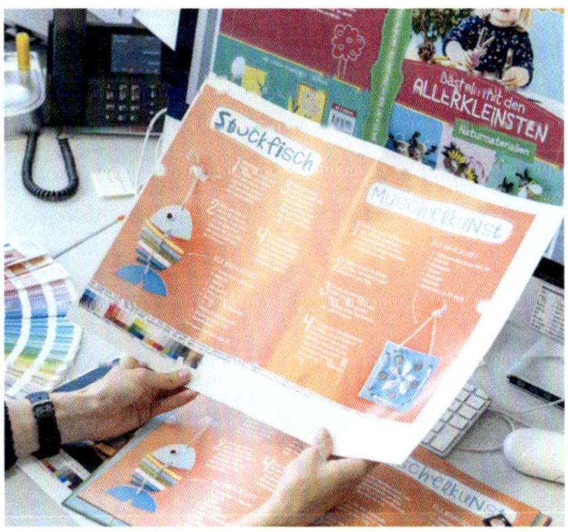

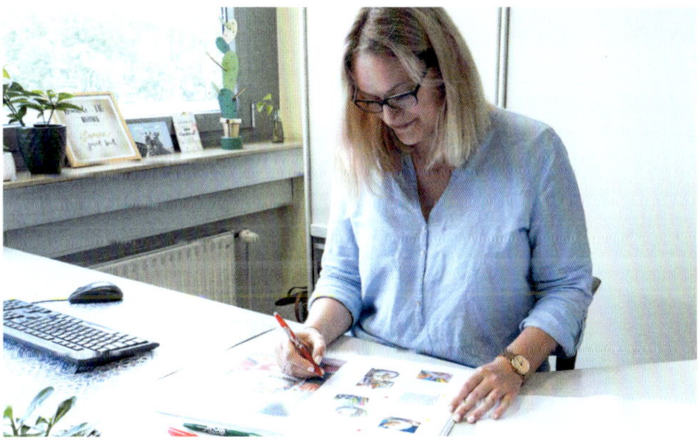

Alle News, alle Infos und alle Links findest du auf www.TOPP-kreativ.de

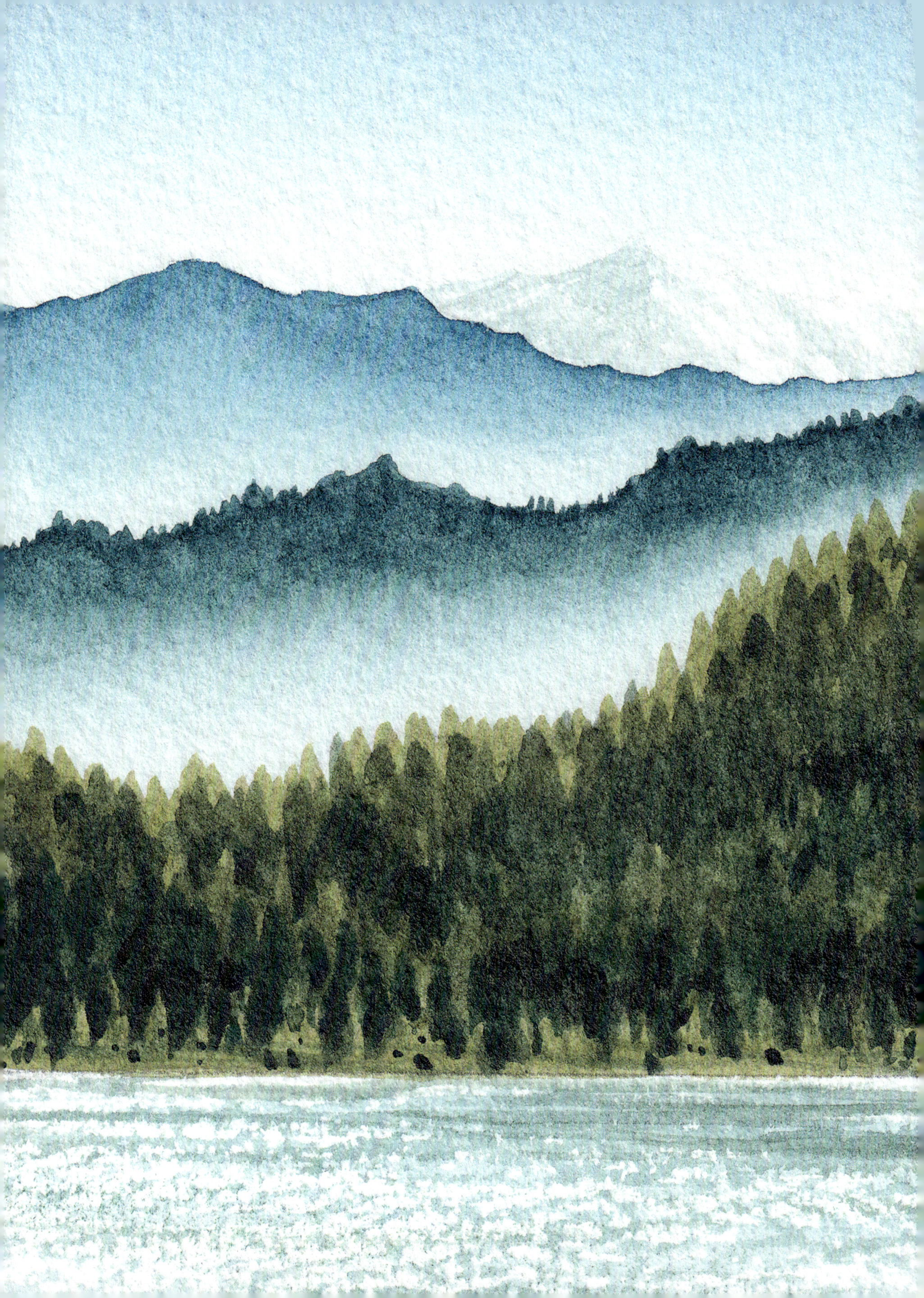